DICK TOWNER · JOHN TOFILON

MIT GOTT RECHNEN

LEITERHANDBUCH

Über die Autoren

Dick Towner ist der verantwortliche Direktor für den Arbeitsbereich *Good Sense* in der *Willow Creek Association.* Als Vorstandsmitglied der *Christian Stewardship Association* hat er über 30 Jahre lang Kurse zum Thema „Gute Haushalterschaft" veranstaltet.

John Tofilon ist der stellvertretende Generaldirektor einer Handelsbank. Er war schon von Anfang an Mitglied der *Willow Creek*-Gemeinde und engagiert sich seit Jahren in unterschiedlichen Dienstbereichen, darunter auch *Good Sense,* wo er anderen mit seinem Fachwissen dabei hilft, ihre Finanzen wieder in den Griff zu bekommen.

DICK TOWNER · JOHN TOFILON

MIT GOTT RECHNEN

LEITERHANDBUCH

WILLOW
Willow Creek • Edition

GerthMedien

Titel der Originalausgabe:
Good Sense Budget Course. Leader's Guide

Published by Zondervan Publishing House, 5300 Patterson SE, Grand Rapids, MI 49530

1. Auflage 2006

Bestell-Nr. 816 811
ISBN-10: 3-86591-811-5
ISBN-13: 978-3-86591-811-6

Übersetzung: Marianne Magnus, Karoline Kuhn
Umschlaggestaltung: Hanni Plato
Umschlagfoto: Getty Images/Gary S. & Vivian Chapman
Satz: Die Feder GmbH, Wetzlar
Druck und Verarbeitung: Schönbach-Druck, Erzhausen

Inhalt

Widmung

Dick Towner

Ich danke Pop und Gram Wernicke, die mich großzogen und mir eine einfache und genügsame Lebensweise vorgelebt haben. Auch wenn ihr Lebensstil zum Teil durch ihre Einkommenssituation bedingt war, so war ihr Leben doch von Zufriedenheit geprägt. Dadurch fiel es mir später leichter, die biblische Wahrheit zu akzeptieren, dass das Leben eines Menschen nicht aus der Unmenge seiner Besitztümer besteht.

Meiner außerordentlich begabten und unwahrscheinlich liebevollen Frau Sibylle danke ich dafür, dass sie mir zu der Einsicht verholfen hat, dass Sparsamkeit um der Sparsamkeit willen nur zum Horten führt. Und das ist Sünde. Dass aber der wahre und letztliche Zweck der Genügsamkeit in der Freizügigkeit liegt. Danke, liebe Sibylle, dass du mir darin ein Vorbild warst und mir geholfen hast, zu entdecken, wie viel Freude das Geben macht.

Und schließlich gilt mein Dank der *College Hill Presbyterian Church* in Cincinnati im US-Bundesstaat Ohio. Ihr habt mich nicht nur als Kind getauft, als Teenager im Glauben erzogen, als jungen Erwachsenen getraut, meinen Glauben zur Reife geführt, als Ältesten ordiniert und es mir ermöglicht, als Teil des Ältestenteams 14 Jahre lang der Gemeinde zu dienen. Ihr habt mich auch ermutigt und mir den Freiraum gegeben, zu einer Vielzahl von Einsichten zu gelangen, die in diesen Kurs eingeflossen sind. Dafür danke ich euch sehr!

John Tofilon

Es gibt nichts, das damit zu vergleichen ist, wenn man daran Teil haben darf, was Gott auf dieser Erde tut – vor allem, wenn der Heilige Geist diese Einladung in eine lebenslange Berufung umwandelt. Dieser Kurs ist den nachstehenden Personen gewidmet, die mit dazu beigetragen haben, dass ich dieser Berufung gerecht werden konnte.

Ich danke Bruce Saarela, dass er mir vor mehr als 20 Jahren die Möglichkeit eröffnet hat, meine Fähigkeiten und meine Leidenschaft zu entwickeln, indem ich den Finanz-Kurs konzipieren und durchführen konnte. Mein Dank geht an Kent Carlson, der zehn Jahre später angefragt hat, ob ich mich nicht erneut mit dieser Thematik befassen möchte. An Dick Towner, der mir die Tür weit geöffnet hat – damit ich kreativ werden kann –, manchmal sogar auf Kosten seiner Gesundheit. Mein Dank gilt ebenfalls Bill Hybels, der mich herausgefordert hat, mich in meine Berufung „hineinzuknien". Meiner Frau Charlotte, die mich 30 Jahre lang unterstützt hat. Und meinen Kindern David, Christopher und Kaitlin, die meine Finanz-Litaneien geduldig über sich ergehen ließen. Gott dafür, dass er mir die Notwendigkeit eines solchen Kurses vor Augen geführt, die Vision dafür geschenkt und mich durch alles hindurchgetragen hat.

Und ganz zum Schluss widmen wir diesen Kurs auch Ihnen: den Lesern und Kursteilnehmern. Wir hoffen und beten, dass der Kurs ein guter Reiseführer auf dem Weg zu echter finanzieller Freiheit wird.

Vorwort

In der Schule, so heißt es, bekommen wir das nötige Rüstzeug an die Hand, um es später einmal zu verdienen. Für den Rest unseres Lebens – normalerweise 30 bis 40 Stunden die Woche – sind wir dann emsig dabei, es zu scheffeln. Wir bringen unzählige Stunden damit zu, uns darüber Gedanken zu machen und auszutauschen, wie wir damit umgehen sollen. Wir verbringen Unmengen an Zeit in Einkaufszentren und überlegen und entscheiden, wie wir es ausgeben wollen. Häufiger, als uns lieb ist, ertappen wir uns dabei, dass wir uns Sorgen machen, wir hätten nicht genug davon. Wir träumen und planen und sind auf der Suche nach Möglichkeiten, wie wir mehr davon bekommen können.

Streitigkeiten darüber führen zu Scheidungen. Die Verzweiflung darüber, dass man es verloren hat, trieb schon so manchen in den Selbstmord. Die Sucht danach ist ein Hauptgrund für die Kriminalität in unserer Gesellschaft. Sein Fehlen führt zu vielen gravierenden gesellschaftlichen Problemen. Manche sehen darin die Wurzel allen Übels. Andere wiederum halten es für eine großartige Möglichkeit, Gutes zu tun.

Eines ist jedoch ganz sicher: Wir können nicht umhin, anzuerkennen, dass *Geld* unglaublichen Einfluss auf uns hat.

Wir von der *Willow Creek Community Church* haben uns über die Jahre hinweg der Aufgabe verpflichtet, jedes wichtige Thema aufzugreifen, dem sich die Menschen zu stellen haben, die zu uns kommen – angefangen von Ernährung bis hin zur Sexualität, vom geistlichen Wachstum bis hin zur Vertiefung von Beziehungen, vom Entdecken und Bestaunen, wer Gott ist, bis hin zur Vorbereitung auf den Tod und die Ewigkeit. Doch uns ist klar geworden, dass es eine Sache gibt, die wir regelmäßig und offen ansprechen müssen. Es gibt ein Thema, mit dem auch Christen fast täglich ringen: der Umgang mit den persönlichen Finanzen.

Zum Glück bietet die Bibel uns zu diesem entscheidenden Thema nicht gerade wenige Informationen. Sie stellt die Grundlage für die Kursmaterialien dar, in die Sie sich nun vertiefen werden. Es gibt nicht weniger als 2.000 Bibelstellen, in denen es um das Thema „Geld“ geht, denn Jesus sprach sehr häufig darüber. Ungefähr zwei Drittel der Gleichnisse Jesu beziehen sich auf den Umgang mit unseren finanziellen Mitteln. Er warnte einmal davor: „Denn euer Herz wird immer dort sein, wo ihr eure Schätze habt“ (Matthäus 6,21). Jesus sprach häufig über dieses Thema, denn er wusste, was auf dem Spiel steht. Er wusste, dass dies – wären wir dabei auf uns allein gestellt – sehr bald zu einer Quelle des Schmerzes und der Frustration werden – und manchmal sogar in die Anhängigkeit führen – würde. Er sah, wie leicht unsere Herzen sich von der reinen Anbetung Gottes ablenken lassen und zu anderen Dingen schwenken. Wie leicht wir uns Sorgen machen und vom Geld beherrscht werden. Er wollte uns vor diesen Fallen bewahren und uns den

Weg in die Freiheit weisen, die wir dann finden, wenn wir ihm in jedem Bereich des Lebens – gerade auch in diesem – folgen.

Dieser immens wichtige Dienstbereich hat sich über die Jahre bewährt und wurde von meinem besten Freund und geschätzten Mitarbeiter Dick Towner in Zusammenarbeit mit dem *Good Sense*-Team seiner Gemeinde weiter ausgearbeitet. Ich hoffe, dass Sie durch dieses Seminar neuen Zugang zum Thema „Geld“ sowie auch zu einer größeren finanziellen Freiheit finden werden.

Und wenn Sie und andere Mitglieder Ihrer Gemeinschaft dies erleben, dann wird auch Ihre Gemeinde davon angesteckt – und auch andere bekommen eine freigebigere Haltung und ein offeneres Herz, was Menschen anziehen wird, die verzweifelt nach einer solchen Freiheit und Liebe und einem solchen Leben Ausschau halten, das sie bei Ihnen sehen.

Bill Hybels
Leitender Pastor
Willow Creek Community Church

Danksagung

An der Entwicklung und Fertigstellung dieses Kurses waren Hunderte von Mitgliedern der *Willow Creek Community Church* und der *Willow Creek Association* beteiligt. Ohne ihren Sachverstand, ohne ihre Unterstützung, ihre vielfältigen Beiträge und ihre Ermutigung wäre dieses Material niemals zustande gekommen. Auch wenn aus Platzgründen an dieser Stelle nicht alle Namen aufgelistet werden können, seien doch zumindest die folgenden genannt:

- Die ursprüngliche Gruppe von Freiwilligen unter der Leitung von George Lindholm, der 1985 auf Gottes Ruf antwortete und den Dienstbereich *Good Sense* ins Leben rief. Zu den Leitern der ersten Stunde gehörten ebenfalls Warren Beach, Bill und Loretta Gaunt, John Frederick, Chuck Keenon, Jim Kinney und Carl Tielsch. Zum Mitarbeiterstab des ersten Seelsorgerteams zählten Bill und Joann Allen, Bob Baker, Candy Borst, Barry Gardner, Don und Zona Hackman, Dan Hollerick, Charlie Maxwell, Elizabeth Maring, Tom Stevens, Cyndy Sutherland und Carol White. Unterstützt wurden diese in den Anfangsjahren von Bruce Bugbee und Ken Fillipini.
- Die derzeitigen freiwilligen Mitarbeiter von *Good Sense*, insbesondere die nachfolgend genannten, die eine aktive Rolle bei der Entwicklung der Kursmaterialien gespielt haben: Russ Haan, Jerry Wiseman, Steve Sherbondy, Jenifer Nordeen-Lugar, Dan Rotter und Sue Drake. Ich danke euch für eure Kreativität, euer Engagement und die vielen Beiträge, die ihr dazu geleistet habt. Darüber hinaus danke ich auch dem Leitungsgremium von *Good Sense* – nicht nur für euren Rat und die Wegweisung über die Jahre, sondern darüber hinaus für die tiefen Freundschaften und die Berufungen in den Dienst.
- Weiterhin möchte ich noch Norm Vander Wel und John Kopke nennen, zwei Freunde, die mir sehr am Herzen liegen und – auch wenn sie nicht mit *Willow Creek* in Verbindung stehen – Einsichten vermittelten und kreative Ideen einbrachten und mich ermutigten.
- Jim Riley war mein Nachfolger als Leiter des *Good Sense*-Dienstzweiges in der *Willow Creek Community Church*. Er war mir ein echter Freund. Er bemühte sich darum, Menschen die biblischen Prinzipien persönlicher Verantwortung im eigenen Leben nahe zu bringen. Ich danke dir, Jim, für deinen Einsatz bei diesem Projekt und für deine tiefe Freundschaft.
- Wendy Seidman und ihr Team: Bridget Purdome, Sue Drake und Rebecca Adler. Ihr Wissen darüber, wie man die Materialien so aufbereitet, dass sie bei der Schulung und Zurüstung der Kursteilnehmer helfen. Ich danke jedem Einzelnen von euch! Nicht nur dafür, dass ihr euer Know-how zur Verfügung gestellt habt, sondern dass ihr die Grundprinzipien des Kurses verinnerlicht habt!
- Christine M. Anderson, die für die Zusammenstellung und Herstellung des Materials verantwortlich war, stellte uns all ihr Wissen und ihre Erfahrungen zur Verfügung, und das stets zur rechten Zeit. Sie ermutigte uns, wenn wir dies am nötigsten brauch-

ten. Sie zeigte ein erstaunliches Maß an Geduld bei der Bearbeitung und Überarbeitung und nochmaligen Überarbeitung des Kursmaterials.

- Ich danke auch Bob Gustafson, Steve Pederson und Sharon Sherbondy für ihr Fachwissen und ihre Begeisterungsfähigkeit bei der Erarbeitung von Videoclips, die nicht nur lehrreich sind, sondern auch zu Herzen gehen.
- Und dann ist da noch Bill Hybels, der leitende Pastor unserer Gemeinde. Schon zu Beginn seines Dienstes erkannte Bill Hybels, wie eng das biblische Verständnis von unseren materiellen Besitztümern und unser geistliches Wohlbefinden miteinander verbunden sind. In all den Jahren hat er unseren Dienstbereich durch regelmäßige engagierte Predigten über dieses Thema unterstützt, was für den Mitarbeiterstab von *Good Sense* sehr ermutigend war und darüber hinaus mit dafür verantwortlich ist, dass *Good Sense* so effektiv ist.
- Ich danke ebenfalls Jim Mellado, Sharon Swing und dem gesamten Leitungsteam der *Willow Creek Association* dafür, dass sie „Feuer gefangen" und uns bei der Umsetzung unserer Vision unterstützt und ermutigt haben.
- Unser Dank gilt auch Joe Sherman und dem Marketing- und Öffentlichkeitsarbeits-Team der *Willow Creek Association.* Sie haben die notwendigen Finanzen zur Verfügung gestellt, die wir benötigten, um dieses Material zu veröffentlichen. Danke, dass ihr daran geglaubt habt, dass es das Leben vieler Menschen verändern kann.
- Schließlich möchten wir auch den verschiedenen Spendern danken, deren Glaube an dieses Projekt und deren großzügige finanzielle Unterstützung nicht nur den Grundstock zu diesem Material gelegt haben, sondern mich persönlich auch sehr ermutigt haben.

Einleitung

Herzlich willkommen zum Budgetkurs „Mit Gott rechnen“! Wir freuen uns sehr, dass Sie beschlossen haben, ihn durchzuführen. In der heutigen Zeit wird es immer wichtiger, dass wir als Kirchen und Gemeinden (nicht nur) den einzelnen Gemeindegliedern mit Rat und Tat zur Seite stehen und sie darin unterstützen, in einer Art und Weise mit ihren Finanzen umzugehen, die Gottes Plan entspricht. Ihre Bereitschaft, diesen Kurs zu leiten, stellt dabei schon einen wesentlichen Beitrag zu seinem Gelingen dar. Die Menschen brauchen einen Gegenpol zu den eindringlichen Botschaften unserer materialistisch eingestellten Gesellschaft. Sie müssen die Wahrheit von Gottes Wort hören und dabei unterstützt werden, diese auch in ihrem Leben umzusetzen. Als Leiter dieses Kurses stellt es für Sie ein Vorrecht und eine Herausforderung dar, sich von Gott in diesem Sinne gebrauchen zu lassen.

Es gibt viele gute Gründe, diesen Kurs durchzuführen. Vielleicht verfügen Sie über großes Fachwissen im Bereich des Finanzmanagements oder gehen mit Ihren eigenen Finanzen klug und in einer Art und Weise um, die Gottes Sichtweise entspricht. Vielleicht treibt Sie aber auch der Wunsch an, Menschen von dem immensen Stress und der Angst zu befreien, die sie als Folge von Verbraucherschulden empfinden. Oder aber Sie möchten dabei helfen, das verletzte Selbstwertgefühl und das erschütterte Vertrauen wieder aufzubauen, das die Betroffenen durch schlechte Finanzentscheidungen verloren haben. Möglicherweise möchten Sie aber auch Ehen stärken, die durch den Konflikt über das leidige Thema „Geld“ in Schwierigkeiten stecken. All das sind begrüßenswerte Gründe, sich der herausfordernden Aufgabe zu stellen, den Budgetkurs „Mit Gott rechnen“ zu leiten.

Daneben gibt es aber noch einen weiteren äußerst wichtigen Grund zur Durchführung dieses Kurses. Gott kann Ihr Seminar dazu gebrauchen, größere Hindernisse aus dem Weg zu räumen, die Ihre Kursteilnehmer davon abhalten, sich geistlich weiterzuentwickeln. Es gibt nämlich einen direkten Zusammenhang zwischen der Beziehung eines Menschen zu Hab und Gut und seiner Beziehung zu Gott. In der Bibel wird immer wieder deutlich gemacht, dass wir nicht gleichzeitig Gott und dem „schnöden Mammon“ dienen können (Matthäus 6,24). Geld kann unsere Herzen von Gott abwenden (Matthäus 6,21). Alltagssorgen und die Verführung durch den Wohlstand können Gottes Botschaft in unserem Leben „ersticken“ (Matthäus 13,22). Die Verfasser der biblischen Bücher sagen es klar und deutlich: Geld kann zu einem Abgott werden, wenn wir nicht in einer gottgemäßen Weise damit umgehen. Wenn jedoch das Geld nicht länger ein Abgott ist, wenn das Geld nicht länger einen Menschen beherrscht, sondern der Mensch das Geld unter Kontrolle hat, und wenn die Verführung durch den Wohlstand aufgedeckt wird und nicht länger Gottes Wort zu erdrücken vermag, wird der Einzelne dazu befreit, zu Gott in Beziehung zu treten und ihm auf eine grundlegend neue und tiefere Weise zu dienen. Und das wiederum versetzt Sie in die Lage, an Gottes Werk in dieser Welt aktiv teilzuhaben!

Diese Materialien gehen auf unsere nahezu 30-jährige Erfahrung im Unterrichten der biblischen Finanzprinzipien zurück, die dem Kurs „Mit Gott rechnen" zugrunde liegen. Auf Grund dieser Erfahrungen sind wir fest davon überzeugt, dass Gott diese in entscheidender Weise dazu gebrauchen kann, Leben zu verändern. Und das ist letztlich auch das Ziel des Kurses: die Beziehung der Menschen zu ihrem Hab und Gut zu verändern.

Alles, was Sie zur erfolgreichen Durchführung des Seminares benötigen, liegt als Kursmaterial für Sie bereit. Jedoch können diese Unterlagen alleine noch keine Lebensveränderung und keine geistliche Umgestaltung bewirken. Dazu bedarf es der Kraft des Heiligen Geistes, der in Ihnen am Werk ist und diese herbeiführt. Wir möchten Sie daher bitten, sich nicht nur intensiv mit den Kursinhalten zu beschäftigen und Ihren Vortrag auszuarbeiten, sondern sich auch geistlich darauf vorzubereiten. Denken Sie über die biblischen Texte nach und lassen Sie sie zu Ihnen persönlich sprechen. Verbringen Sie Zeit im Gebet, und bitten Sie auch andere, dafür zu beten, dass Gott durch Sie zu den Menschen sprechen kann. Ziehen Sie gegebenenfalls zusätzliche Literatur zu Rate.

Und noch ein Wort der Ermutigung zum Schluss: Seien Sie nicht enttäuscht, wenn am ersten Kurs weniger Personen als erwartet teilnehmen! Es gibt zwar Kirchen und Gemeinden, in denen die Resonanz schon gleich beim ersten Mal mehr als überwältigend ist, aber das muss nicht immer der Fall sein. Oft liegt es auch nur an dem heiklen und brisanten Thema – über Geld „spricht man eben nicht". Wir haben in den vergangenen beiden Jahrzehnten jedoch die Erfahrung gemacht, dass es sich herumspricht und die Begeisterung für den Kurs weiter wächst, wenn dieser erst einmal vorgestellt wurde und sich tatsächlich Menschenleben verändert haben. Und so bleibt es nicht aus, dass bei nachfolgenden Kursen die Teilnehmerzahlen steigen. Wenn Sie mit den Menschen über den Kurs sprechen und ihn Ihrer Gemeinde vorstellen, sollten Sie darauf hinweisen, dass er nicht nur für die gedacht ist, die sich in finanziellen Schwierigkeiten befinden, sondern auch für alle anderen – egal, ob sie nun viel Geld haben oder wenig, ob sie am Ende des Monats noch viel Geld übrig haben oder sogar sparen können.

Ich danke Ihnen dafür, dass Sie das Wagnis eingegangen sind, diese überaus wichtige Aufgabe zu übernehmen. Wir beten darum, dass Gott Sie auf besondere und lebensverändernde Weise gebrauchen wird.

Dick Towner und John Tofilon

Hinweise zum Gebrauch des Leiterhandbuches

Das Leiterhandbuch soll Sie dabei unterstützen, das Kursmaterial möglichst effizient zu präsentieren. In diesem einleitenden Kapitel wollen wir Ihnen zum einen Ideen vermitteln, wie die Kursinhalte dargeboten werden können; zum anderen listen wir in diesem Teil die zur Durchführung des Kurses benötigten Unterlagen und erforderlichen Materialien auf.

Gruppengröße

„Mit Gott rechnen" funktioniert bei jeder Gruppengröße:

- Kleingruppen mit bis zu 10 Personen,
- größere Gruppen von 10 bis 100 Personen und mehr.

Obwohl die Anleitungen für die verschiedenen Gruppenübungen für mittlere bis größere Gruppen konzipiert wurden, können sie durch kleine Änderungen problemlos auch in kleinen Gruppen durchgeführt werden. Kleingruppen bieten ein ausgezeichnetes Forum für die Durchführung von „Mit Gott rechnen", da die Gruppenmitglieder sich in der Regel kennen, einander ermutigen und sich gegenseitig bei dem Erlernen und der Umsetzung der Prinzipien unterstützen können. Gerade in Kleingruppen fällt es unter Umständen etwas leichter, sich über ein so heikles Thema wie die persönlichen Finanzen auszutauschen. Darüber hinaus würden wir empfehlen, dass Ehepaare den Kurs – wenn möglich – gemeinsam besuchen, damit die „Dynamik" des Gehörten nicht verloren geht und beide inhaltlich auf dem gleichen Stand sind.

Mögliche Kursformen

„Mit Gott rechnen" kann erfolgreich in unterschiedlicher Form angeboten werden.

Ein eintägiges Seminar

Der vorliegende Kurs umfasst regulär sechs 50-minütige Kurseinheiten, die einem gesamten Kursinhalt von etwa fünf Stunden entsprechen. Bei einem eintägigen Seminar müssten auch die Zeit für das Mittagessen (ca. 45–60 Minuten) sowie die Pausen eingerechnet werden. Wir würden Ihnen empfehlen, nach den Kurseinheiten 1 und 4 kurze Pausen von 5 bis 10 Minuten einzulegen. Längere Pausen von 15 bis 20 Minuten empfehlen wir nach den Einheiten 2 und 5. Der folgende zeitliche Ablaufplan soll Ihnen einen Eindruck davon vermitteln, wie Sie den Kurs durchführen könnten:

9:00 – 9:50	*Einheit 1: Das Dilemma mit den Finanzen*
9:50 – 10:00	Pause
10:00 – 10:50	*Einheit 2: Verdienen, Spenden, Sparen*
10:50 – 11:10	Pause
11:10 – 12:00	*Einheit 3: Sparen und Schulden*
12:00 – 13:00	Mittagessen
13:00 – 13:50	*Einheit 4: Ausgaben*
13:50 – 14:00	Pause
14:00 – 14:50	*Einheit 5: Ihr Budget*
14:50 – 15:10	Pause
15:10 – 16:00	*Einheit 6: Aufschreiben und Dranbleiben!*

Sie könnten auch nur eine einfache Mahlzeit bereitstellen, damit die Teilnehmer sich ausruhen und Zeit miteinander verbringen können, anstatt sich beim Mittagessen zu verzetteln. Dadurch wird nicht nur die Kommunikation und die Verbundenheit unter den Teilnehmern gefördert, sondern auch gewährleistet, dass der Zeitplan eingehalten wird.

Obwohl die Zeitvorgabe in jeder Einheit bei 50 Minuten liegt, möchten wir Ihnen Mut machen, sich mehr Zeit zu nehmen. Vielleicht stellen Sie fest, dass Sie mehr Zeit für die Gruppenaktivitäten einplanen müssen. Der zeitlich festgelegte Rahmen dient dazu, dass Sie mit dem Material zügig vorankommen; die 50 Minuten beinhalten jedoch nicht die eventuell benötigte zusätzliche Zeit zum Ausfüllen der Formulare oder die Zeit zum Beantworten von Fragen. Wenn Sie sich dafür entscheiden, den Kursinhalt in 50 Minuten zu präsentieren, sollten Sie entsprechend zügig vorgehen und die Zeitvorgaben im Leiterhandbuch weitestgehend einhalten.

Sechs Kurseinheiten zu je 50 Minuten

Mit diesem Leiterhandbuch kann man die Inhalte des Kurses auch im Rahmen von sechs Treffen durchführen. Wenn man die Einheiten über einen Zeitraum von sechs Wochen behandelt, gibt das den Teilnehmern Zeit, das Material zu verarbeiten und das Gelernte in die Praxis umzusetzen. Wenn Sie sich für diese Form der Durchführung entscheiden, sollten Sie für jede Einheit mindestens eine Stunde einkalkulieren. Auf diese Weise können Sie den Teilnehmern zusätzlich Zeit geben, um die Einzel- und Gruppenaktivitäten zum Abschluss zu bringen, und Sie können noch weitergehende Fragen beantworten.

Zwei Kurseinheiten zu je 3 Stunden und 30 Minuten

Man kann die Einheiten auch folgendermaßen zusammenfassen: Einheit 1, 2 und 3 und danach die Einheiten 4, 5 und 6. Bei dieser Variante sollten Sie für jede Einheit mindestens eine Stunde einplanen, wobei eine 10-minütige Pause nach der ersten und eine 20-minütige Pause nach der zweiten Einheit hilfreich wären.

Ein-, Zwei- oder Dreitages-Freizeiten

Das Material des Kurses ist auch besonders für die entspannte Atmosphäre einer Freizeit geeignet. Wenn Sie sich für diese Art der Durchführung entscheiden, können Sie das Material so flexibel einsetzen, wie es am besten in Ihren Freizeitablauf hineinpasst.

Vorarbeit der Teilnehmer

Sie sollten die Teilnehmer vor dem Besuch des Kurses bitten, die vorbereiteten Fragen zu beantworten bzw. die Arbeitsblätter aus dem Teilnehmerhandbuch auszufüllen. Wir empfehlen Ihnen, dies tatsächlich schon im Vorfeld zu tun, denn es macht den Kurs für den Teilnehmer anschaulicher und effizienter. Sie könnten dazu beispielsweise etwa zwei Monate vor Beginn des Kurses einen Infoabend abhalten, in dem Sie Einblick in die Kursinhalte geben und darauf hinweisen, welche Vorarbeiten die Teilnehmenden leisten müssen/sollten (Formulare ausfüllen, Quittungen sammeln, geistliche Anliegen usw.).

Teilnehmeraktivitäten

Bei diesem Kurs wird der größte Lernerfolg dadurch erzielt, dass die Teilnehmer (mit-) arbeiten – im Rahmen von Einzel- oder Gruppenaktivitäten –, und nicht dadurch, dass der Kursleiter die gesamte Arbeit leistet (einen Vortrag hält bzw. den Inhalt präsentiert). Die Teilnehmer bekommen durch den Vortrag/den Inhalt neue Impulse und neues Wissen. Die Präsentation des Stoffes ist ein wesentlicher und wertvoller Teil des Kurses. Damit die Teilnehmer die neuen Informationen jedoch nicht nur hören, sondern sie auch umsetzen und anwenden, benötigen sie Zeit, das gewonnene Wissen zu verarbeiten.

„Mit Gott rechnen" bietet grundsätzlich zwei Möglichkeiten, wie die Kursteilnehmer das Gelernte verarbeiten und umsetzen können. Dazu dienen zum einen Einzelübungen und zum anderen Gruppenaktivitäten. Zum Beispiel:

- Einzelübungen: Geben den Teilnehmern Zeit, an ihrem Budgetplan zu arbeiten. Dadurch können sie Licht in das Gewirr der Zahlen bringen und über mögliche praktische Schritte nachdenken.
- Gruppenaktivitäten: Geben den Teilnehmern Zeit, gemeinsam mit anderen die soeben gewonnenen Erkenntnisse und neuen Ideen zu besprechen und zu verarbeiten.

Wie ist dieses Leiterhandbuch aufgebaut?

Jede der Einheiten enthält folgende Bereiche:

Unter der Lupe

Enthält eine kurze Zusammenfassung des Inhalts, um den es in der betreffenden Einheit geht, und den Kontext, in den diese Einheit einzuordnen ist.

Zielsetzung

Beschreibt, was die Teilnehmerinnen und Teilnehmer in dieser Einheit erreichen und lernen sollen.

Ablauf

Gibt einen detaillierten Überblick über den Inhalt und den Ablauf dessen, was in der Einheit behandelt wird.

Einführung, Entdeckungsreise und Zusammenfassung

Enthalten den eigentlichen Lehrteil der Einheit und die (technischen) Medien, die in der Einheit verwendet werden. Dieses Material ist zweispaltig aufgebaut, wie im folgenden Beispiel dargestellt.

ZEIT & MEDIEN

6 MINUTEN

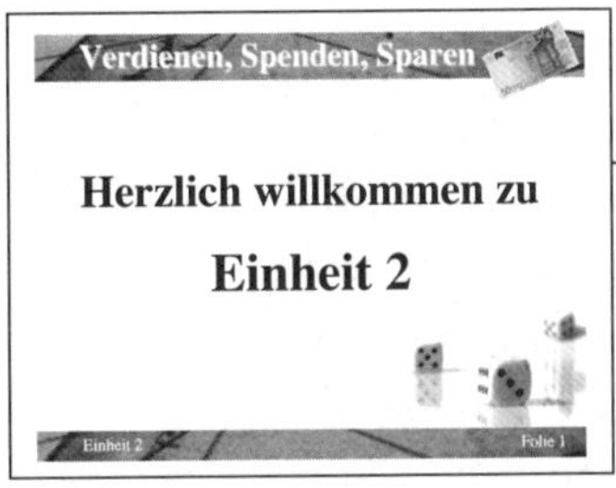

INHALT

I. EINFÜHRUNG UND RÜCKBLICK

Teilnehmerhandbuch, Seite 8

In dieser Einheit werden wir unser Augenmerk auf drei der fünf Finanzbereiche richten: Verdienen, Spenden und Sparen. Ich möchte Sie einladen, über die Ziele nachzudenken, die Sie im Umgang mit Geld verfolgen wollen, und darüber, wie Sie beim Umgang mit Geld nach Gottes Vorstellungen leben können.

Die Spalte „Zeit & Medien"

Die Zeitangabe gibt an, wie viel Zeit Sie ungefähr für jeden Abschnitt benötigen. Die Zeitvorgaben sind so angesetzt, dass Sie für jede Einheit etwa 50 Minuten benötigen. Bitte beachten Sie jedoch, dass diese Zeiten lediglich die reine Präsentation jeder Einheit beinhalten. Es ist keine Zeit für Rückfragen, Erzählparts oder eine ausführlichere Durchführung der Übungen eingeplant. Wenn es möglich ist, sollte Ihr eigener Zeitplan von vornherein mehr Zeit vorsehen, damit auch Gelegenheit zum Austausch usw. besteht.

Die Bild-Grafiken zeigen an, wann die DVD oder die PowerPoint-Präsentation (oder gegebenenfalls Overhead-Folien) eingesetzt werden sollten.

Auf der CD-ROM von „Mit Gott rechnen" befinden sich drei Verzeichnisse. Wenn ein Computer sowie ein Beamer zur Verfügung stehen, finden Sie in dem Verzeichnis „ppt" die notwendigen Dateien für eine vierfarbige elektronische Präsentation. Falls Sie die PowerPoint-Software nicht besitzen, finden Sie in einem weiteren Verzeichnis das Programm *PowerPoint-Viewer*, mit dem Sie die Präsentation ebenfalls durchführen können.

Wenn Sie einen Overhead-Projektor mit Folien verwenden, finden Sie die einzelnen Druckvorlagen in dem Verzeichnis „pdf". Um diese Folien herzustellen, haben Sie zwei Möglichkeiten:

1. Sie drucken die Dateien direkt mit einem Drucker auf die dafür geeigneten Folien.
2. Sie drucken die Dateien zuerst auf weißes Papier. Dann besorgen Sie sich kopierfähige Folien und kopieren Ihre Druckvorlagen darauf. Erhältlich sind diese beispielsweise im Copyshop in Ihrer Nähe.

Die Spalte „Inhalt"

Die Spalte „Inhalt" führt Sie in detaillierten Schritten durch den gesamten Lernstoff. Wenn nötig, können Sie den gesamten Inhalt einfach Wort für Wort vorlesen und das Material komplett und in der richtigen Reihenfolge präsentieren. Allerdings ist es für Ihre Präsentation erfahrungsgemäß effektiver, wenn Sie die Informationen als Grundlage benutzen, um sich selbst auf die sechs Einheiten vorzubereiten.

Machen Sie sich mit diesem Material vertraut, formulieren Sie es in Ihren eigenen Worten und suchen Sie nach eigenen Illustrationen. Markieren Sie die Schlüsselworte und grundlegenden Begriffe mit einem Textmarker, damit Sie nicht alles Wort für Wort vorlesen müssen. Wenn Sie lieber Ihr eigenes Material aufschreiben, finden Sie dafür auf den rechten Seiten des Leiterhandbuches Platz, in dem Bereich, der mit „Notizen" überschrieben ist. Seien Sie sich jedoch jederzeit bewusst, dass es den Kursteilnehmern unter Umständen schwer fällt, ihre finanzielle Situation offen zu legen.

Spielen Sie jede Einheit inklusive der PowerPoint-Präsentationen und Video-Einspielungen vorher mindestens einmal durch, um sicherzustellen, dass Sie mit dem Material vertraut sind und auch im vorgesehenen Zeitrahmen bleiben. Stellen Sie außerdem sicher, dass das benötigte technische Equipment vorhanden und einsatzbereit ist.

Die Spalte „Inhalt" besteht aus den folgenden Schlüsselelementen:

1. Die Redepassagen des Kursleiters sind in normaler Schrift abgedruckt:

> Gleichgültig, welche gesellschaftliche Sichtweise bzw. welcher Zwang uns am meisten beeinflusst – so ist doch klar geworden, dass wir uns alle in der einen oder anderen Weise von dem vorherrschenden Denken in unserer Gesellschaft und seinem mächtigen Instrument – dem Geld – bestimmen lassen.

2. Aussagen, die der Kursleiter wörtlich vortragen sollte, sind mit dem folgenden Symbol versehen:

> Im Verlauf des Kurses werden wir immer wieder die gesellschaftliche Sichtweise zum Thema „Geld" mit dem vergleichen, was die Bibel dazu zu sagen hat. Darüber hinaus werden wir unseren persönlichen Haushaltsplan (unser Budget) erstellen, der uns dabei helfen soll, unsere finanziellen Ziele zu erreichen.

3. Wenn Sie PowerPoint-Dateien verwenden, finden Sie die jeweils in einer Einheit benötigten Abbildungen in kleinerer Ausführung in der Spalte „Zeit & Medien“ (siehe unten stehendes Schaubild). Wenn ein „Bild“ aus mehreren Teilen besteht, zeigt Ihnen das folgende Zeichen an, wann Sie „weiterblättern“ müssen: ▶

▶

Diese Bibelstelle lehrt uns, dass es weise ist, für unerwartete Notfälle zu sparen. Dass es aber genauso töricht ist, über unsere Bedürfnisse hinaus anzuhäufen und zu horten.

Was ist also der Unterschied zwischen Sparen und Horten?

Sparen bedeutet, Geld für angemessene Ziele zur Seite zu legen, z. B. für die Altersversorgung, Ausbildung usw.

Horten bedeutet, immer noch weiter zu sammeln, auch wenn diese Ziele schon längst erreicht sind.

4. Anweisungen für den Kursleiter sind grau unterlegt. Diese Anweisungen sollten *nicht* vorgelesen werden!

Rufen Sie die Gruppe nach 11 Minuten wieder zusammen.

Wer hat mit der ersten gesellschaftlichen Haltung – „Dinge machen uns glücklich“ – so seine Probleme?

5. Die in diesem Kurs enthaltenen Übungen (Einzelübungen und Gruppenaktivitäten) sollen den Teilnehmern helfen, durch das gemeinsame Gespräch mit anderen zu lernen oder ihre eigenen Erfahrungen zu reflektieren.

Notizen

Geben Ihnen die Möglichkeit, Ihren Vortrag mit eigenen Worten und anschaulichen Beispielen den eigenen Gestaltungswünschen anzupassen und Teile des Vortrags abzuwandeln oder zu ersetzen.

Seiten aus dem Teilnehmerbuch

Auf den rechten Seiten dieses Leiterhandbuches haben wir die Seiten aus dem Teilnehmerbuch abgedruckt, die Ihre Kursteilnehmer im Verlauf der einzelnen Einheiten vor sich liegen haben. Dies erlaubt es Ihnen zu sehen, was die Teilnehmer vor Augen haben, ohne dass Sie ständig Ihre Aufmerksamkeit auf zwei Bücher richten müssen. Diese Angaben helfen Ihnen darüber hinaus, sofort zu wissen, welche Seite die Teilnehmer gerade aufgeschlagen haben, wenn jemand eine Frage hat.

Materialliste

Um „Mit Gott rechnen" durchzuführen, benötigen Sie folgende Hilfsmittel:

- Leiterhandbuch.
- Teilnehmerbuch.
- Namensschilder und Stifte.
- ggf. Mikrofon (bei einer sehr großen Gruppe).
- Computer und Projektionsausrüstung (Multimediaprojektor/Beamer) mit CD-ROM für den Fall der PowerPoint-Präsentation; alternativ einen Overheadprojektor. Stellen Sie vor Beginn des Kurses sicher, dass die technischen Geräte funktionieren.
- Overhead-Folien und Folienmarker. Vor Kursbeginn sollten Sie überprüfen, dass die Folien in der richtigen Reihenfolge bereitliegen, dass der Projektor funktionsbereit ist und Ersatzlampen sowie ausreichend Stifte und ein Zeigestab (Laser-Pointer) vorhanden sind.
- DVD „Mit Gott rechnen".
- DVD-Player und Monitor (Bildwand; aufgestellt und einsatzbereit) mit den entsprechenden Anschlusskabeln (evtl. Verlängerungskabel).
- Taschenrechner.
- Wahlweise: Kassettenrekorder oder CD-Player für Musik. Sie können vor und nach den Einheiten und während der Pausen ruhige Musik spielen, um eine entspannte und offene Atmosphäre zu schaffen. Außerdem gibt es einige Momente, in denen die Musik während des Kurses eine gute Hilfe sein kann.

Raumgestaltung

Damit eine einladende und entspannende Atmosphäre entsteht, empfehlen wir, kleine Tischgruppen zu verwenden. Wie das nachstehende Beispiel zeigt, sollten dabei vier bis sechs Personen an einem Tisch sitzen, wobei vorne am Tisch Platz gelassen wird, damit niemand dem Vortragenden den Rücken zuwendet.

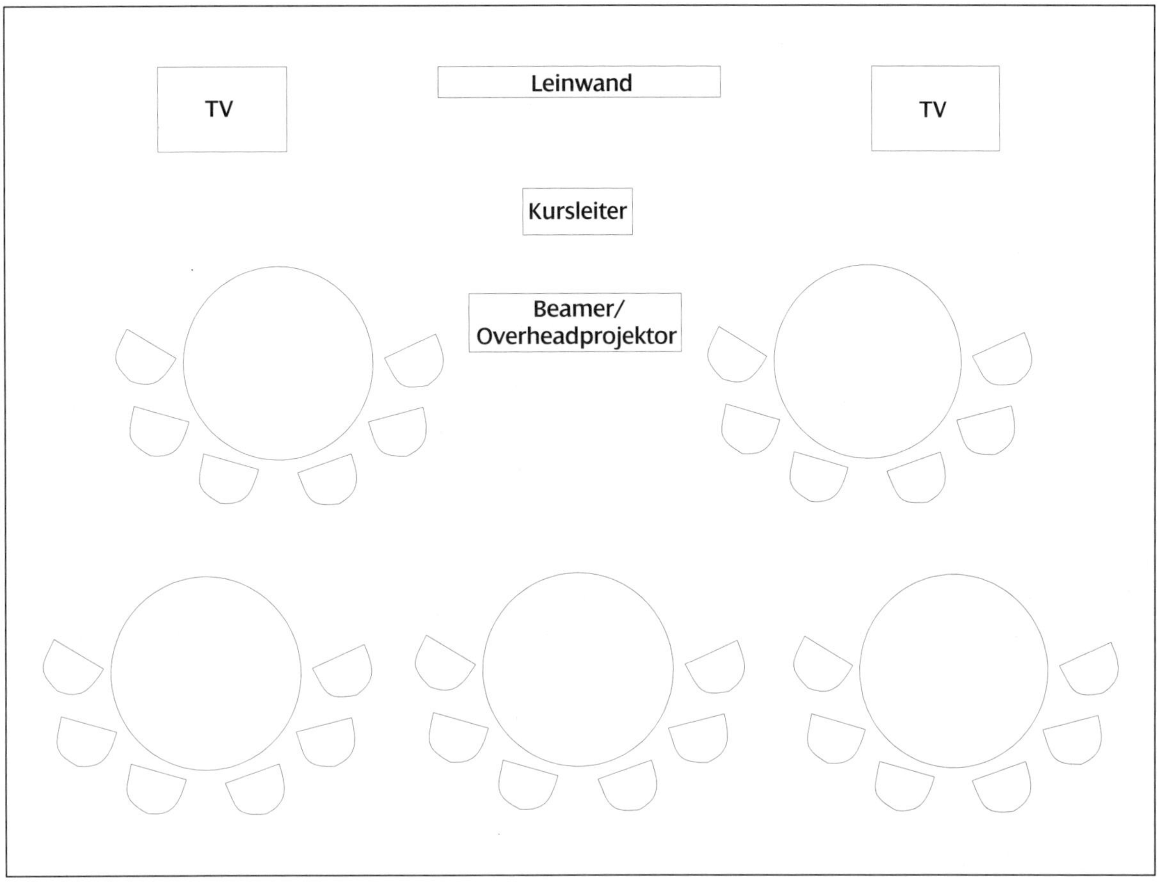
Leinwand
TV
TV
Kursleiter
Beamer/
Overheadprojektor

DAS DILEMMA MIT DEN FINANZEN

UNTER DER LUPE

Zielsetzung

In Einheit 1 werden die Teilnehmer …

1. … sich mit drei häufig anzutreffenden gesellschaftlichen Mythen zum Thema „Geld“ auseinander setzen.
2. … herausfinden, welcher davon am meisten Einfluss auf sie hat.
3. … darüber nachdenken, welche Auswirkungen das Leitbild eines „Treuhänders“ anstelle eines „Eigentümers“ für sie haben könnte.
4. … herausfinden, was ein Haushaltsplan ist und welche Vorteile ein Budget hat.

Ablauf

I. Einleitung und Begrüßung

II. Entdeckungsreise

  A. Die gesellschaftlichen Zwänge

    1. Video: Die gesellschaftlichen Zwänge

    2. Gruppenarbeit: Die gesellschaftlichen Zwänge

    3. Kursübersicht

  B. Die Sichtweise Gottes

    1. Drei Kern-Wahrheiten

    2. Video: Die kostbare Perle

    3. Gruppenarbeit: Die kostbare Perle

  C. Die gesellschaftlichen Zwänge und die Sichtweise Gottes

    1. Das Dilemma

    2. Die fünf Finanzbereiche

  D. Der Haushaltsplan (das Budget)

    1. Was ist ein Haushaltsplan/Budget?

    2. Die Vorteile eines Budgets

III. Zusammenfassung

DAS DILEMMA MIT DEN FINANZEN

ZEIT & MEDIEN

INHALT

PowerPoint-Präsentation: Finanzielle Angebote

Fangen Sie ca. 10 Minuten vor Beginn des Kurses damit an, den Teil der Power Point-Präsentation zu zeigen, in dem die gängigen Aussagen zum Thema „Finanzen“ nachzulesen sind.

Bitten Sie die Teilnehmer ca. 2 Minuten vor Kursbeginn, sich an ihrem Tisch untereinander bekannt zu machen und z. B. kurz etwas zu ihrer Gemeindezugehörigkeit zu sagen.

I. EINLEITUNG UND BEGRÜSSUNG

1. Rufen Sie die Gruppe zusammen.
2. Begrüßen Sie die Teilnehmer zu „Mit Gott rechnen“.
3. Stellen Sie sich vor.

II. ENTDECKUNGSREISE (47 Minuten)

1 MINUTE

Teilnehmerhandbuch, Seite 14

Herzlich willkommen zu „Mit Gott rechnen“! Und herzlichen Glückwunsch! Sie haben mit der Teilnahme an diesem Kurs schon einen ersten entscheidenden Schritt getan!

Auch wenn die persönliche Finanzplanung kein einfaches Thema ist, bin ich mir sicher, dass jeder von dem Kurs profitieren kann und wird.

Vielleicht werden Sie aber auch *geistliche* Impulse mit nach Hause nehmen können.

NOTIZEN

EINHEIT 1

Einleitung und Begrüßung

Sie können es schaffen!

> *„Allem bin ich gewachsen durch den,*
> *der mich stark macht."*
> Philipper 4,13

Geld regiert die Welt!

Der Apostel Paulus erinnert uns in Philipper 4, Vers 13 daran, dass wir alles durch den tun können, der uns Kraft und Stärke gibt – Jesus Christus: „Allem bin ich gewachsen durch den, der mich stark macht."

Alternativ: Bitten Sie die Teilnehmer, sich an ihren Tischnachbarn zu wenden und ihm mit dem Bibelwort Mut zuzusprechen. Dies würde sich in erster Linie dann empfehlen, wenn hauptsächlich Christen an Ihrem Kurs teilnehmen.

Geld regiert die Welt! Es ist mehr als ein Stück Papier, mehr als ein Tauschobjekt. Geld hat einen gewaltigen Einfluss. Wir haben es auf unserem Bankkonto gebunkert, aber es zerrt auch gewaltig an unserer Seele. „Money, Money, Money", heißt es in einem bekannten Lied der schwedischen Popgruppe „Abba".

Alternativ könnten Sie sich auch mit dem Lied „Ich wär' so gerne Millionär" der Gruppe „Die Prinzen" beschäftigen, wenn dieses Ihren Kursteilnehmern geläufiger ist.

In dem Lied heißt es sinngemäß:
Ich arbeite die ganze Nacht, den ganzen Tag, nur um die fälligen Rechnungen zu bezahlen. Ist das nicht furchtbar? Und es sieht nach wie vor so aus, dass für mich kein einziger Penny übrig bleibt. Das nervt richtig! In meinen Träumen stelle ich mir vor, wie es wäre, wenn ich mir einen reichen Mann angeln würde, dann müsste ich überhaupt nicht mehr arbeiten, könnte tun und lassen, was ich will und meinen Spaß haben.
Geld, Geld, Geld – in der Welt der Reichen muss es spaßig sein.
Geld, Geld, Geld – dort scheint immer die Sonne in der Welt der Reichen. Was könnte ich nicht alles mit dem nötigen Kleingeld tun – Reichen gehört die Welt.

„Reichen gehört die Welt." Oder wie wir hier so schön sagen: „Geld regiert die Welt." Wie wahr! Geld *regiert* in der Tat die Welt! Und weil es so mächtig ist und uns so stark beeinflusst, ist es für viele schwierig, angemessen damit umzugehen.

Einige von Ihnen sind heute vielleicht hier, weil sie besser mit ihren Finanzen umgehen und finanziellen Durchblick haben wollen. Weil sie sich nicht vom Geld versklaven lassen und echte finanzielle Freiheit erleben möchten. Andere von Ihnen stecken vielleicht in finanziellen Schwierigkeiten und suchen nach einem Ausweg. Wir alle befinden uns im Bereich der Finanzen auf einer Reise und wahrscheinlich ist jeder an einem anderen Punkt. Einige stehen gerade erst am Anfang, während andere schon recht weit gekommen sind.

NOTIZEN

EINHEIT 1

Einleitung und Begrüßung

Sie können es schaffen!

> *„Allem bin ich gewachsen durch den, der mich stark macht."*
> Philipper 4,13

Geld regiert die Welt!

14

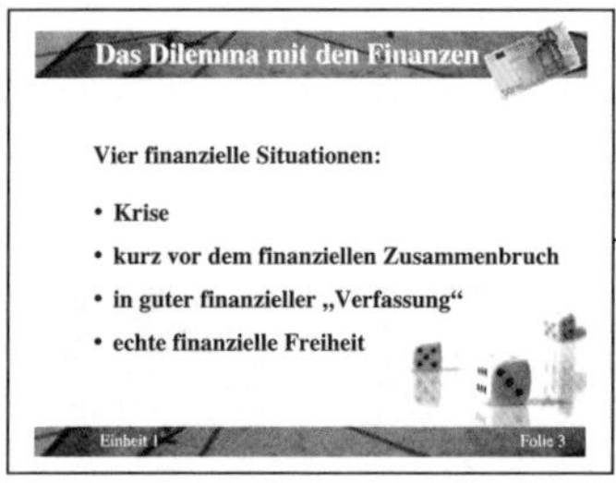

A. Die gesellschaftlichen Zwänge

Teilnehmerhandbuch, Seite 15

Die meisten von uns befinden sich gerade in einer der folgenden vier finanziellen Situationen:

- Krise,
- kurz vor dem finanziellen Zusammenbruch,
- in guter finanzieller „Verfassung“,
- echte finanzielle Freiheit.

Lassen Sie uns einmal genauer unter die Lupe nehmen, wie die einzelnen finanziellen Umstände aussehen.

Krise

Einige unter uns haben womöglich ernste finanzielle Probleme und befinden sich in einer Krise. Sie beweisen sehr viel Mut, wenn Sie heute hierher kommen und sich Ihren finanziellen Problemen stellen. Sie haben einen ersten und entscheidenden Schritt zur Lösung Ihrer finanziellen Probleme getan. Es ist uns sehr wichtig, Ihnen Lösungsansätze vorzustellen, die Ihnen weiterhelfen können. Ich möchte Sie ermutigen, am Ball zu bleiben: Es gibt Hilfe, es gibt Hoffnung! Und Sie stehen mit Ihrem Problem nicht alleine da.

Kurz vor dem finanziellen Zusammenbruch

Andere stehen vielleicht nicht kurz vor dem finanziellen Ruin. Wenn man nicht allzu genau hinschaut, dann scheint alles in bester Ordnung zu sein. Aber in Wahrheit sind wir es leid, immer von der Hand in den Mund zu leben – von einem Monatsgehalt zum nächsten – und nur ein Gehalt vom finanziellen Ruin entfernt zu sein. Vielleicht trifft das ja auf Sie zu? Vielleicht sind Sie es leid, so hohe Schulden zu haben, wünschen sich, etwas ansparen zu können. Dieser Kurs kann Ihnen dabei helfen, Ihre Finanzen besser in den Griff zu bekommen und eine Lebensweise zu führen, die Gott gefällt und die Sie vom Rand des finanziellen Abgrundes wegzieht.

In guter finanzieller „Verfassung“

Daneben gibt es erfahrungsgemäß eine dritte Gruppe an Kursteilnehmern, die sich in einer ziemlich guten finanziellen „Verfassung“ befindet. Wenn dies auf Sie zutrifft, gehören Sie zu denen, die keine Verbraucherschulden haben, die regelmäßig sparen und ihre finanziellen Mittel weise und überlegt einsetzen. Aus rein finanztechnischer Sicht sind Sie zwar ein guter Haushalter, leben aber unter Umständen in diesem Bereich noch nicht nach Gottes Sichtweise. Sie nehmen vielleicht an diesem Kurs teil, weil Sie in Bezug auf Ihre finanziellen Möglichkeiten eine Lebensweise führen möchten, die mehr der christlichen Perspektive entspricht. Wir hoffen, dass wir Sie diesem Ziel mit dem Kurs etwas näher bringen können.

NOTIZEN

DAS DILEMMA MIT DEN FINANZEN

Die gesellschaftlichen Zwänge

Die meisten von uns befinden sich gerade in einer der folgenden vier finanziellen Situationen:

- Krise,
- kurz vor dem finanziellen Zusammenbruch,
- in guter finanzieller „Verfassung",
- echte finanzielle Freiheit.

Für viele von uns ist das Geld unser Gott.

Wenn wir nicht unser Geld beherrschen, dann beherrscht es uns. Es wird schließlich die zentralen Entscheidungen in unserem Leben bestimmen:

- wo wir leben,
- wo wir arbeiten,
- wer unsere Freunde sind und
- wie wir unsere Zeit nutzen.

15

Echte finanzielle Freiheit

Vielleicht gehören Sie aber auch zur vierten Gruppe: Sie haben die biblischen Prinzipien bereits in Ihrem Leben umgesetzt und gehen mit Ihren Finanzen in einer Art und Weise um, die Gottes Sicht entspricht. Wir hoffen, dass dieser Kurs Sie in Ihrem Umgang mit den Finanzen bestätigt und Sie Gottes Ziele für Ihr Leben noch klarer und eindeutiger erkennen können.

Sollten einige Teilnehmer des Kurses noch keine Beziehung zu Gott haben, können Sie an dieser Stelle beispielsweise wie folgt auf diese eingehen:

„Wie Sie sehen, befinden wir uns finanziell gesehen alle an anderen Punkten unserer Reise. Aber auch geistlich gesehen steht jeder woanders. Einige haben zum Beispiel schon begonnen, bewusst mit Gott zu leben. Andere haben in punkto Christsein noch so ihre Fragen. Auch wenn es uns hier in erster Linie darum geht, das Thema ‚Finanzen' aus einer christlichen Sichtweise zu beleuchten, kann und will dieser Kurs auch eine Hilfestellung dabei sein, Gott und seinen Willen für unser Leben in einer neuen Weise zu betrachten.

Wie wir bereits gesehen haben, so haben wir finanziell gesehen nicht alle die gleichen Ausgangsbedingungen …"

Auch wenn wir finanziell gesehen nicht alle die gleichen Ausgangsbedingungen haben, so besitzen wir doch alle Geld. Manche unter uns haben etwas mehr, andere etwas weniger, aber wir alle besitzen Geld. Und Geld regiert bekanntlich die Welt! Manche meinen, dass es eine eigene Dynamik besitzt und sogar eine gewisse Macht auf unser geistliches Leben ausübt. Dass es unser Leben bestimmen, in der Schaltzentrale unseres Lebens sitzen und uns letztlich völlig beherrschen will.

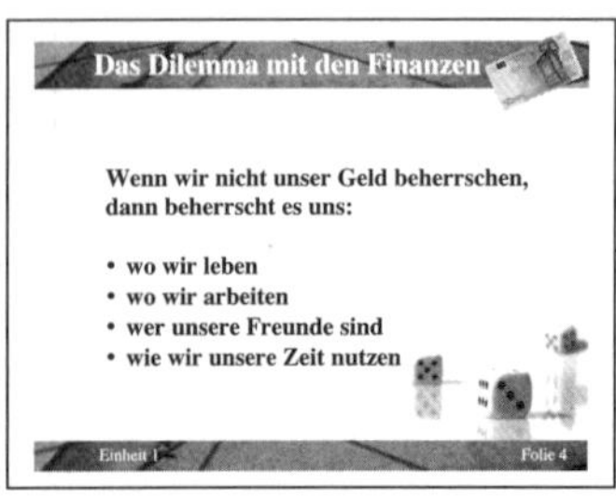

Für viele von uns ist das Geld unser Gott.

Wenn wir nicht unser Geld beherrschen, dann beherrscht es uns. Es wird schließlich die zentralen Entscheidungen in unserem Leben bestimmen: wo wir leben, wo wir arbeiten, wer unsere Freunde sind und wie wir unsere Zeit nutzen. Geld regiert also wirklich die Welt!

Darüber hinaus wird der Stellenwert des Geldes auch von den gesellschaftlichen Zwängen unserer Zeit beeinflusst. Diese bestimmen ebenfalls unser Verhältnis zum und unser Umgang mit Geld. Damit wir ein besseres Verständnis davon bekommen, in welcher Weise die gesellschaftliche Haltung unser Denken und Handeln zum Thema „Geld" bestimmt, werden wir uns einen kurzen Filmausschnitt anschauen, der diesen Sachverhalt vertiefen wird.

Auf Seite 16 Ihres Teilnehmerbuches finden Sie dazu etwas Raum für Notizen.

NOTIZEN

DAS DILEMMA MIT DEN FINANZEN

Die gesellschaftlichen Zwänge

Die meisten von uns befinden sich gerade in einer der folgenden vier finanziellen Situationen:

- Krise,
- kurz vor dem finanziellen Zusammenbruch,
- in guter finanzieller „Verfassung“,
- echte finanzielle Freiheit.

Für viele von uns ist das Geld unser Gott.

Wenn wir nicht unser Geld beherrschen, dann beherrscht es uns. Es wird schließlich die zentralen Entscheidungen in unserem Leben bestimmen:

- wo wir leben,
- wo wir arbeiten,
- wer unsere Freunde sind und
- wie wir unsere Zeit nutzen.

15

13 MINUTEN

1. Video: Die gesellschaftlichen Zwänge

Teilnehmerhandbuch, Seite 16

Zeigen Sie den Videoausschnitt: Die gesellschaftlichen Zwänge

1 MINUTE

Zusammenfassung

Haben Sie irgendwelche Erkenntnisse gewonnen?

Greifen Sie drei oder vier Kommentare aus der Gruppe auf. Wiederholen Sie die Anmerkungen, sodass jeder die Antworten hören und verstehen kann.

Mögliche Antworten:

- „Zufriedenheit hängt nicht von Dingen ab. Aber wir verhalten uns oft so, als sei dies der Fall."
- „Ich hätte nie gedacht, dass die kulturellen Botschaften mich so stark beeinflussen würden."
- „Wir besitzen doch eigentlich alle mehr Dinge, als wir in Wirklichkeit brauchen."

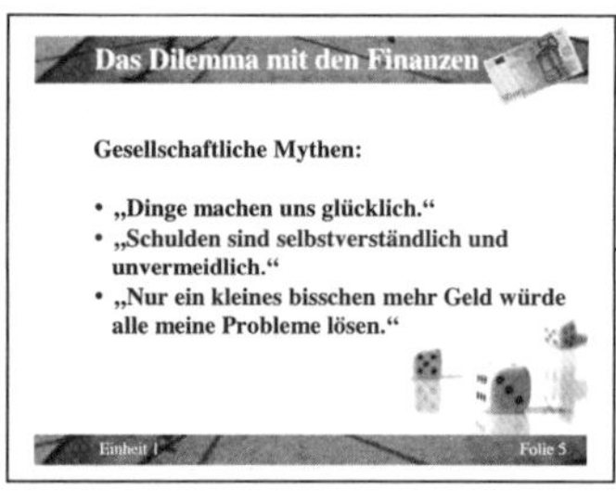

Wie wir im Video gesehen haben, sind die drei vorherrschenden gesellschaftlichen Sichtweisen über das Geld die folgenden:

„Dinge machen uns glücklich."
„Schulden sind selbstverständlich und unvermeidlich."
„Nur ein kleines bisschen mehr Geld würde alle meine Probleme lösen."

Im Folgenden wollen wir uns etwas näher mit diesen „kulturellen Mythen" beschäftigen.

10 MINUTEN

2. Gruppenarbeit: Die gesellschaftlichen Zwänge

Teilnehmerhandbuch, Seite 17

Ziel der Gruppenarbeit:

1. Die Möglichkeit zum persönlichen Gespräch mit zwei oder drei anderen Teilnehmern geben.
2. Die Möglichkeit geben, darüber nachzudenken, welche der gesellschaftlichen Zwänge den größten Einfluss auf die Teilnehmer haben.

NOTIZEN

EINHEIT 1

Video: Die gesellschaftlichen Zwänge

Wenn Sie möchten, können Sie sich an dieser Stelle Notizen machen.

Notizen

Drei vorherrschende gesellschaftliche Sichtweisen über Geld:

- „Dinge machen uns glücklich."
- „Schulden sind selbstverständlich und unvermeidlich."
- „Nur ein kleines bisschen mehr Geld würde alle meine Probleme lösen."

16

DAS DILEMMA MIT DEN FINANZEN

Gruppenarbeit: Die gesellschaftlichen Zwänge

1. Bilden Sie mit zwei anderen Personen ein Team.
2. Machen Sie sich untereinander bekannt.
3. Sprechen Sie in Ihrer Gruppe darüber, welche der gesellschaftlichen Zwänge den größten Einfluss auf Sie haben und in welcher Weise sich dies in Ihrem Leben äußert.

Notizen

17

Anleitung

1. Bilden Sie mit zwei anderen Personen ein Team.
2. Machen Sie sich untereinander bekannt.
3. Sprechen Sie in Ihrer Gruppe darüber, welche der gesellschaftlichen Zwänge den größten Einfluss auf Sie haben und in welcher Weise sich dies in Ihrem Leben äußert. Beispiel: Was passiert mit Gehaltserhöhungen? Was ist mit den Hochgefühlen nach einem Kleidungskauf?

Manchen Menschen fällt es gerade beim Thema „Geld" schwer, ihre Meinung und ihre Gefühle zum Ausdruck zu bringen. Wenn Sie dazu beitragen möchten, dass sich die Teilnehmer sicher fühlen, könnten Sie sich verletzlich zeigen und zuerst selbst die Fragen beantworten, die Sie dann den Teilnehmern stellen. Das bietet sich erfahrungsgemäß vor allem bei kleinen Gruppen an oder auch bei der Durchführung mit Teenagern. So können Sie zum Beispiel zuerst den gesellschaftlichen Zwang ansprechen, der Sie persönlich am meisten beeinflusst, und aufzeigen, in welcher Weise er Ihr Leben bestimmt. („Der gesellschaftliche Mythos, dem ich am häufigsten unterliege, ist: ‚Dinge machen glücklich.' In meinem Leben zeigt sich das daran, dass ich immer einkaufen gehe, wenn ich mal einen schlechten Tag hatte.")

Wenn Sie im Verlauf des Kurses gelegentlich Ihre persönlichen Schwachpunkte nennen, werden die Teilnehmer sich sicher fühlen und ebenfalls bereit sein, offen und ehrlich über das Thema „Geld" und ihre jeweilige Situation zu sprechen.

Haben Sie noch Fragen zur Gruppenarbeit? Sie haben nun 9 Minuten Zeit, um sich in der Gruppe über diese Frage auszutauschen.

Rufen Sie die Gruppe nach 9 Minuten wieder zusammen. Entscheiden Sie selbst, ob Sie die folgenden Fragen stellen und um Handzeichen bitten wollen. Einigen Personen fällt es sicher schwer, sich offen und ehrlich dazu zu äußern. Wer hat mit der ersten gesellschaftlichen Haltung – „Dinge machen uns glücklich" – so seine Probleme?

Geben Sie den Teilnehmern kurz Zeit zu antworten.

Wer hat mit der zweiten gesellschaftlichen Sichtweise – „Schulden sind selbstverständlich und unvermeidlich" – seine Probleme?

Geben Sie den Teilnehmern kurz Zeit zu antworten.

Wer hat mit dem dritten gesellschaftlichen Mythos – „Nur ein kleines bisschen mehr Geld würde alle meine Probleme lösen" – zu kämpfen?

Geben Sie den Teilnehmern kurz Zeit zu antworten.

NOTIZEN

DAS DILEMMA MIT DEN FINANZEN

Gruppenarbeit: Die gesellschaftlichen Zwänge

1. Bilden Sie mit zwei anderen Personen ein Team.
2. Machen Sie sich untereinander bekannt.
3. Sprechen Sie in Ihrer Gruppe darüber, welche der gesellschaftlichen Zwänge den größten Einfluss auf Sie haben und in welcher Weise sich dies in Ihrem Leben äußert.

Notizen

17

Gleichgültig, welche gesellschaftliche Sichtweise bzw. welcher Zwang uns am meisten beeinflusst – so ist doch klar geworden, dass wir uns alle in der einen oder anderen Weise von dem vorherrschenden Denken in unserer Gesellschaft und seinem mächtigen Instrument – dem Geld – bestimmen lassen.

Bitte schlagen Sie jetzt Seite 18 im Teilnehmerhandbuch auf.

1 MINUTE

3. Kursübersicht

Teilnehmerhandbuch, Seite 18

Im Verlauf des Kurses werden wir immer wieder die gesellschaftliche Sichtweise zum Thema „Geld“ mit dem vergleichen, was die Bibel dazu zu sagen hat.

Darüber hinaus werden wir unseren persönlichen Haushaltsplan (unser Budget) erstellen, der uns dabei helfen soll, unsere finanziellen Ziele zu erreichen.

Da es in diesem Kurs um Finanzen geht, beschäftigen wir uns hier natürlich auch mit Dingen wie Zahlen, Budgets und Schuldenabbau. Aber es geht noch um sehr viel mehr. Einige von uns werden vielleicht auch erkennen, dass sie lieb gewordene Gewohnheiten über Bord werfen und sich mit den tieferen Ursachen eines sich verhängnisvoll auswirkenden Verhaltens auseinander setzen müssen. Für andere bedeutet das vielleicht, dass sie sich mit ihrem Neid und ihrer Habsucht befassen müssen. Wo auch immer Sie in diesem Bereich stehen: Wir alle müssen uns dem ungeheuer starken Zwang unserer Gesellschaft widersetzen, in der Besitz und Geld zum alles beherrschenden Thema geworden sind, das alle anderen Bereiche durchdringt.

An dieser Stelle könnten Sie bekannte Werbeslogans nennen oder diese mit Hilfe von Anzeigen aus Zeitschriften präsentieren, beispielsweise: „Geiz ist geil!“ oder „Weihnachtsgeld gibt's dieses Jahr von Peugeot!“

In diesem Kurs geht es ebenfalls darum, Freiheit statt Gebundenheit zu erfahren und Frieden statt Ängstlichkeit. Aber es geht noch um mehr. Es geht auch darum, unsere Beziehungen zu verbessern – zu anderen, zu Gott und letztlich auch zu uns selbst.

Dieser Kurs beinhaltet also auch eine geistliche Reise. Viele neigen dazu, ihr Leben in unterschiedliche Bereiche aufzuteilen und ihr geistliches Leben von ihrem finanziellen zu trennen. Die Bibel macht jedoch sehr deutlich, dass unser geistliches Leben mit unserem finanziellen verwoben ist – dass es mit ihm zusammenhängt und nicht davon zu trennen ist.

Im Matthäusevangelium, Kapitel 6, Vers 21 heißt es: „Denn euer Herz wird immer dort sein, wo ihr eure Schätze habt.“ Oder um es mit anderen Worten zu sagen: Jede finanzielle Entscheidung ist letztlich auch eine *geistliche* Entscheidung.

NOTIZEN

EINHEIT 1

Kursübersicht

- Die gesellschaftliche Sichtweise zum Thema „Geld“ mit dem vergleichen, was die Bibel dazu zu sagen hat.
- Einen persönlichen Haushaltsplan (den Budgetplan) erstellen.

> *„Denn euer Herz wird immer dort sein, wo ihr eure Schätze habt.“*
> Matthäus 6,21

Jede finanzielle Entscheidung ist letztlich auch eine *geistliche* Entscheidung.

18

Bei solchen „Herzensangelegenheiten" brauchen wir den Heiligen Geist, der uns leiten und in die Lage versetzen kann, unser Verhalten zu ändern. Und darum wollen wir nun bitten.

Gerne können Sie auch selbst ein Gebet formulieren. Vielleicht haben Sie jedoch auch auf Grund Ihrer Gruppenzusammensetzung den Eindruck, dass ein Gebet u. U. nicht angebracht ist.

Lieber Vater im Himmel,
wir bitten dich, hilf uns, die vor uns liegende Aufgabe richtig anzugehen. Stärke und leite du uns. Sei bei uns und sei uns ganz nah. Gib mir die richtigen Worte. Und schenke jedem der hier Anwesenden Verständnis für das Gesagte. Im Namen Jesu. Amen.

Wie können wir uns nun aber davor schützen, vom Geld beherrscht zu werden? Indem wir uns einer mächtigeren Kraft unterstellen – dem Willen und dem Wort Gottes.

Auch wenn unsere Gesellschaft lautstark versucht, unseren Umgang mit unseren Finanzen zu beeinflussen und zu bestimmen, ermutigt uns Gott in der Bibel, uns nicht den Maßstäben dieser Welt anzupassen, sondern unserer Leben an seinen Maßstäben auszurichten und unser Denken verändern zu lassen. Und das geschieht am besten dadurch, dass wir verstehen lernen, was die Bibel zum Thema „Geld" und zu unserer Beziehung zum Geld zu sagen hat.

2 MINUTEN

B. Die Sichtweise Gottes

Teilnehmerhandbuch, Seite 19

Im Anhang des Teilnehmerbuches finden Sie eine Liste mit Bibelversen, die speziell den Umgang mit Geld und die Sichtweise Gottes beleuchten. Wir empfehlen Ihnen, nach dieser Einheit einen Blick darauf zu werfen.

1. Drei Kern-Wahrheiten

An dieser Stelle wollen wir über die Kern-Wahrheiten sprechen, über Gottes Sichtweise dieses Themas. Diese grundsätzlichen Wahrheiten können in drei Aussagen zusammengefasst werden:

1. Gott hat alles geschaffen.
2. Gott gehört alles.
3. Wir sind Treuhänder.

NOTIZEN

DAS DILEMMA MIT DEN FINANZEN

Die Sichtweise Gottes

Drei Kern-Wahrheiten

- Gott hat alles geschaffen (vgl. 1. Mose 1,1).

- Gott gehört alles.

> *„Alle Tiere des Waldes gehören mir,*
> *das Wild auf Tausenden von Bergen ist mein Eigentum. […]*
> *denn mir gehört die ganze Erde und alles,*
> *was darauf lebt."*
> Psalm 50,10–11
>
> *„Dem Herrn gehört die ganze Erde mit allem,*
> *was darauf lebt."*
> Psalm 24,1

- Wir sind Treuhänder.

> *„Von Verwaltern wird verlangt, dass sie zuverlässig sind."*
> 1. Korinther 4,2

  – Ein Treuhänder hat keine Rechte, nur Pflichten.

  – Aus der Perspektive der Ewigkeit betrachtet, gehört alles, was wir besitzen, Gott.

19

Im Folgenden wollen wir diese drei Kern-Wahrheiten etwas näher beleuchten:

Gott hat alles geschaffen. In 1. Mose 1, Vers 1 heißt es: „Am Anfang schuf Gott Himmel und Erde."

Ursprünglich war die Erde noch leer und öde. Aber dann erschuf Gott jedes Sandkorn auf der Erde und jeden Stern im Weltall. Leider verlieren wir diese Tatsache manchmal nur allzu leicht aus den Augen, weil wir in einer Umgebung leben und arbeiten, die vom Menschen geschaffen wurde. Aber die Wahrheit ist, dass am Anfang das Nichts stand und dann alles erschaffen wurde. *Von Gott* erschaffen wurde.

Gott gehört alles. In Psalm 50 heißt es: „Alle Tiere des Waldes gehören mir, das Wild auf Tausenden von Bergen ist mein Eigentum. [...]denn mir gehört die ganze Erde und alles, was darauf lebt." Und David schreibt in Psalm 24: „Dem Herrn gehört die ganze Erde mit allem, was darauf lebt."

Gott hat nicht alles erschaffen und ist dann irgendwo in der Unendlichkeit verschwunden – und er hat seiner Schöpfung auch nicht den Rücken gekehrt. In der Bibel können wir an zahlreichen Stellen nachlesen, dass Gott immer noch in seiner Schöpfung am Werk und nach wie vor der Eigentümer all dessen ist, was er erschaffen hat.

Wir sind Treuhänder. Paulus schreibt in 1. Korinther 4, Vers 2: „Von Verwaltern wird verlangt, dass sie zuverlässig sind."

Gott erschuf die Welt und behielt sich das Eigentumsrecht vor. Er vertraute jedem von uns, die wir nach seinem Bild geschaffen sind, einen Teil seiner Schöpfung an. Aus diesem Grund sind wir also Treuhänder – Treuhänder Gottes über all das, was uns anvertraut wurde.

Um sich als zuverlässig erweisen zu können, ist es wichtig, die Rolle eines Treuhänders zu verstehen.

NOTIZEN

DAS DILEMMA MIT DEN FINANZEN

Die Sichtweise Gottes

Drei Kern-Wahrheiten

- Gott hat alles geschaffen (vgl. 1. Mose 1,1).

- Gott gehört alles.

> *„Alle Tiere des Waldes gehören mir,*
> *das Wild auf Tausenden von Bergen ist mein Eigentum. […]*
> *denn mir gehört die ganze Erde und alles,*
> *was darauf lebt."*
> Psalm 50,10–11
>
> *„Dem Herrn gehört die ganze Erde mit allem,*
> *was darauf lebt."*
> Psalm 24,1

- Wir sind Treuhänder.

> *„Von Verwaltern wird verlangt, dass sie zuverlässig sind."*
> 1. Korinther 4,2

  – Ein Treuhänder hat keine Rechte, nur Pflichten.

  – Aus der Perspektive der Ewigkeit betrachtet, gehört alles, was wir besitzen, Gott.

19

Ein Treuhänder hat keine Rechte, nur Pflichten – die Verpflichtung, für das zu sorgen, was einem anderen gehört.

Hier ein Beispiel: Sie sind verhindert und ich wurde kurzfristig als Treuhänder über Ihren Besitz eingesetzt. Ich hätte in diesem Fall keine Rechte auf Ihr Vermögen, lediglich die Verantwortung, weise und in Ihrem Sinne damit umzugehen. Sollte ich dieses Vertrauen missbrauchen und Ihre Angelegenheiten zu meinem Vorteil handhaben anstatt zu Ihrem Besten, müsste ich mich vor Gericht verantworten. Ich hätte dann Rechenschaft darüber abzulegen, warum ich dieses Vertrauen missbraucht habe.

Unsere Rolle als Treuhänder ist von grundlegender Bedeutung für alles weitere, was jetzt noch kommt. Alle weiteren biblischen Finanzprinzipien ergeben sich aus diesem Verständnis. Sie und ich haben vielleicht Anspruch auf unser Auto und arbeiten hart für unser Haus und aus der Sicht der Gesellschaft gehören sie uns auch …

Aber aus der Perspektive der Ewigkeit betrachtet, gehört alles, was wir besitzen, Gott.

Der folgende Videoausschnitt soll dieses Konzept noch weiter verdeutlichen. Er bezieht sich auf das Gleichnis von der kostbaren Perle im 13. Kapitel des Matthäusevangeliums. In diesem Gleichnis vergleicht Jesus das Himmelreich mit einer kostbaren Perle. Um sie erwerben zu können, verkaufte ein Kaufmann alles, was er besaß. Unser Videoausschnitt spielt in den 40er Jahren des vergangenen Jahrhunderts und illustriert das Gleichnis auf moderne Weise – wenn auch ohne lebendige Schauspieler.

Schlagen Sie bitte Seite 20 Ihres Teilnehmerbuches auf!

5 MINUTEN

2. Video: Die kostbare Perle

Teilnehmerhandbuch, Seite 20

Zeigen Sie den Videoausschnitt: Die kostbare Perle

Genauso sollten wir unsere „Besitztümer“ auch sehen: Wir sind ihre Treuhänder, Haushalter – und nicht Eigentümer. Da dieser Gedanke der Haushalterschaft so immens wichtig ist, wollen wir uns etwas Zeit nehmen, um darüber zu sprechen.

NOTIZEN

DAS DILEMMA MIT DEN FINANZEN

Die Sichtweise Gottes

Drei Kern-Wahrheiten

- Gott hat alles geschaffen (vgl. 1. Mose 1,1).
- Gott gehört alles.

> *„Alle Tiere des Waldes gehören mir,*
> *das Wild auf Tausenden von Bergen ist mein Eigentum. […]*
> *denn mir gehört die ganze Erde und alles,*
> *was darauf lebt."*
> Psalm 50,10–11
>
> *„Dem Herrn gehört die ganze Erde mit allem,*
> *was darauf lebt."*
> Psalm 24,1

- Wir sind Treuhänder.

> *„Von Verwaltern wird verlangt, dass sie zuverlässig sind."*
> 1. Korinther 4,2

  – Ein Treuhänder hat keine Rechte, nur Pflichten.
  – Aus der Perspektive der Ewigkeit betrachtet, gehört alles, was wir besitzen, Gott.

19

EINHEIT 1

Video: Die kostbare Perle

Notizen

Gruppenarbeit: Die kostbare Perle

1. Setzen Sie sich wieder in Ihren Gruppen zusammen.
2. Sprechen Sie miteinander darüber, welche Auswirkungen die Botschaft des Filmausschnittes auf Ihr Leben hat.

Notizen

20

9 MINUTEN

3. *Gruppenarbeit: Die kostbare Perle*

Ziel: Die Teilnehmer sollen die Bedeutung des Konzeptes von der Treuhänderschaft im Gegensatz zum Besitztum verstehen lernen.

Anleitung

Setzen Sie sich wieder in Ihren Gruppen zusammen.
Sprechen Sie miteinander darüber, welche Auswirkungen die Botschaft des Filmausschnittes auf Ihr Leben hat.

Sie werden nun 8 Minuten Zeit haben, um darüber zu sprechen.

Rufen Sie die Gruppe nach 8 Minuten wieder zusammen.

1 MINUTE

Zusammenfassung

Haben Sie irgendwelche Erkenntnisse gewonnen?

Greifen Sie sich zwei oder drei Rückmeldungen der Gruppe raus. Wiederholen Sie das Gesagte und bringen Sie es auf den Punkt, sodass jeder die Antworten hören kann.

Mögliche Antworten:

- „Ich finde den Gedanken schon etwas seltsam, dass Gott der rechtmäßige Eigentümer der Dinge ist, die mir so sehr am Herzen liegen."
- „Ich sehe jetzt meinen Besitz mit ganz anderen Augen."
- „Mir fällt es schwer zu verstehen, was das in letzter Konsequenz bedeutet."

An dieser Stelle möchte ich noch etwas viel Wichtigeres erwähnen. Tatsache ist nämlich, dass im Grunde selbst unsere Familien Gott gehören.

Das bedeutet, dass auch unsere Kinder letzten Endes nicht wirklich „unsere" Kinder sind. Sie sind Gottes Kinder, die uns anvertraut sind. Wir sollen sie gemäß der Bibel erziehen.

NOTIZEN

EINHEIT 1

Video: Die kostbare Perle

Notizen

Gruppenarbeit: Die kostbare Perle

1. Setzen Sie sich wieder in Ihren Gruppen zusammen.
2. Sprechen Sie miteinander darüber, welche Auswirkungen die Botschaft des Filmausschnittes auf Ihr Leben hat.

Notizen

20

Ja, selbst wir gehören noch nicht einmal uns selbst. Wir gehören in allererster Linie Gott, denn er hat uns erschaffen. Wenn Sie dies für sich noch nicht akzeptieren können, möchte ich Sie dennoch bitten, es an dieser Stelle stehen zu lassen.

Um es noch einmal ganz deutlich zu sagen: Wir sind Treuhänder und nicht Eigentümer.

Als Treuhänder wird jeder von uns einmal vor Gott stehen und die Frage beantworten müssen: „Was hast du mit den Dingen gemacht, die ich dir anvertraut habe?"

Sicherlich geht es bei dieser Frage um einiges mehr als nur um finanzielle Angelegenheiten. Unsere finanziellen Entscheidungen stellen jedoch einen entscheidenden Teil unserer Antwort dar. Vermutlich möchten wir alle, dass Gott einmal zu uns sagen wird: „Gut gemacht, guter und treuer Diener, guter und zuverlässiger Treuhänder!"

Ich möchte hier einen Augenblick innehalten und beten, weil dieser Aspekt so unglaublich wichtig ist.

Gerne können Sie auch ein Gebet mit Ihren eigenen Worten formulieren.

Lieber Vater im Himmel,
wir wollen uns dir in diesem Augenblick zuwenden und dir sagen, dass wir ohne irgendetwas in diese Welt gekommen sind. Und wir werden sie auch wieder mit leeren Händen verlassen. Alles, was wir augenblicklich besitzen, sogar das Leben selbst, kommt von dir und gehört dir. Es ist uns nur anvertraut. Wir bitten dich, dass diese Wahrheit unser Herz berührt und sich in unserem täglichen Leben widerspiegelt. Öffne uns im verbleibenden Teil des Kurses die Augen für diese Wahrheit, damit wir lernen, umso klügere und zuverlässigere Treuhänder zu sein. In Jesu Namen. Amen.

Nachdem wir uns bislang damit beschäftigt haben, dass wir *Treuhänder* von Gottes Ressourcen und Gaben sind und was das im Grunde bedeutet, wollen wir uns nun zwei Kräften zuwenden, die in unserem täglichen Leben am Werk sind.

NOTIZEN

EINHEIT 1

Video: Die kostbare Perle

Notizen

Gruppenarbeit: Die kostbare Perle

1. Setzen Sie sich wieder in Ihren Gruppen zusammen.
2. Sprechen Sie miteinander darüber, welche Auswirkungen die Botschaft des Filmausschnittes auf Ihr Leben hat.

Notizen

20

3 MINUTEN

C. Die gesellschaftlichen Zwänge und die Sichtweise Gottes

Teilnehmerhandbuch, Seite 21

Auf der einen Seite gibt es die gesellschaftlichen Zwänge, mit denen wir Tag für Tag konfrontiert sind.

Auf der anderen Seite stehen der Wille und das Wesen Gottes.

Und wir, wir befinden uns genau zwischen diesen beiden Kräften.

Nähern wir uns diesem Dilemma einmal vom biblischen Standpunkt aus.

1. Das Dilemma

Das finanzielle Dilemma besteht darin, dass es zwei Herren und einen Diener gibt.

In Matthäus 6, Vers 24 heißt es: „Niemand kann zwei Herren zugleich dienen. Er wird den einen vernachlässigen und den andern bevorzugen. Er wird dem einen treu sein und den andern hintergehen. Ihr könnt nicht beiden zugleich dienen: Gott und dem Geld."

Ein Herr ist also das Geld, das uns durch die gesellschaftlichen Zwänge zu sich winkt. Es ruft uns zu, dass wir nur dann finanzielle Freiheit, Erfüllung, Zufriedenheit und Frieden finden, wenn wir uns immer mehr Dinge anschaffen. Die gesellschaftlichen Zwänge flehen uns regelrecht an: „Trag mich, kauf mich, trink mich, fahr mich und ich mache dich glücklich und erfolgreich und überhäufe dich mit Beziehungen."

Der andere Herr – Gott – schreit nicht und zerrt auch nicht an uns. Er teilt uns seine Sichtweise und seine Herzenshaltung mit ruhiger Stimme mit und lädt uns einfach ein, ihm treu zu sein. Finanzielle Freiheit ist dabei das Nebenprodukt dieser Treue.

Matthäus 6, Vers 33 macht dies deutlicher: „Sorgt euch zuerst darum, dass ihr euch seiner Herrschaft unterstellt, und tut, was er verlangt, dann wird er euch schon mit all dem anderen versorgen."

Das schließt das Versprechen echter finanzieller Freiheit mit ein.

NOTIZEN

DAS DILEMMA MIT DEN FINANZEN

Die gesellschaftlichen Zwänge und die Sichtweise Gottes

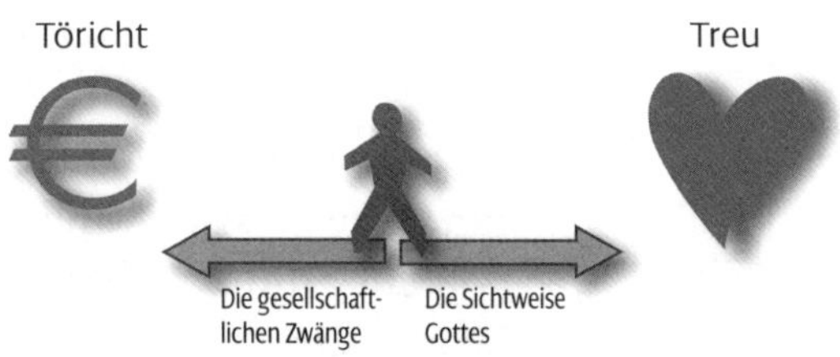

Das Dilemma

Ein Diener — Zwei Herren

„Niemand kann zwei Herren zugleich dienen. Er wird den einen vernachlässigen und den andern bevorzugen. Er wird dem einen treu sein und den andern hintergehen. Ihr könnt nicht beiden zugleich dienen: Gott und dem Geld."

Matthäus 6,24

„Sorgt euch zuerst darum, dass ihr euch seiner Herrschaft unterstellt, und tut, was er verlangt, dann wird er euch schon mit all dem anderen versorgen."

Matthäus 6,33

„... du bist ein tüchtiger und treuer Diener."

Matthäus 25,23

21

In der Bibel wird immer wieder deutlich gemacht, dass ein Diener nicht zwei Herren dienen kann. Wir müssen uns entscheiden. Und die Bibel führt uns die Konsequenzen unserer Entscheidung vor Augen.

An anderer Stelle erzählt Jesus das Gleichnis vom anvertrauten Geld (Matthäus 25). Die Geschichte handelt von einem Mann, der sein Vermögen drei Dienern anvertraut, bevor er zu einer Reise aufbricht. Als der Herr zurückkommt, rechnet er mit seinen Dienern ab.

Zwei von drei Dienern gingen mit den anvertrauten Mitteln weise um und wurden von ihrem Meister als „tüchtige und treue Diener“ gelobt.

Im 12. Kapitel wird das Gleichnis von dem reichen Narren erzählt. Es geht darin um einen reichen Grundbesitzer, der seinen Besitz hortete und sogar noch größere Scheunen baute, um seine ganzen Vorräte unterzubringen. Gott nannte ihn einen „Narren“ und sagte zu ihm, dass er sein Leben noch in dieser Nacht von ihm zurückfordern würde. Jesus schließt das Gleichnis mit folgenden Worten ab:

„Ihr [die Jünger] seht, wie dumm es ist, auf der Erde Reichtümer anzuhäufen und dabei nicht nach Reichtum bei Gott zu fragen“ (Lukas 12,21; Neues Leben Bibel).

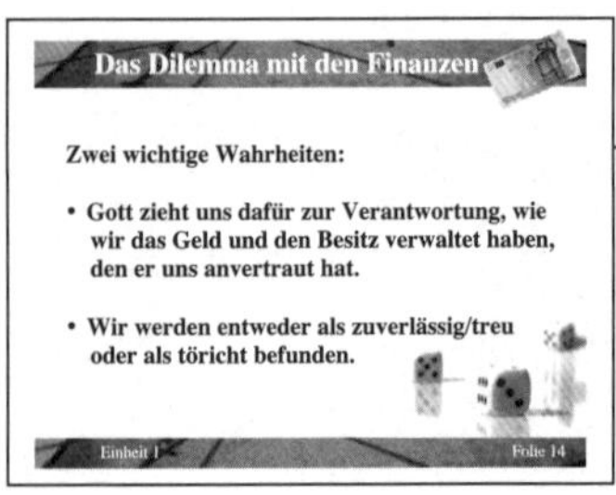

Diese Gleichnisse werfen ein Licht auf zwei wichtige Wahrheiten:

- Gott zieht uns dafür zur Verantwortung, wie wir das Geld und den Besitz verwaltet haben, den er uns anvertraut hat.
- Wir werden entweder als zuverlässig/treu oder als töricht befunden.

Jeden Tag treffen wir finanzielle Entscheidungen … Und unsere finanziellen Entscheidungen sind zugleich geistliche Entscheidungen.

Welche finanziellen Entscheidungen müssen Sie beispielsweise jeden Tag treffen?

NOTIZEN

EINHEIT 1

> *„Ihr* [die Jünger] *seht, wie dumm es ist, auf der Erde Reichtümer anzuhäufen und dabei nicht nach Reichtum bei Gott zu fragen."*
>
> Lukas 12,21; Neues Leben Bibel

Zwei wichtige Wahrheiten

- Gott zieht uns dafür zur Verantwortung, wie wir das Geld und den Besitz verwaltet haben, den er uns anvertraut hat.
- Wir werden entweder als zuverlässig/treu oder als töricht befunden.

Schlüsselfrage: „Würde Gott meine finanziellen Entscheidungen als zuverlässig/treu oder töricht bezeichnen?"

22

Tragen Sie vier oder fünf Antworten aus der Gruppe zusammen. Wiederholen Sie die Antworten nochmals laut, sodass jeder sie hören kann.

Mögliche Antworten:

- „Soll ich mir mein Mittagessen kaufen oder von zu Hause mitbringen?"
- „Kann ich mir eine Tasse Kaffee kaufen?"
- „Darf ich Lotto spielen?"
- „Soll ich Anrufe sofort mit dem Handy erledigen oder warten, bis mir ein normales Telefon zur Verfügung steht?"
- „Soll ich sonntags Geld in die Kollekte legen, auch wenn ich Schulden habe?"

Wir gehen jeden Tag gegen die Zwänge der Gesellschaft an.

Eine entscheidende Frage, die wir uns bei diesen Entscheidungen stellen solltet, lautet: „Würde Gott meine finanziellen Entscheidungen als zuverlässig/treu oder töricht bezeichnen?"

Schlagen Sie bitte Seite 23 Ihres Teilnehmerbuches auf.

2. Die fünf Finanzbereiche

Teilnehmerhandbuch, Seite 23

Im Folgenden wollen wir uns näher mit dem Thema „finanzielle Treue" bzw. „finanzielle Torheit" beschäftigen und dazu vor allem die fünf grundsätzlichen Finanzbereiche unter die Lupe nehmen:

- Verdienen,
- Spenden,
- Sparen,
- Schulden,
- Ausgeben.

Diese Bereiche stehen für die Art und Weise, wie wir normalerweise an Geld kommen (Verdienen), und die vier Dinge, die wir damit machen können: Wir können es weggeben, es sparen, Schulden abbezahlen oder es ausgeben.

NOTIZEN

EINHEIT 1

„Ihr [die Jünger] seht, wie dumm es ist, auf der Erde Reichtümer anzuhäufen und dabei nicht nach Reichtum bei Gott zu fragen."

Lukas 12,21; Neues Leben Bibel

Zwei wichtige Wahrheiten

- Gott zieht uns dafür zur Verantwortung, wie wir das Geld und den Besitz verwaltet haben, den er uns anvertraut hat.
- Wir werden entweder als zuverlässig/treu oder als töricht befunden.

Schlüsselfrage: „Würde Gott meine finanziellen Entscheidungen als zuverlässig/treu oder töricht bezeichnen?"

22

DAS DILEMMA MIT DEN FINANZEN

Die fünf Finanzbereiche

- Verdienen
- Spenden
- Sparen
- Schulden
- Ausgeben

Wenn wir in diesen fünf Finanzbereichen zuverlässig und treu sind, dann werden wir nach Aussage der Bibel:

- *zuverlässige* Verdiener,
- *großzügige* Spender,
- *weise* Sparer,
- *vorsichtige* Schuldner,
- *vernünftige* Verbraucher.

Echte finanzielle Freiheit ist die Zufriedenheit, die wir empfinden, wenn wir mit unseren finanziellen Mitteln auf eine Art und Weise umgehen, die Gottes Zielen und Grundsätzen entspricht.

Der zuverlässige und treuhänderische Umgang mit den eigenen Finanzen führt zu finanzieller Freiheit!

23

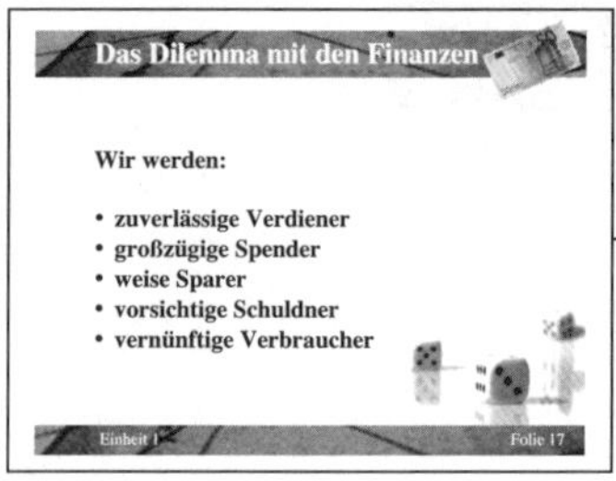

Wenn wir in diesen fünf Finanzbereichen zuverlässig und treu sind, dann werden wir nach Aussage der Bibel:

- *zuverlässige* Verdiener,
- *großzügige* Spender,
- *weise* Sparer,
- *vorsichtige* Schuldner,
- *vernünftige* Verbraucher.

Wenn man nach biblischen Maßstäben mit den Finanzen umgeht, führt dies zu geistlicher und finanzieller Freiheit.

Echte finanzielle Freiheit ist die Zufriedenheit, die wir empfinden, wenn wir mit unseren finanziellen Mitteln auf eine Art und Weise umgehen, die Gottes Zielen und Grundsätzen entspricht.

Diese Freiheit erfahren wir, wenn wir Gottes Willen und Wesen besser verstehen lernen und bei all unseren finanziellen Entscheidungen zuverlässiger und treuer werden.

Der zuverlässige und treuhänderische Umgang mit den eigenen Finanzen führt zu finanzieller Freiheit!

2 MINUTEN

D. Der Haushaltsplan (das Budget)

Teilnehmerhandbuch, Seite 24

Wir haben nun gesehen, wie wir feststellen können, inwiefern wir uns auf die Sichtweise Gottes zubewegen. Als Nächstes brauchen wir ein praktisches Werkzeug, um dieses Ziel anzusteuern.

Dieses praktische Hilfsmittel ist ein Budget, denn, wie wir bereits gesehen haben, regiert Geld die Welt.

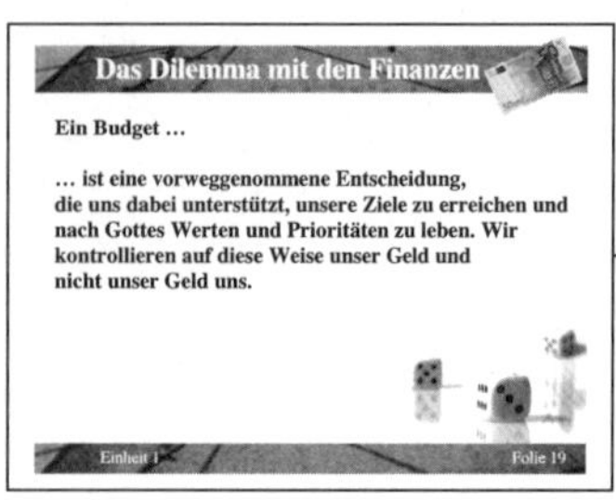

1. *Was ist ein Haushaltsplan/Budget?*

Ein Budget ist eine vorweggenommene Entscheidung, die uns dabei unterstützt, unsere Ziele zu erreichen und nach Gottes Werten und Prioritäten zu leben. Wir kontrollieren auf diese Weise unser Geld und nicht unser Geld uns.

NOTIZEN

DAS DILEMMA MIT DEN FINANZEN

Die fünf Finanzbereiche

- Verdienen
- Spenden
- Sparen
- Schulden
- Ausgeben

Wenn wir in diesen fünf Finanzbereichen zuverlässig und treu sind, dann werden wir nach Aussage der Bibel:

- *zuverlässige* Verdiener,
- *großzügige* Spender,
- *weise* Sparer,
- *vorsichtige* Schuldner,
- *vernünftige* Verbraucher.

Echte finanzielle Freiheit ist die Zufriedenheit, die wir empfinden, wenn wir mit unseren finanziellen Mitteln auf eine Art und Weise umgehen, die Gottes Zielen und Grundsätzen entspricht.

Der zuverlässige und treuhänderische Umgang mit den eigenen Finanzen führt zu finanzieller Freiheit!

23

EINHEIT 1

Der Haushaltsplan (das Budget)

Was ist ein Haushaltsplan/Budget?

Ein Budget ist …

- … eine vorweggenommene Entscheidung, die uns dabei unterstützt, unsere Ziele zu erreichen und nach Gottes Werten und Prioritäten zu leben. Wir kontrollieren auf diese Weise unser Geld und nicht unser Geld uns.
- … ein Haushaltsplan, der uns Aufschluss darüber gibt, für was wir unsere finanziellen Mittel ausgeben.

Ein Haushaltsplan …

- … unterstützt uns dabei, unsere finanziellen Ziele zu erreichen und gemäß unseren Werten und Prioritäten zu leben.

Ein Budget …

- … schafft finanzielle Freiheit.
  Es gibt keine echte Freiheit ohne Begrenzungen.
- … setzt verlässliche finanzielle Grenzen.

24

Da dieses Hilfsmittel von entscheidender Bedeutung ist, müssen wir uns darüber im Klaren sein, was ein Budget ist.

Ein Budget ist ein Haushaltsplan, der uns Aufschluss darüber gibt, für was wir unsere finanziellen Mittel ausgeben.

Warum brauchen wir Pläne? Wir brauchen Pläne, um etwas zu erreichen, um ein Ziel zu erreichen, und unsere Ziele stützen sich auf unsere Werte und Prioritäten.

Ein Haushaltsplan unterstützt uns dabei, unsere finanziellen Ziele zu erreichen und gemäß unseren Werten und Prioritäten zu leben.

Von nun an wollen wir den Terminus „Haushaltsplan“ durch das Wort „Budget“ ersetzen, da dieser Ausdruck zutreffender ist.

Unter den Vorbereitungsunterlagen für diesen Kurs fanden Sie ein Arbeitsblatt, in dem es um Ihre finanziellen Ziele ging. Sie sollten es im Vorfeld bereits ausfüllen. Mit diesem Arbeitsblatt werden wir uns in der nächsten Einheit beschäftigen. Das Budget wird Ihnen dabei helfen, diese finanziellen Ziele zu erreichen. Es ist also wichtig, dass Sie klare Vorstellungen von Ihren Zielsetzungen haben, denn diese dienen Ihnen als Motivation, wenn Sie Ihr Budget erstellen und umsetzen.

Es ist jedoch wichtig zu verstehen, dass ein Budget nichts Restriktives oder Einschränkendes ist, sondern finanzielle Freiheit schafft. Ein Grundprinzip des Lebens besteht darin, dass es keine echte Freiheit ohne Begrenzungen gibt. Und ein Budget setzt verlässliche finanzielle Grenzen.

Ich möchte dies anhand eines Beispiels verdeutlichen. Stellen Sie sich einmal vor, Sie liegen an einem herrlichen Strand. Einige hundert Meter weit entfernt sehen Sie vor sich im Wasser einige Schwimmbojen und Taue. Ab diesen Markierungen beginnt das offene Meer und es gibt gefährliche Unterwasserströmungen und Haie. Innerhalb der Begrenzungen können Sie in aller Ruhe und Sicherheit schwimmen und im Wasser toben.

Können Sie die Bojen hinter sich lassen und weiter hinausschwimmen? Natürlich können Sie das! Es ist ganz leicht, unter den Tauen hindurchzuschwimmen und sich aufs offene Meer hinauszuwagen. Ist es aber auch klug, weiter als bis zu den Bojen zu schwimmen? Nein, denn es kann passieren, dass Sie von den Unterwasserströmungen nach unten gerissen oder bei lebendigem Leibe von einem Hai aufgefressen werden.

NOTIZEN

EINHEIT 1

Der Haushaltsplan (das Budget)

Was ist ein Haushaltsplan/Budget?

Ein Budget ist …

- … eine vorweggenommene Entscheidung, die uns dabei unterstützt, unsere Ziele zu erreichen und nach Gottes Werten und Prioritäten zu leben. Wir kontrollieren auf diese Weise unser Geld und nicht unser Geld uns.
- … ein Haushaltsplan, der uns Aufschluss darüber gibt, für was wir unsere finanziellen Mittel ausgeben.

Ein Haushaltsplan …

- … unterstützt uns dabei, unsere finanziellen Ziele zu erreichen und gemäß unseren Werten und Prioritäten zu leben.

Ein Budget …

- … schafft finanzielle Freiheit.
  Es gibt keine echte Freiheit ohne Begrenzungen.
- … setzt verlässliche finanzielle Grenzen.

24

Denken Sie jetzt einmal an ein Budget! Es setzt sichere und zuverlässige Grenzen dafür, wie wir unser Geld ausgeben. Bleiben wir mit unseren Ausgaben innerhalb der Begrenzungen, können wir unsere Mittel frei und sicher genießen.

Was passiert aber, wenn wir bei unseren Ausgaben diese Grenzen nicht beachten? Wir werden von den Grundströmungen der Schulden mitgerissen und von einer ganzen Reihe von „Finanzhaien" aufgefressen, die ein Teil von uns wollen!

Schlagen Sie bitte Seite 25 Ihres Teilnehmerbuches auf.

2. *Die Vorteile eines Budgets*

Teilnehmerhandbuch, Seite 25

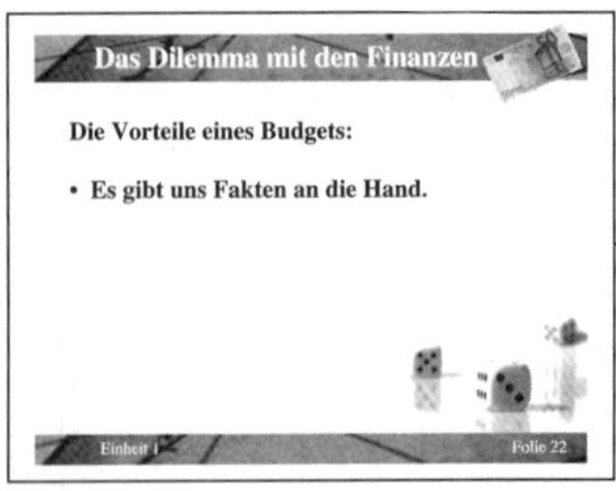

Mit diesem Wissen im Hinterkopf wollen wir uns einmal näher mit den Vorteilen eines Budgets befassen.

Erstens gibt es uns Fakten an die Hand, mit deren Hilfe wir feststellen können, wo wir in finanzieller Hinsicht gerade stehen.

Es befreit uns vom Rätselraten und der Angst, die wir empfinden, wenn wir nicht so recht wissen, wo wir eigentlich im Augenblick in finanzieller Hinsicht stehen. Die Bibel lehrt, dass es die Wahrheit ist, die uns freimacht. Ein Budget hilft uns, über unsere Finanzen zu sprechen und Entscheidungen zu treffen, die auf Fakten basieren und nicht auf Gefühlsregungen.

Zweitens: Es hilft uns, Verschwendung zu vermeiden.

Ohne ein Budget *werden* wir (zwangsläufig) mehr Geld ausgeben. Wir wollen doch alle gute Treuhänder sein und mit Gottes Mitteln nicht verschwenderisch umgehen! Wir wollen doch auch, dass Gott einmal zu uns sagen kann: „Gut gemacht, guter und treuer Diener, guter und zuverlässiger Treuhänder!"

Drittens: Es fördert die Ausrichtung auf unsere Werte und Prioritäten.

Ein Budget macht deutlich, was uns wirklich wichtig ist. Ohne ein Budget besteht die Gefahr, dass wir in eine Ausgabenfalle tappen, die unseren finanziellen Zielen zuwiderläuft oder nicht Gottes Plan entspricht. Wenn wir uns an ein vorgegebenes Budget halten, hilft uns das dabei, dass unser Tun mit unserem Reden übereinstimmt.

NOTIZEN

EINHEIT 1

Der Haushaltsplan (das Budget)

Was ist ein Haushaltsplan/Budget?

Ein Budget ist …

- … eine vorweggenommene Entscheidung, die uns dabei unterstützt, unsere Ziele zu erreichen und nach Gottes Werten und Prioritäten zu leben. Wir kontrollieren auf diese Weise unser Geld und nicht unser Geld uns.
- … ein Haushaltsplan, der uns Aufschluss darüber gibt, für was wir unsere finanziellen Mittel ausgeben.

Ein Haushaltsplan …

- … unterstützt uns dabei, unsere finanziellen Ziele zu erreichen und gemäß unseren Werten und Prioritäten zu leben.

Ein Budget …

- … schafft finanzielle Freiheit.
Es gibt keine echte Freiheit ohne Begrenzungen.
- … setzt verlässliche finanzielle Grenzen.

24

DAS DILEMMA MIT DEN FINANZEN

Die Vorteile eines Budgets

- Es gibt uns Fakten an die Hand.
- Es hilft uns, Verschwendung zu vermeiden.
- Es fördert die Ausrichtung auf unsere Werte und Prioritäten.
- Es führt zu echter finanzieller Freiheit.

Ein Budget ist für *jeden* geeignet, egal, an welchem Punkt Ihrer Reise Sie stehen – nicht nur für diejenigen, die in finanziellen Schwierigkeiten sind.

25

Und viertens und letztens führt es zu echter finanzieller Freiheit.

Ein Budget ermöglicht uns, selbstsicher und frei Geld auszugeben, denn es gibt klare Grenzen vor. Unsere Familien können diese Freiheit ebenfalls erleben.

Aus diesen Gründen ist ein Budget für *jeden* geeignet, egal, an welchem Punkt Ihrer Reise Sie stehen – nicht nur für diejenigen, die in finanziellen Schwierigkeiten sind.

Lassen Sie uns hier eine kurze Pause einlegen. Welcher Vorteil hätte in Ihrem Fall am meisten Auswirkungen? Denken Sie einmal kurz darüber nach.

Pause. Warten Sie, bis die meisten Teilnehmer so weit sind, bevor Sie fortfahren.

Auf den Seiten 10–12 in Ihren Vorbereitungsunterlagen finden Sie ein weiteres Arbeitsblatt zu einem Budget bzw. Haushaltsplan. Als Vorbereitung auf diesen Kurs sollten Sie Ihre derzeitigen Ausgaben in das Blatt eintragen. Schauen Sie sich diese Unterlagen nochmals an. Vor dem Hintergrund dessen, was Sie bislang gehört haben: Notieren Sie sich nun, wie dieser Plan aussehen sollte.

Pause. Warten Sie, bis die meisten Teilnehmer so weit sind, bevor Sie weitermachen.

1 MINUTE

III. ZUSAMMENFASSUNG

Teilnehmerhandbuch, Seite 26

In dieser Einheit haben wir uns mit dem Dilemma befasst, vor dem eigentlich jeder von uns steht: Wir müssen uns zwischen den gesellschaftlichen Zwängen unserer Zeit und der Sichtweise Gottes entscheiden. Wir haben bereits den Rahmen abgesteckt und verfügen nun über ein praktisches Werkzeug – das „Budget-/Haushaltsplan-Arbeitsblatt“. Dieses hilft uns dabei, zu finanzieller Sicherheit und Freiheit zu finden.

NOTIZEN

DAS DILEMMA MIT DEN FINANZEN

Die Vorteile eines Budgets

- Es gibt uns Fakten an die Hand.
- Es hilft uns, Verschwendung zu vermeiden.
- Es fördert die Ausrichtung auf unsere Werte und Prioritäten.
- Es führt zu echter finanzieller Freiheit.

Ein Budget ist für *jeden* geeignet, egal, an welchem Punkt Ihrer Reise Sie stehen – nicht nur für diejenigen, die in finanziellen Schwierigkeiten sind.

25

EINHEIT 1

Zusammenfassung

Kursziel

Den Weg in die echte finanzielle Freiheit zu finden und ein Budget aufzustellen, das dabei hilft.

Die einzelnen Themen dieses Kurses

- sich der gesellschaftlichen Zwänge bewusst zu werden
- die biblischen Finanzprinzipien, an denen wir uns orientieren sollen, verstehen zu lernen
- den ersten Entwurf eines Budgets zu erstellen
- sich für eine Aufschreibetechnik zu entscheiden
- sich dazu zu verpflichten, ein Budget und eine Aufschreibetechnik einzusetzen

Kurseinheiten

- Einheit 1: Das Dilemma mit den Finanzen
- Einheit 2: Verdienen, Spenden, Sparen
- Einheit 3: Sparen und Schulden
- Einheit 4: Ausgaben
- Einheit 5: Ihr Budget
- Einheit 6: Aufschreiben und Dranbleiben!

26

Das Ziel dieses Kurses besteht darin, den Weg in die echte finanzielle Freiheit zu finden und ein Budget aufzustellen, das uns dabei hilft.

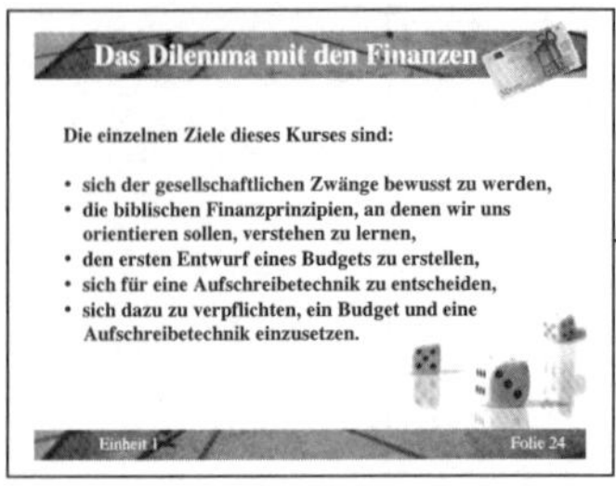

Die einzelnen Ziele dieses Kurses sind:

- sich der gesellschaftlichen Zwänge bewusst zu werden,
- die biblischen Finanzprinzipien, an denen wir uns orientieren sollen, verstehen zu lernen,
- den ersten Entwurf eines Budgets zu erstellen,
- sich für eine Aufschreibetechnik zu entscheiden,
- sich dazu zu verpflichten, ein Budget und eine Aufschreibetechnik einzusetzen.

Diesen Zielen werden wir in den sechs Kursabschnitten näher kommen:

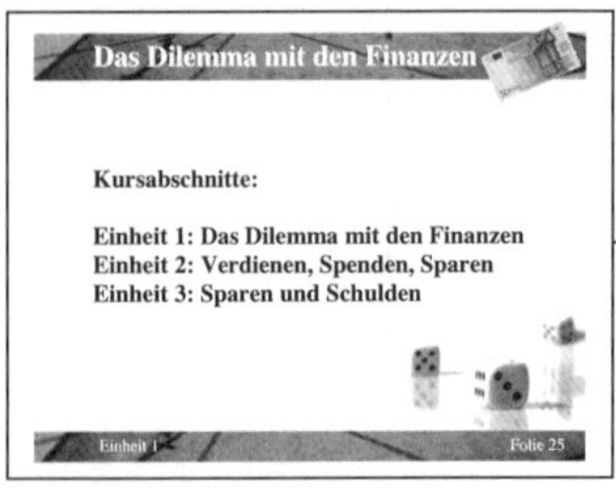

In der 1. Einheit haben wir uns mit dem Dilemma der Finanzen befasst. In Abschnitt 2 geht es dann um „Verdienen, Spenden, Sparen". Die 3. Einheit bringt das Thema „Sparen" zum Abschluss und wendet sich dem der „Schulden" zu. Abschnitt 4 befasst sich mit den Ausgaben, und im 5. Teil geht es rund um das Thema „Haushaltsplan" bzw. um „Budgetabschluss". In dieser Einheit werden Sie dann auch ausreichend Zeit haben, Ihr Budget aufzustellen. Und schließlich geht es in der 6. und letzten Einheit um „Aufschreiben und Dranbleiben!".

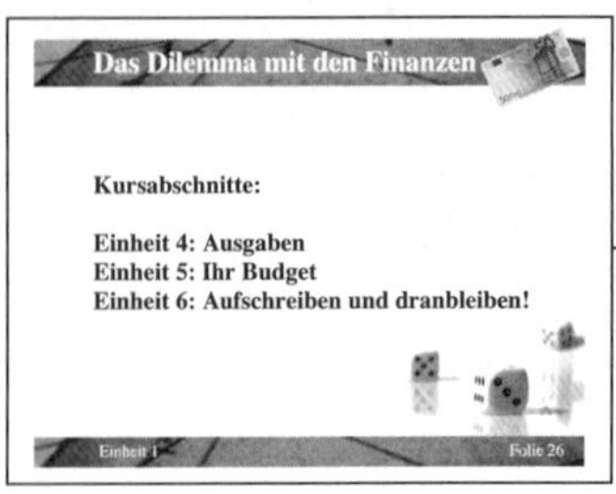

Bei den einzelnen Kurseinheiten wird immer wieder Bezug genommen auf den bereits im Vorfeld aufgestellten Budgetplan. Dadurch können Sie Ihre eigenen Ziele in Bezug auf Ihr Budget anhand der gewonnenen Einsichten immer wieder neu überdenken und sich entsprechend neue Ziele setzen.

Am Ende des Kurses „Mit Gott rechnen" werden Sie dann den vorläufigen Entwurf eines Budgets aufgestellt haben sowie das notwendige Wissen zur Umsetzung besitzen – und auch bereit sein, Ihre finanziellen Ziele aktiv anzugehen.

Pause bzw. Abschluss.

VERDIENEN, SPENDEN, SPAREN

UNTER DER LUPE

Zielsetzung

In Einheit 2 werden die Teilnehmer …

1. … über die Ziele nachdenken, die sie in finanzieller Hinsicht erreichen wollen.

2. … darüber nachdenken, wie sie beim Umgang mit Geld nach Gottes Vorstellung leben können.

3. … auf ihrem Budget-Arbeitsblatt den Bereich „Einnahmen und Spenden“ ausfüllen.

Ablauf

I. Einleitung und Rückblick

  1. Einzelübung: Ziele für dieses Jahr

II. Entdeckungsreise

  A. Verdienen

    1. Die gesellschaftlichen Zwänge und die Sichtweise Gottes
    2. Praktische Hinweise zum Budget-Arbeitsblatt
    3. Einzelübung: Budget

  B. Spenden

    1. Video: Die Kollekte
    2. Die gesellschaftlichen Zwänge und die Sichtweise Gottes
    3. Einzelübung: Der großzügige Spender
    4. Praktische Tipps zum Thema „Spenden/Geben“
    5. Einzelübung: Budget

  C. Sparen

    1. Die gesellschaftlichen Zwänge und die Sichtweise Gottes
    2. Gruppenarbeit: Ihr Verhältnis zum Geld

III. Zusammenfassung

VERDIENEN, SPENDEN, SPAREN

ZEIT & MEDIEN

INHALT

I. EINLEITUNG UND RÜCKBLICK

6 MINUTEN

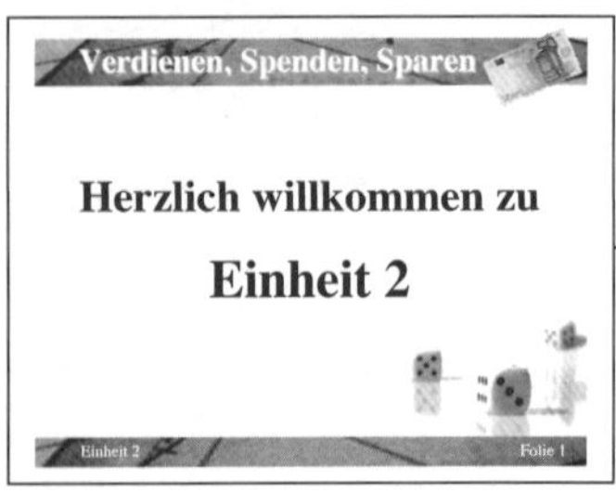

Teilnehmerhandbuch, Seite 28

In dieser Einheit werden wir unser Augenmerk auf drei der fünf Finanzbereiche richten: Verdienen, Spenden und Sparen. Ich möchte Sie einladen, über die Ziele nachzudenken, die Sie im Umgang mit Geld verfolgen wollen, und darüber, wie Sie beim Umgang mit Geld nach Gottes Vorstellungen leben können.

Darüber hinaus werden Sie die Kategorien „Einnahmen" und „Spenden" Ihres Budget-Arbeitsblattes ausfüllen. Da sich Ihr Budget auf Ihre persönlichen Ziele stützt, nehmen wir uns zu Beginn dieser Einheit ein paar Minuten Zeit, um das Arbeitsblatt zum Thema „Ziele" zu überdenken, das Sie im Vorfeld dieses Kurses ausgefüllt haben.

Bitte schlagen Sie die Seite 7 in Ihren Vorbereitungsunterlagen und Seite 28 in Ihrem Teilnehmerhandbuch auf. Auf Seite 7 haben Sie im Vorfeld bereits Ihre Ziele notiert; auf Seite 28 finden Sie eine weitere Einzelübung zu diesem Thema.

Pause. Warten Sie, bis die meisten Teilnehmer ihre Arbeitsblätter vor sich liegen bzw. die entsprechenden Seiten aufgeschlagen haben.

NOTIZEN

ZUR VORBEREITUNG

Ziele für dieses Jahr

Bitte nehmen Sie sich ausreichend Zeit, um gründlich über Ihre finanziellen Ziele nachzudenken. Nachvollziehbare, realistische Ziele – die dem entspringen, was Ihnen wirklich wichtig ist – sind starke Motivationshilfen. Diese Motivation wird Sie sehr darin bestärken, konsequent die notwendigen Schritte bis zum Erreichen Ihrer Ziele zu verfolgen.

Übergeordnetes Ziel

Mit der Teilnahme an diesem Kurs verfolge ich vor allem folgendes Ziel:

____

____

Spezifische Ziele

Kreuzen Sie die entsprechenden Kästchen zu den speziellen Zielen an, die Sie erreichen möchten, und vermerken Sie weitere Einzelheiten auf den dafür vorgesehenen Linien rechts neben der jeweiligen Position.

- ❑ beschleunigte Schuldentilgung: ______________
- ❑ für größere Anschaffung sparen (Haus, Auto, anderes): ______________
- ❑ für Traumurlaub sparen: ______________
- ❑ für Gebrauchsgegenstände sparen, die evtl. erneuert werden müssen (Haushaltsgeräte, Auto, Reparaturen am Haus o. Ä.): ______________
- ❑ für Ausbildung (der Kinder)/Fortbildung sparen: ______________
- ❑ Geld für das Rentenalter zurücklegen: ______________
- ❑ zusätzliches Geld für meine Gemeinde: ______________
- ❑ weitere Spenden: ______________
- ❑ weiteres: ______________
- ❑ weiteres: ______________
- ❑ weiteres: ______________

7

EINHEIT 2

Einzelübung: Ziele für dieses Jahr

Überarbeiten Sie Ihre Vorbereitungsunterlagen vor dem Hintergrund dessen, was wir in der letzten Einheit behandelt haben. Denken Sie kurz darüber nach, ob Sie Ihre Ziele gegebenenfalls korrigieren wollen. Falls Sie keine Gelegenheit zur Vorbereitung hatten, können Sie das nun nachholen und Ihre Jahresziele festlegen.

Legen Sie Ihre vorrangigen Ziele fest und notieren Sie sich die drei wichtigsten:

Ziel 1: ______________

Ziel 2: ______________

Ziel 3: ______________

28

1. Einzelübung: Ziele für dieses Jahr

Teilnehmerhandbuch, Seite 28

Ziel: Die Teilnehmer sollen ihre Vorbereitungsunterlagen überarbeiten und ihre vorrangigen Ziele festlegen.

Anleitung

1. Überarbeiten Sie Ihre Vorbereitungsunterlagen vor dem Hintergrund dessen, was wir in der letzten Einheit behandelt haben. Denken Sie kurz darüber nach, ob Sie Ihre Ziele gegebenenfalls korrigieren wollen. Falls Sie keine Gelegenheit zur Vorbereitung hatten, können Sie das nun nachholen und Ihre Jahresziele festlegen.
2. Legen Sie Ihre vorrangigen Ziele fest und notieren Sie sich die drei wichtigsten.

Ihnen stehen für diese Übung 5 Minuten zur Verfügung.

Rufen Sie die Gruppe nach 5 Minuten wieder zusammen.

Im Verlauf des Kurses werden wir jeden Posten des Budget-Arbeitsblattes einzeln durchsprechen. Gerade haben Sie Ihre Ziele überdacht und die wichtigsten notiert. Das Budget, das Sie nun erarbeiten werden, wird diese Ziele widerspiegeln.

II. ENTDECKUNGSREISE (44 Minuten)

A. Verdienen

Teilnehmerhandbuch, Seite 29

In dieser Einheit werden wir über den ersten Finanzbereich sprechen – das Verdienen. Beim Verdienen geht es aber um mehr als nur die finanzielle Seite. Es geht darum, wer wir *sind* und wer wir als Verdiener *werden*. Hier geht es um die Spannung, in der wir als Verdiener stehen: Wir können uns entweder entschließen, uns den gesellschaftlichen Zwängen zu „beugen“, oder wir können uns dem anschließen, was Gottes Plan für unser Leben entspricht.

Fangen wir zunächst bei den gesellschaftlichen Zwängen unserer Zeit an.

NOTIZEN

EINHEIT 2

Einzelübung: Ziele für dieses Jahr

Überarbeiten Sie Ihre Vorbereitungsunterlagen vor dem Hintergrund dessen, was wir in der letzten Einheit behandelt haben. Denken Sie kurz darüber nach, ob Sie Ihre Ziele gegebenenfalls korrigieren wollen. Falls Sie keine Gelegenheit zur Vorbereitung hatten, können Sie das nun nachholen und Ihre Jahresziele festlegen.

Legen Sie Ihre vorrangigen Ziele fest und notieren Sie sich die drei wichtigsten:

Ziel 1: ______________________________

Ziel 2: ______________________________

Ziel 3: ______________________________

28

VERDIENEN, SPENDEN, SPAREN

Verdienen

Die gesellschaftlichen Zwänge und die Sichtweise Gottes

Die gesellschaftliche Haltung unserer Zeit in Bezug auf den Verdiener lautet:

- „Der Wert des Menschen wird durch seine Arbeit und sein Gehalt bestimmt."
- „Nur ein kleines bisschen mehr Geld würde all meine Probleme lösen."

Gottes Sichtweise besagt im Gegensatz dazu:

- Unser Wert wird nicht an dem gemessen, was wir tun, sondern an dem, wer wir sind – geliebte Kinder Gottes.
- Wir sind eingeladen, den immer währenden Auftrag der Pflege und Bewahrung von Gottes Schöpfung auszuführen.
- Arbeit ist ein Segen und weder Fluch noch Strafe und jede Form von Arbeit hat ihren Wert.

29

2 MINUTEN

1. Die gesellschaftlichen Zwänge und die Sichtweise Gottes

Die gesellschaftliche Haltung unserer Zeit in Bezug auf den Verdiener lautet: „Der Wert des Menschen wird durch seine Arbeit und sein Gehalt bestimmt.“

Das führt dazu, dass wir immer mehr verdienen wollen und uns von der Lüge täuschen lassen: „Nur ein kleines bisschen mehr Geld würde alle meine Probleme lösen.“

Gottes Sichtweise besagt im Gegensatz zu diesem gesellschaftlichen Denken, dass unser Wert nicht an dem gemessen wird, was wir tun oder was wir haben, sondern an dem, wer wir sind – geliebte Kinder Gottes.

In der Bibel wird an zahlreichen Stellen deutlich gemacht, dass Arbeit ein Segen ist.

In 1. Mose 1 lesen wir, dass Gott den Mann und die Frau (die nach seinem Ebenbild erschaffen sind) gesegnet und dazu eingeladen hat, den immer währenden Auftrag der Pflege und Bewahrung seiner Schöpfung auszuführen.

Dadurch hat Gott festgelegt, dass die Arbeit ein Segen und weder Fluch noch Strafe ist und dass jede Form von Arbeit ihren Wert hat.

Bitte schlagen Sie Seite 30 Ihres Teilnehmerbuches auf.

Der sorgfältige Verdiener

Teilnehmerhandbuch, Seite 30

Die Bibel bezeichnet den Verdiener, der Gottes Sichtweise lebt, als „sorgfältig“.

Ein sorgfältiger Verdiener ist jemand, der seiner Arbeit sorgfältig, zielorientiert und mit einer dankbaren Einstellung nachgeht.

Damit wollen wir uns nun näher befassen.

NOTIZEN

VERDIENEN, SPENDEN, SPAREN

Verdienen

Die gesellschaftlichen Zwänge und die Sichtweise Gottes

Die gesellschaftliche Haltung unserer Zeit in Bezug auf den Verdiener lautet:

- „Der Wert des Menschen wird durch seine Arbeit und sein Gehalt bestimmt."
- „Nur ein kleines bisschen mehr Geld würde all meine Probleme lösen."

Gottes Sichtweise besagt im Gegensatz dazu:

- Unser Wert wird nicht an dem gemessen, was wir tun, sondern an dem, wer wir sind – geliebte Kinder Gottes.
- Wir sind eingeladen, den immer währenden Auftrag der Pflege und Bewahrung von Gottes Schöpfung auszuführen.
- Arbeit ist ein Segen und weder Fluch noch Strafe und jede Form von Arbeit hat ihren Wert.

29

EINHEIT 2

Der sorgfältige Verdiener

Ein sorgfältiger Verdiener ist jemand, der seiner Arbeit sorgfältig, zielorientiert und mit einer dankbaren Einstellung nachgeht.

- Seien Sie sorgfältig.

> *„Alles, was ihr tut, tut von Herzen."*
> Kolosser 3,23

- Seien Sie zielorientiert.

> *„Alles, was ihr tut, tut von Herzen, als etwas, das ihr für den Herrn tut und nicht für Menschen."*
> Kolosser 3,23

  - Dienen Sie Gott.
  - Sorgen Sie für sich selbst und für diejenigen, die Ihnen anvertraut sind.

- Seien Sie dankbar.

> *„Lasst euch nicht einfallen zu sagen: ‚Das alles haben wir uns selbst zu verdanken. Mit unserer Hände Arbeit haben wir uns diesen Wohlstand geschaffen.' Seid euch vielmehr bewusst, dass der Herr, euer Gott, euch die Kraft gab, mit der ihr dies alles erreicht habt."*
> 5. Mose 8,17–18

30

Seien Sie sorgfältig. Paulus fordert uns in seinem Brief an die Kolosser dazu auf, sorgfältig zu sein: „Alles, was ihr tut, tut von Herzen“ (Kolosser 3,23).

Arbeiten Sie darüber hinaus zielorientiert und dienen Sie damit Gott! Im selben Vers werden wir dazu aufgefordert, uns bewusst zu machen, dass wir „für den Herrn [...] und nicht für Menschen“ arbeiten. Durch unsere Arbeit haben wir die Möglichkeit, Gott zu dienen.

In 1. Timotheus 5, Vers 8 wird ein weiterer Hauptzweck der Arbeit genannt. Wir sind dazu aufgefordert, für uns selbst und diejenigen zu sorgen, die uns anvertraut sind. In diesem Vers heißt es: „Kümmert sich aber jemand nicht um die Not leidenden Witwen der eigenen Familie, [...] dann hat ein solcher Mensch den Glauben verleugnet.“

Seien Sie dankbar. In 5. Mose 8, Verse 17 und 18 werden wir daran erinnert, dass Gott uns die Fähigkeit geschenkt hat, etwas zu verdienen: „Lasst euch nicht einfallen zu sagen: ‚Das alles haben wir uns selbst zu verdanken. Mit unserer Hände Arbeit haben wir uns diesen Wohlstand geschaffen.‘ Seid euch vielmehr bewusst, dass der Herr, euer Gott, euch die Kraft gab, mit der ihr dies alles erreicht habt.“

2 MINUTEN

2. *Praktische Hinweise zum Budget-Arbeitsblatt*

Teilnehmerhandbuch, Seite 31

Mit Blick auf diese biblische Perspektive wenden wir uns jetzt der Einnahmen-/Einkommens-Seite des Budget-Arbeitsblattes zu.

Nettoeinkommen

Tragen Sie unter „1. Gehalt“ (und gegebenenfalls „2. Gehalt“) Ihre netto verfügbaren Einnahmen ein, d. h. zunächst den Netto-Auszahlungsbetrag Ihres Arbeitgebers. Dies können Sie gerne auch später zu Hause tun.

Was ist damit gemeint?

Lohn/Gehalt/Rente abzüglich aller Steuern und Sozialabgaben, die von Ihrem Arbeitgeber abgeführt werden.

Denjenigen unter Ihnen, deren Einkommen konstant ist, wird es leicht fallen, diesen Abschnitt auszufüllen.

NOTIZEN

EINHEIT 2

Der sorgfältige Verdiener

Ein sorgfältiger Verdiener ist jemand, der seiner Arbeit sorgfältig, zielorientiert und mit einer dankbaren Einstellung nachgeht.

- Seien Sie sorgfältig.

> *„Alles, was ihr tut, tut von Herzen."*
> Kolosser 3,23

- Seien Sie zielorientiert.

> *„Alles, was ihr tut, tut von Herzen, als etwas, das ihr für den Herrn tut und nicht für Menschen."*
> Kolosser 3,23

  – Dienen Sie Gott.
  – Sorgen Sie für sich selbst und für diejenigen, die Ihnen anvertraut sind.

- Seien Sie dankbar.

> *„Lasst euch nicht einfallen zu sagen: ‚Das alles haben wir uns selbst zu verdanken. Mit unserer Hände Arbeit haben wir uns diesen Wohlstand geschaffen.' Seid euch vielmehr bewusst, dass der Herr, euer Gott, euch die Kraft gab, mit der ihr dies alles erreicht habt."*
> 5. Mose 8,17–18

30

VERDIENEN, SPENDEN, SPAREN

Praktische Hinweise zum Budget-Arbeitsblatt

Nettoeinkommen:
- Lohn/Gehalt/Rente abzüglich aller Steuern und Sozialabgaben, die von Ihrem Arbeitgeber abgeführt werden.

Variables Einkommen:
- Nehmen Sie eine vorsichtige (= niedrige) Schätzung Ihres Netto-Jahreseinkommens vor (auf der Grundlage der vergangenen Jahre) und teilen Sie diese Summe durch 12.

Beispiel: 24.000 Euro : 12 Monate = 2.000 Euro/Monat*

Strategie für Doppelverdiener (Normal-Verdiener):
Im Normalfall decken Sie mit dem ersten Einkommen alle notwendigen regelmäßigen Ausgaben ab. Zum Beispiel:

- Geben/Spenden,
- Sparen,
- Wohnen,
- Lebensmittel,
- Kleidung,
- Fahrtkosten,
- notwendige Haushaltsausgaben,
- notwendige Freizeitkosten.

* Mehr dazu auf Seite 101

31

Einige unter Ihnen werden jedoch ein *variables,* d. h. veränderliches Einkommen haben, weil Sie selbstständig sind oder auf Provisionsbasis bzw. Stundenlohn arbeiten. Wie viele von Ihnen haben ein veränderliches Einkommen?

Warten Sie kurz ab und nehmen Sie die Antworten entgegen.

Für diejenigen, die sich in dieser Situation befinden, gilt:

Nehmen Sie eine vorsichtige (= niedrige) Schätzung Ihres Netto-Jahreseinkommens vor (auf der Grundlage der vergangenen Jahre) und teilen Sie diese Summe durch 12.

Beispiel: Ihr Netto-Jahreseinkommen von schätzungsweise 24.000 Euro geteilt durch 12 Monate ergibt ein geschätztes durchschnittliches Monatseinkommen von 2.000 Euro.

In den Monaten, in denen das Einkommen 2.000 Euro übersteigt, kommt das Einnahmen-Plus dem kurzfristigen Sparen zugute. In den Monaten, in denen das Einkommen weniger als 2.000 Euro beträgt, kann dann darauf zurückgegriffen werden.

Wenn Sie noch mehr Informationen zum Thema „variables Einkommen“ und dazu benötigen, wie Sie Ihr Jahreseinkommen vorsichtig schätzen können, schlagen Sie einfach bei der nächsten Einzelübung die Seite 101 im Anhang des Teilnehmerhandbuches auf.

Strategie für Doppelverdiener (Normalverdiener)

Sie haben vielleicht bemerkt, dass Sie in Ihr Budget-Arbeitsblatt auch mehr als ein Gehalt eintragen können.

Wer von Ihnen gehört zu Familien mit zwei Einkommen?

Warten Sie kurz ab und nehmen Sie die Antworten entgegen.

Dann wollen wir uns noch etwas Zeit nehmen, um darüber nachzudenken, welche Strategie zwei Verdiener verfolgen können.

NOTIZEN

VERDIENEN, SPENDEN, SPAREN

Praktische Hinweise zum Budget-Arbeitsblatt

Nettoeinkommen:
- Lohn/Gehalt/Rente abzüglich aller Steuern und Sozialabgaben, die von Ihrem Arbeitgeber abgeführt werden.

Variables Einkommen:
- Nehmen Sie eine vorsichtige (= niedrige) Schätzung Ihres Netto-Jahreseinkommens vor (auf der Grundlage der vergangenen Jahre) und teilen Sie diese Summe durch 12.

Beispiel: 24.000 Euro : 12 Monate = 2.000 Euro/Monat*

Strategie für Doppelverdiener (Normal-Verdiener):
Im Normalfall decken Sie mit dem ersten Einkommen alle notwendigen regelmäßigen Ausgaben ab. Zum Beispiel:

- Geben/Spenden,
- Sparen,
- Wohnen,
- Lebensmittel,
- Kleidung,
- Fahrtkosten,
- notwendige Haushaltsausgaben,
- notwendige Freizeitkosten.

* Mehr dazu auf Seite 101

Im Normalfall decken Sie mit dem ersten Einkommen alle notwendigen regelmäßigen Ausgaben ab. Zum Beispiel:

- Geben/Spenden,
- Sparen,
- Wohnen,
- Lebensmittel,
- Kleidung,
- Fahrtkosten,
- notwendige Haushaltsausgaben,
- notwendige Freizeitkosten.

Diese Ausgaben sollten alle ohne Kredite bezahlt werden.

Schlagen Sie bitte Seite 32 in Ihrem Teilnehmerbuch auf.

Teilnehmerhandbuch, Seite 32

Mit dem zweiten Einkommen können dann die zusätzlichen Ausgaben, die „Extras“, abgedeckt werden. Zum Beispiel:

- zusätzliche Spenden,
- zusätzliches Sparen,
- beschleunigte Schuldentilgung,
- mehr Kleidung,
- mehr Reisen und Freizeit.

Diese Ausgaben sollten alle ohne Kredite bezahlt werden, damit Sie keine neuen regelmäßigen Kosten haben.

In diesem Fall ist gewährleistet, dass Ihre Grundbedürfnisse weiterhin abgedeckt sind, falls eines der Einkommen aus irgendeinem Grunde wegfallen sollte.

Falls es Ihre derzeitige Situation nicht zulässt, dass die regelmäßigen Ausgaben von einem Einkommen abgedeckt werden – was in der heutigen Zeit leider in immer mehr Familien der Fall ist –, sollten Sie sich dennoch darum bemühen, einen ausreichend hohen Betrag aus dem zweiten Einkommen als Sparbeitrag zur Seite zu legen. Damit haben Sie genügend Geld in Reserve, falls das zweite Einkommen nicht mehr verfügbar ist.

Ein weiterer praktischer Tipp zum Thema „Verdienen“ bezieht sich auf Gehaltserhöhungen.

NOTIZEN

VERDIENEN, SPENDEN, SPAREN

Praktische Hinweise zum Budget-Arbeitsblatt

Nettoeinkommen:
- Lohn/Gehalt/Rente abzüglich aller Steuern und Sozialabgaben, die von Ihrem Arbeitgeber abgeführt werden.

Variables Einkommen:
- Nehmen Sie eine vorsichtige (= niedrige) Schätzung Ihres Netto-Jahreseinkommens vor (auf der Grundlage der vergangenen Jahre) und teilen Sie diese Summe durch 12.

Beispiel: 24.000 Euro : 12 Monate = 2.000 Euro/Monat*

Strategie für Doppelverdiener (Normal-Verdiener):
Im Normalfall decken Sie mit dem ersten Einkommen alle notwendigen regelmäßigen Ausgaben ab. Zum Beispiel:

- Geben/Spenden,
- Sparen,
- Wohnen,
- Lebensmittel,
- Kleidung,
- Fahrtkosten,
- notwendige Haushaltsausgaben,
- notwendige Freizeitkosten.

* Mehr dazu auf Seite 101

31

EINHEIT 2

Mit dem zweiten Einkommen können dann die zusätzlichen Ausgaben, die „Extras", abgedeckt werden. Zum Beispiel:

- zusätzliches Spenden,
- zusätzliches Sparen,
- beschleunigte Schuldentilgung,
- mehr Kleidung,
- mehr Reisen und Freizeit.

Diese Ausgaben sollten alle bar bezahlt werden, damit Sie keine neuen fortlaufenden Kosten haben.

Falls Ihre derzeitige Situation es nicht zulässt, dass die regelmäßigen Ausgaben von einem Einkommen abgedeckt werden, sollten Sie sich dennoch darum bemühen, einen ausreichend hohen Betrag aus dem zweiten Einkommen als Sparbeitrag zur Seite zu legen. Damit haben Sie genügend Geld in Reserve, falls das zweite Einkommen nicht mehr verfügbar ist.

Kurz nachgedacht: Wohin fließt eigentlich Ihre Gehaltserhöhung?

(Mehr dazu auf Seite 102.)

Entscheiden Sie im Voraus, wie Sie Gehaltserhöhungen verwenden wollen. Dies ist eine Schlüsselstrategie zur Verwirklichung Ihrer finanziellen Ziele.

Einzelübung: Budget

Füllen Sie die Kategorie „Einnahmen" im Budget-Arbeitsblatt aus.

32

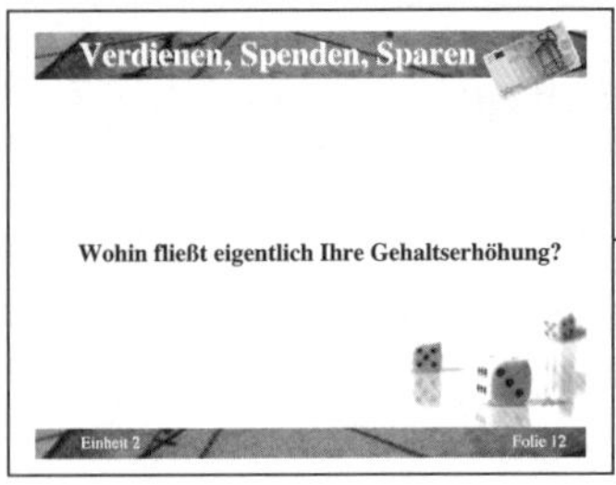

Wohin fließt eigentlich Ihre Gehaltserhöhung?

Manche entgegnen darauf: 10 Prozent der Gehaltserhöhung werden gespendet und weitere 10 Prozent werden angespart. Und das ist toll! Aber die Betreffenden selbst müssen zugeben, dass die restlichen 80 Prozent ihrer Gehaltserhöhung sich einfach in Luft aufzulösen scheinen. Wenn man Geld ausgibt, führt das manchmal dazu, dass man schließlich alle verfügbaren Mittel aufbraucht – und drei oder vier Monate später kann niemand mehr genau sagen, wo das ganze Geld abgeblieben ist.

Andererseits kann selbst eine bescheidene Gehaltserhöhung bei einem moderaten Gehalt innerhalb von wenigen Jahren zu einem beträchtlichen Betrag anwachsen. Ein Beispiel dazu finden Sie im Anhang auf Seite 102 Ihres Teilnehmerhandbuches.

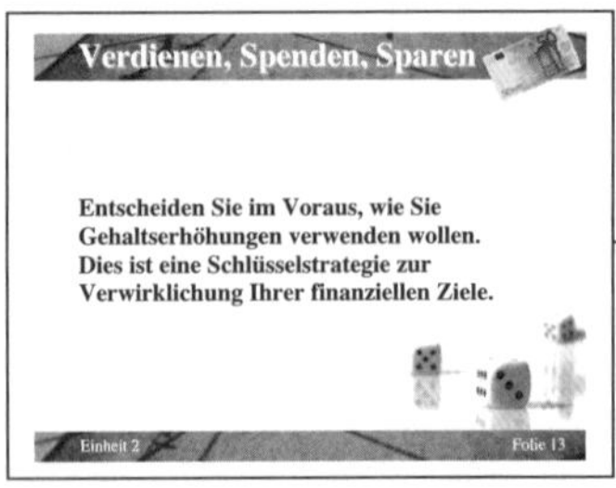

Wie auch immer Ihre finanziellen Ziele aussehen: Entscheiden Sie im Voraus, wie Sie Gehaltserhöhungen verwenden wollen. Dies ist eine Schlüsselstrategie zur Verwirklichung Ihrer finanziellen Ziele.

5 MINUTEN

3. Einzelübung: Budget

Ziel: Die Teilnehmer sollen ihr derzeitiges Einkommen auf dem Budget-Arbeitsblatt festhalten.

Anleitung
Füllen Sie die Kategorie „Einnahmen“ im Budget-Arbeitsblatt aus. Es stehen Ihnen dafür 5 Minuten zur Verfügung.

Rufen Sie die Gruppe nach 5 Minuten wieder zusammen.

Sie haben jetzt den ersten Teil des Budget-Arbeitsblattes ausgefüllt. Werfen wir nun einen Blick auf den nächsten Teil des Budgets.

7 MINUTEN

B. Spenden

Teilnehmerhandbuch, Seite 33

NOTIZEN

EINHEIT 2

Mit dem zweiten Einkommen können dann die zusätzlichen Ausgaben, die „Extras“, abgedeckt werden. Zum Beispiel:

- zusätzliches Spenden,
- zusätzliches Sparen,
- beschleunigte Schuldentilgung,
- mehr Kleidung,
- mehr Reisen und Freizeit.

Diese Ausgaben sollten alle bar bezahlt werden, damit Sie keine neuen fortlaufenden Kosten haben.

Falls Ihre derzeitige Situation es nicht zulässt, dass die regelmäßigen Ausgaben von einem Einkommen abgedeckt werden, sollten Sie sich dennoch darum bemühen, einen ausreichend hohen Betrag aus dem zweiten Einkommen als Sparbeitrag zur Seite zu legen. Damit haben Sie genügend Geld in Reserve, falls das zweite Einkommen nicht mehr verfügbar ist.

Kurz nachgedacht: Wohin fließt eigentlich Ihre Gehaltserhöhung?

(Mehr dazu auf Seite 102.)

Entscheiden Sie im Voraus, wie Sie Gehaltserhöhungen verwenden wollen. Dies ist eine Schlüsselstrategie zur Verwirklichung Ihrer finanziellen Ziele.

Einzelübung: Budget

Füllen Sie die Kategorie „Einnahmen“ im Budget-Arbeitsblatt aus.

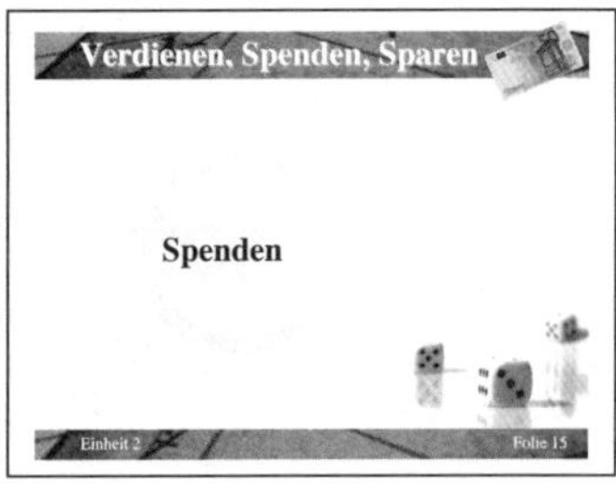

Der zweite Finanzbereich, mit dem wir uns in dieser Einheit beschäftigen wollen, ist der Bereich des Spendens. Aber wie auch beim Verdienen geht es beim Geben bzw. Spenden um mehr als nur die finanzielle Seite. Es geht auch hier darum, wer wir *sind* und welche Art von Spender wir *werden* wollen.

Zu Beginn wollen wir uns einen kurzen Videoausschnitt ansehen und das Thema „Spenden" unter einer Reihe von Gesichtspunkten beleuchten.

2 MINUTEN

1. Video: Die Kollekte

Zeigen Sie den Videoausschnitt: Die Kollekte.

In Bezug auf das Thema „Geben/Spenden" sind unsere Gefühle oftmals im Widerstreit. Einige denken möglicherweise, dass ihre persönlichen Bedürfnisse wichtiger sind als die der Gemeinde Christi. Andere haben vielleicht Gewissensbisse, weil sie nicht viel geben können, und wieder andere sind womöglich stolz darauf, wie viel sie geben.

Die entscheidende Frage lautet: Wie können wir die Haltung des vierten Darstellers in dem Video einnehmen und Spenden als dankbare Antwort auf Gottes Gaben an uns und Gott als den Besitzer *all* dessen sehen, was wir besitzen?

Zunächst ein Blick darauf, was unsere Gesellschaft zum Thema „Geben" bzw. „Spenden" zu sagen hat.

4 MINUTEN

2. Die gesellschaftlichen Zwänge und die Sichtweise Gottes

Unsere Gesellschaft wirbt mit drei Mythen, um den Geber von der Sichtweise Gottes wegzuziehen.

Erstens: „Spenden – aber nur, wenn's mir selbst was bringt."

Unsere Gesellschaft neigt dazu, das Spenden nur zu befürworten, wenn es einen persönlichen Nutzen bringt: „Spende etwas, um es später bei der Steuererklärung absetzen zu können. Spende etwas, wenn es dich glücklich macht. Spende etwas, wenn sich das in Popularität, Pöstchen oder Macht ummünzen lässt."

Zweitens: „Man spendet nur von dem, was sowieso übrig bleibt."

NOTIZEN

VERDIENEN, SPENDEN, SPAREN

Spenden

Video: Die Kollekte

Notizen

Die gesellschaftlichen Zwänge und die Sichtweise Gottes

Drei Mythen:

1. „Spenden – aber nur, wenn's mir selbst was bringt."
2. „Man spendet nur von dem, was sowieso übrig bleibt."
3. „Man spendet, weil man sich moralisch dazu verpflichtet fühlt."

33

Insgesamt gingen im zweiten Halbjahr 2004 1,3 Milliarden Euro an gemeinnützige Organisationen sowie Hilfs- und Wohltätigkeitsorganisationen im In- und Ausland. Laut der „Bilanz des Helfens“ hat jeder Vierte vom 1. Juli 2004 bis zum 31. Juni 2005 in der Bundesrepublik Geld gespendet. Auch wenn statistisch gesehen eine Durchschnittsspende etwa 33 Euro beträgt, gehen doch die Zahlen auf Grund des rückläufigen Wirtschaftswachstums leicht zurück. Die Ursache hierfür liegt aber nicht in geringeren durchschnittlichen Spendenbeträgen, sondern in einer reduzierten Zahl Spendenwilliger.

Im Grunde ist das Spenden in unserem gesellschaftlichen Denken nur als etwas verankert, das man mit dem tut, was übrig ist.

Drittens: „Man spendet, weil man sich moralisch dazu verpflichtet fühlt.“

Unsere Gesellschaft gibt uns vor, dass wir die Pflicht haben, etwas zu geben. Aber in den allermeisten Fällen ist das Geben aus einem reinen Pflichtgefühl heraus nichts weiter als eine hohle Geste und kein wirklich großzügiges Geben, das von Herzen kommt.

In jedem Fall zwingt uns die Gesellschaft eine selbstzentrierte Einstellung auf – nicht eine, die mit der Sichtweise Gottes vereinbar wäre.

Was ist aber Gottes Ziel und Absicht zum Thema „Geben“ bzw. „Spenden“?

Schlagen Sie bitte Seite 34 Ihres Teilnehmerbuches auf.

Der großzügige Geber

Teilnehmerhandbuch, Seite 34

Die Bibel beschreibt den Geber, der Gottes Sichtweise entspricht, als „großzügig“.

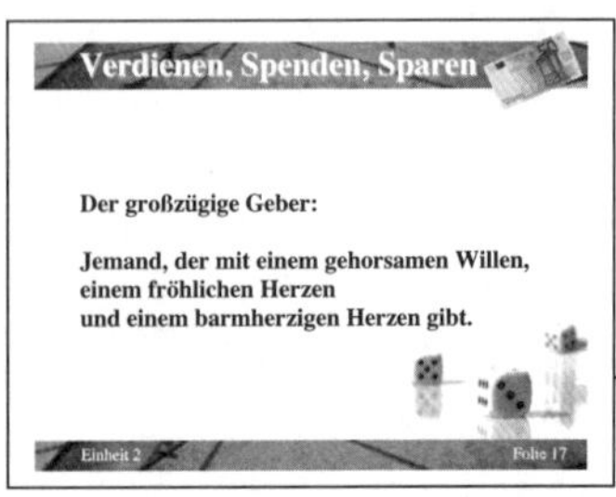

Der großzügige Geber ist jemand, der mit einem gehorsamen Willen, einem fröhlichen Herzen und einem barmherzigen Herzen gibt.

Geben ist ein Teil unseres Wesens und nach Gottes Sichtweise wurden wir erschaffen, um zu geben.

NOTIZEN

VERDIENEN, SPENDEN, SPAREN

Spenden

Video: Die Kollekte

Notizen

Die gesellschaftlichen Zwänge und die Sichtweise Gottes

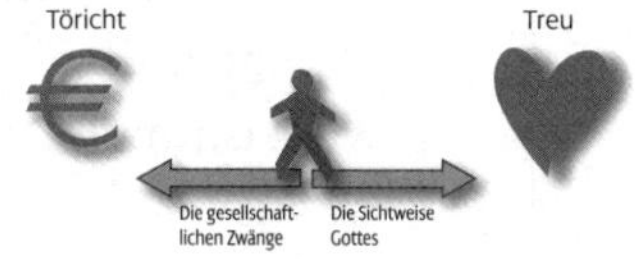

Drei Mythen:

1. „Spenden – aber nur, wenn's mir selbst was bringt."
2. „Man spendet nur von dem, was sowieso übrig bleibt."
3. „Man spendet, weil man sich moralisch dazu verpflichtet fühlt."

33

EINHEIT 2

Der großzügige Geber

Der großzügige Geber ist jemand, der mit einem gehorsamen Willen, einem fröhlichen Herzen und einem barmherzigen Herzen gibt.

- Geben ist ein Teil unseres Wesens.
- Gott möchte, dass wir geben …

… als Antwort auf die Güte Gottes.

> *„Alles, was gut und vollkommen ist, das kommt von Gott."*
> Jakobus 1,17; Hoffnung für alle

- … als Zeichen dafür, dass wir anerkennen: Gott ist unsere Quelle der Sicherheit.

> *„Sammelt keine Schätze hier auf der Erde! Denn ihr müsst damit rechnen, dass Motten und Rost sie zerfressen oder Einbrecher sie stehlen. Sammelt lieber Schätze bei Gott."*
> Matthäus 6,19–20

> *„Euer Vater im Himmel weiß, dass ihr all das braucht. Sorgt euch zuerst darum, dass ihr euch seiner Herrschaft unterstellt, und tut, was er verlangt, dann wird er euch schon mit all dem anderen versorgen."*
> Matthäus 6,32–33

- … um wirtschaftliche Gerechtigkeit zu fördern.
- … um ein Segen für andere zu sein.
- … um uns der Kontrolle des Geldes zu entziehen.

34

Wir sollen Kanäle sein, keine Vorratsbehälter. Ein Gewässer ohne Abfluss wird zum stehenden Gewässer – es stagniert. Ein Leben, aus dem nichts hinaus zu anderen fließt, stagniert. Geben ist der Kanal, durch den Gottes Liebe, Großzügigkeit und Barmherzigkeit fließen kann. Wenn wir geben, werden wir dem ähnlicher, wie Gott uns erschaffen hat. Wir wurden als sein Ebenbild geschaffen, und so sind wir nicht vollkommen oder völlig zufrieden, es sei denn, wir geben ein Teil von dem, was wir haben, an andere. Oder, um es mit anderen Worten zu sagen: Geben verändert das Leben.

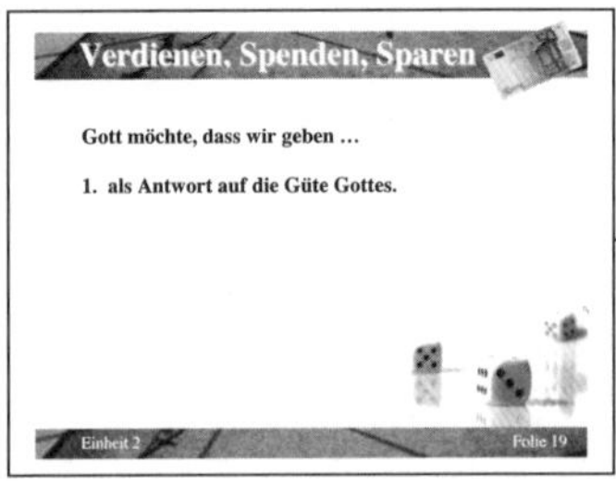

Was sagt denn die Bibel zu diesem Thema?

Gott möchte, dass wir geben … denn erstens ist Geben eine Antwort auf die Güte Gottes. In Jakobus 1, Vers 17 heißt es: „Alles, was gut und vollkommen ist, das kommt von Gott“ (Hoffnung für alle).

Wenn wir etwas von diesen Gaben abgeben, sagen wir damit im Grunde einfach: „Ich bin dir dankbar.“

Zweitens erkennen wir durch unser Geben an, dass Gott unsere Quelle der Sicherheit ist.

In der Bergpredigt warnt Jesus seine Jünger: „Sammelt keine Schätze hier auf der Erde! Denn ihr müsst damit rechnen, dass Motten und Rost sie zerfressen oder Einbrecher sie stehlen. Sammelt lieber Schätze bei Gott“ (Matthäus 6,19–20).

Mit anderen Worten: Beziehen Sie Ihre Sicherheit nicht aus Reichtümern, die sehr schnell von einer wirtschaftlichen Talfahrt zunichte gemacht werden können. Gewinnen Sie Ihre Sicherheit durch Ihre Stellung bei Gott. Daran wird sich nie etwas ändern.

An anderer Stelle der Bergpredigt sagt Jesus: „Euer Vater im Himmel weiß, dass ihr all das braucht. Sorgt euch zuerst darum, dass ihr euch seiner Herrschaft unterstellt, und tut, was er verlangt, dann wird er euch schon mit all dem anderen versorgen“ (Matthäus 6,32–33).

NOTIZEN

EINHEIT 2

Der großzügige Geber

Der großzügige Geber ist jemand, der mit einem gehorsamen Willen, einem fröhlichen Herzen und einem barmherzigen Herzen gibt.

- Geben ist ein Teil unseres Wesens.
- Gott möchte, dass wir geben …

… als Antwort auf die Güte Gottes.

> *„Alles, was gut und vollkommen ist, das kommt von Gott."*
>
> Jakobus 1,17; Hoffnung für alle

- … als Zeichen dafür, dass wir anerkennen: Gott ist unsere Quelle der Sicherheit.

> *„Sammelt keine Schätze hier auf der Erde! Denn ihr müsst damit rechnen, dass Motten und Rost sie zerfressen oder Einbrecher sie stehlen. Sammelt lieber Schätze bei Gott."*
>
> Matthäus 6,19–20

> *„Euer Vater im Himmel weiß, dass ihr all das braucht. Sorgt euch zuerst darum, dass ihr euch seiner Herrschaft unterstellt, und tut, was er verlangt, dann wird er euch schon mit all dem anderen versorgen."*
>
> Matthäus 6,32–33

- … um wirtschaftliche Gerechtigkeit zu fördern.
- … um ein Segen für andere zu sein.
- … um uns der Kontrolle des Geldes zu entziehen.

34

Wir sollen darauf vertrauen, dass Gott uns letztlich mit allem versorgt, was wir brauchen. Gehen Sie dieses Wagnis doch einmal ein!

Drittens sollen wir geben, um wirtschaftliche Gerechtigkeit zu fördern.

Das macht Paulus deutlich, wenn er schreibt: „Ihr sollt nicht selbst Mangel leiden, damit andern geholfen wird. Vielmehr soll es zu einem Ausgleich kommen" (2. Korinther 8,13).

Überall in der Bibel können wir den direkten Zusammenhang zwischen Geben und materiellem Segen feststellen, insbesondere im Hinblick auf Gerechtigkeit und Barmherzigkeit gegenüber den Armen. Wenn Gott uns über unsere Bedürfnisse hinaus gesegnet hat, dann sicherlich nicht, um unseren Lebensstandard zu erhöhen, sondern unseren *Gebens*standard. Wir sind aufgefordert, seine Liebe weiterzugeben. Wir können geben, ohne zu lieben, aber wir können nicht lieben, ohne zu geben.

Viertens sollen wir geben, um ein Segen für andere zu sein.

Der Zusammenhang von Geben und Segnen geht weit zurück bis zum Bund Gottes mit Abraham. Gott verheißt Abraham darin, dass er ihn segnen wird und er ein Segen für andere sein soll (1. Mose 12,2–3). Geben *ist* seliger als Nehmen. Wir ernten eben *das*, was wir säen. Uns entgehen die Freude und der Segen in unserem eigenen Leben, wenn wir an dem, was wir haben, mit geballten Fäusten festhalten, anstatt es freimütig mit anderen zu teilen.

Und fünftens und letztens sollen wir geben, um uns der Kontrolle des Geldes zu entziehen.

Wir haben bereits in Einheit 1 gesehen, dass Geld sehr große Macht besitzt. Es fordert seinen Tribut. Es will unser Herz gefangen nehmen und uns *kontrollieren*! Aber der unnatürliche Akt des Gebens – in dem wir Geld weggeben, anstatt es für eigene Zwecke auszugeben –, bricht die Macht, die das Geld sonst über uns haben könnte. Dies ist ein sehr wichtiger Punkt und vielleicht der entscheidende Grund, warum die Bibel immer wieder das Thema „Geben" erwähnt. Am Beispiel der folgenden Geschichte soll dies veranschaulicht werden.

Wenn Sie es persönlich erlebt haben oder jemanden kennen, der die Erfahrung gemacht hat, dass ein Geber, der Gottes Sichtweise entspricht, der Kontrolle des Geldes widerstanden hat, können Sie anstelle der folgenden Geschichte auch Ihre eigene erzählen.

NOTIZEN

EINHEIT 2

Der großzügige Geber

Der großzügige Geber ist jemand, der mit einem gehorsamen Willen, einem fröhlichen Herzen und einem barmherzigen Herzen gibt.

- Geben ist ein Teil unseres Wesens.
- Gott möchte, dass wir geben …

  … als Antwort auf die Güte Gottes.

  > *„Alles, was gut und vollkommen ist, das kommt von Gott."*
  > Jakobus 1,17; Hoffnung für alle

- … als Zeichen dafür, dass wir anerkennen: Gott ist unsere Quelle der Sicherheit.

  > *„Sammelt keine Schätze hier auf der Erde! Denn ihr müsst damit rechnen, dass Motten und Rost sie zerfressen oder Einbrecher sie stehlen. Sammelt lieber Schätze bei Gott."*
  > Matthäus 6,19–20

  > *„Euer Vater im Himmel weiß, dass ihr all das braucht. Sorgt euch zuerst darum, dass ihr euch seiner Herrschaft unterstellt, und tut, was er verlangt, dann wird er euch schon mit all dem anderen versorgen."*
  > Matthäus 6,32–33

- … um wirtschaftliche Gerechtigkeit zu fördern.
- … um ein Segen für andere zu sein.
- … um uns der Kontrolle des Geldes zu entziehen.

34

Schon seit Wochen hatte Elisabeth sich darauf gefreut, endlich ein sehr teures Essgeschirr kaufen zu können. Das Geld dazu hatte sie. Aber aus irgendeinem Grund beschäftigte sie der Gedanke, dass sie dieses Geld auch einer besseren Verwendung zuführen könnte. Schließlich – nachdem sie wochenlang hin und her überlegt hatte – setzte sie sich an den Tisch und füllte zwei Überweisungen an wohltätige Organisationen aus, und zwar in Höhe des Betrags, den sie eigentlich für das Ess-Service zur Seite gelegt hatte.

Dieser Akt war zweifellos in Gottes Augen eine gute Sache und gab Elisabeth das Gefühl, das Richtige getan zu haben. Aber wirklich erstaunlich war das, was dann geschah: Nachdem Elisabeth die Überweisungen getätigt hatte, merkte sie, dass sie jegliches Interesse an dem Essgeschirr verloren hatte. Sie konnte gar nicht mehr glauben, dass sie es sich jemals gewünscht hatte. Sie besaß ja bereits ein wunderschönes Service und der Kauf eines neuen erschien ihr jetzt geradezu lächerlich. Ihre Einstellung hatte sich völlig geändert.

Der springende Punkt an der Geschichte ist, dass der Akt des Gebens die Zugkraft gebrochen hatte, die das Geld auf Elisabeth ausübte – in diesem Fall das, was sie sich damit kaufen konnte. Wenn wir geben, bewirkt das etwas in unserem Leben, das durch nichts anderes bewirkt werden kann. Verpassen Sie nicht die Freude und den Segen, die daraus entstehen!

5 MINUTEN

3. Einzelübung: Der großzügige Spender

Teilnehmerhandbuch, Seite 35

Ziel: Die Teilnehmer sollen lernen, wie sie im Bereich des Gebens Gottes Sichtweise näher kommen können.

Anleitung

1. Wenn Sie sich noch einmal Gottes Sichtweise zum Thema „Spenden" bzw. „Geben" bewusst machen: Wo betrifft Sie das persönlich? Denken Sie, dass Sie in diesem Bereich etwas ändern sollten?
2. Welchen praktischen Schritt möchten Sie jetzt unternehmen?

Sie haben jetzt fünf Minuten Zeit, diesen Punkt auf Ihrem Arbeitsblatt zu beantworten.

Rufen Sie die Gruppe nach 5 Minuten wieder zusammen.

NOTIZEN

EINHEIT 2

Der großzügige Geber

Der großzügige Geber ist jemand, der mit einem gehorsamen Willen, einem fröhlichen Herzen und einem barmherzigen Herzen gibt.

- Geben ist ein Teil unseres Wesens.
- Gott möchte, dass wir geben …

… als Antwort auf die Güte Gottes.

> *„Alles, was gut und vollkommen ist, das kommt von Gott."*
> Jakobus 1,17; Hoffnung für alle

- … als Zeichen dafür, dass wir anerkennen: Gott ist unsere Quelle der Sicherheit.

> *„Sammelt keine Schätze hier auf der Erde! Denn ihr müsst damit rechnen, dass Motten und Rost sie zerfressen oder Einbrecher sie stehlen. Sammelt lieber Schätze bei Gott."*
> Matthäus 6,19–20

> *„Euer Vater im Himmel weiß, dass ihr all das braucht. Sorgt euch zuerst darum, dass ihr euch seiner Herrschaft unterstellt, und tut, was er verlangt, dann wird er euch schon mit all dem anderen versorgen."*
> Matthäus 6,32–33

- … um wirtschaftliche Gerechtigkeit zu fördern.
- … um ein Segen für andere zu sein.
- … um uns der Kontrolle des Geldes zu entziehen.

34

VERDIENEN, SPENDEN, SPAREN

Einzelübung: Der großzügige Spender

1. Wenn Sie sich noch einmal Gottes Sichtweise zum Thema „Spenden" bzw. „Geben" bewusst machen: Wo betrifft Sie das persönlich? Denken Sie, dass Sie in diesem Bereich etwas ändern sollten?

2. Welchen praktischen Schritt möchten Sie jetzt unternehmen?

35

Viele möchten Gottes Sicht dieses Finanzbereiches näher kommen. Aber auf Grund persönlicher Umstände fällt uns das oft sehr schwer. Wie können wir damit anfangen, etwas zu verändern? Wie können wir den Aspekt „Spenden/ Geben" in unser Budget-Arbeitsblatt einbauen?

Schlagen Sie bitte Seite 36 in Ihrem Teilnehmerhandbuch auf.

2 MINUTEN

4. Praktische Tipps zum Spenden/Geben

Teilnehmerhandbuch, Seite 36

Großzügiges Geben ist letztlich eine Sache des Herzens. Aber der biblische Maßstab ist der Zehnte.

Der Zehnte wird im Allgemeinen mit 10 Prozent definiert. Aber in unserem Kurs soll es weniger auf den genauen Prozentsatz ankommen, denn einige würden zweifellos einwenden: „Wie kann der nur so was sagen?! Der hat überhaupt keine Ahnung von meinen persönlichen Verhältnissen. Es wäre für mich eine ungeheure Belastung, wenn ich 10 Prozent geben müsste."

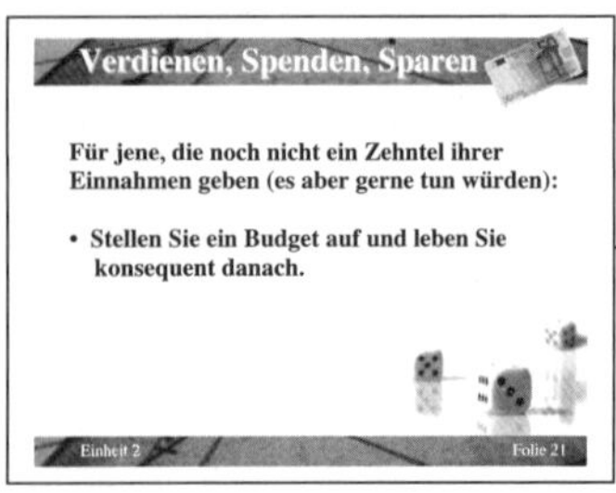

Als Nachfolger Christi sollte es Ihnen jedoch wichtig sein, sich diesem Ziel anzunähern. Dabei möchte ich im Besonderen auf zwei Dinge hinweisen:

Erstens, für jene, die noch nicht ein Zehntel ihrer Einnahmen geben (es aber gerne tun würden): Sie sollten ein Budget aufstellen und konsequent danach leben. Dies wird es Ihnen früher oder später ermöglichen, den Zehnten zu geben.

Wenn man ein Ziel erreichen möchte, braucht man dazu einen Plan, in unserem Fall ein Budget. Später werden wir noch über mögliche konkrete Schritte sprechen, um Geldmittel freizusetzen. Und wenn das Geben für Gottes Sache für Sie ein vorrangiges Ziel ist, finden Sie sicher auch Mittel und Wege, dies zu tun.

Sie könnten Ihren Zehnten auch überweisen, sodass Sie mit der Spendenquittung einen Teil davon vom Finanzamt wieder zurückbekommen – und auch davon wieder einen Betrag an Ihre Gemeinde überweisen können.

Zweitens: Sie können auch damit beginnen, dass Sie zunächst regelmäßig einen kleinen Betrag spenden.

Das mag nicht sehr viel sein, aber fangen Sie ungeachtet Ihrer persönlichen Umstände zumindest mit einem kleinen Betrag an.

NOTIZEN

EINHEIT 2

Praktische Tipps zum Spenden/Geben

Der biblische Maßstab für das Geben ist der Zehnte.

Für jene, die noch nicht ein Zehntel ihrer Einnahmen geben:

- Sie sollten ein Budget aufstellen und konsequent danach leben.
- Beginnen Sie zunächst einmal mit einem kleinen Betrag.

Für jene, die bereits den Zehnten geben:

Es ist toll, dass Sie das bereits tun. Ein Zehntel ist ein guter Anfang, aber bleiben Sie nicht dabei stehen.

Schlüsselfrage:
„Wie viel von *Gottes* Geld benötige ich zum Leben?“

Einzelübung: Budget

1. Schlagen Sie Seite 28 in Ihrem Handbuch auf. Dort sind die Ziele für dieses Jahr aufgelistet. Sehen Sie sich auch nochmals diese Seite an. Dort geht es um die praktischen Schritte zum Thema „Spenden“ bzw. „Geben“. Denken Sie über Ihre Lebensziele, Werte und Prioritäten nach. Vergleichen Sie, ob Ihr tatsächlicher Umgang mit Geld mit diesen übereinstimmt.

2. Setzen Sie sich ein kurzfristiges Ziel für die Kategorie „Spenden“ und tragen Sie es unter „Spende/Opfer“ in das Budget-Arbeitsblatt ein.

36

Ein weiterer Grund, warum es uns hier nicht auf den genauen Prozentsatz ankommt, ist, dass einige von Ihnen vielleicht schon den Zehnten geben und sagen: „Ich leiste schon meinen Beitrag, also sollten das alle anderen auch tun."

Für jene, die bereits den Zehnten geben: Es ist toll, dass Sie das bereits tun. Ein Zehntel ist ein guter Anfang, aber bleiben Sie nicht dabei stehen.

Zum Beispiel kann es für eine vierköpfige Familie mit einem Jahreseinkommen von 25.000 Euro ein großes Opfer bedeuten, 2.500 Euro zu spenden. Andererseits kommt vielleicht eine vierköpfige Familie mit einem Jahreseinkommen von 250.000 Euro dem Ziel, mit einem großzügigen Herzen zu geben, noch lange nicht nahe, wenn sie 25.000 Euro gibt.

Daneben spielen gewisse Lebensphasen sicherlich auch eine Rolle beim Geben bzw. Spenden. Denken Sie an ein Ehepaar, dessen Kinder groß sind und bereits auf eigenen Beinen stehen. Das Haus ist abbezahlt und alle notwendigen Anschaffungen sind getätigt. Die Rente und die private Altersvorsorge sind sicher. Dieses Paar befindet sich also in einer Lebensphase, in der das Einkommen stabil ist oder noch steigt und die Ausgaben tendenziell fallen. Diese beiden wären eventuell in der Lage, mehr als nur 10 Prozent zu geben.

Hier gilt ebenfalls: Großzügiges Geben ist letztlich eine Herzensangelegenheit. Die Frage, die aus einem liebenden, gehorsamen Herzen kommt, lautet also nicht: „Wie viel von *meinem* Geld sollte ich für Gottes Sache geben?"

Die Frage lautet vielmehr: „Wie viel von *Gottes* Geld benötige ich zum Leben?"

Es ist wichtig, sich daran zu erinnern, wie vorhin erwähnt, dass alles Gott gehört! Wir brauchen einen Teil von Gottes Geld, um unsere Bedürfnisse, die Bedürfnisse unserer Familie und die Absicherung unserer Zukunft abzudecken. Aber der Rest sollte für Gottes Sache zur Verfügung stehen.

Nun wollen wir sehen, in welcher Form wir den Aspekt „Geben" in unserem Budget-Arbeitsblatt berücksichtigen können.

NOTIZEN

EINHEIT 2

Praktische Tipps zum Spenden/Geben

Der biblische Maßstab für das Geben ist der Zehnte.

Für jene, die noch nicht ein Zehntel ihrer Einnahmen geben:

- Sie sollten ein Budget aufstellen und konsequent danach leben.
- Beginnen Sie zunächst einmal mit einem kleinen Betrag.

Für jene, die bereits den Zehnten geben:

Es ist toll, dass Sie das bereits tun. Ein Zehntel ist ein guter Anfang, aber bleiben Sie nicht dabei stehen.

Schlüsselfrage:
„Wie viel von *Gottes* Geld benötige ich zum Leben?“

Einzelübung: Budget

1. Schlagen Sie Seite 28 in Ihrem Handbuch auf. Dort sind die Ziele für dieses Jahr aufgelistet. Sehen Sie sich auch nochmals diese Seite an. Dort geht es um die praktischen Schritte zum Thema „Spenden“ bzw. „Geben“. Denken Sie über Ihre Lebensziele, Werte und Prioritäten nach. Vergleichen Sie, ob Ihr tatsächlicher Umgang mit Geld mit diesen übereinstimmt.
2. Setzen Sie sich ein kurzfristiges Ziel für die Kategorie „Spenden“ und tragen Sie es unter „Spende/Opfer“ in das Budget-Arbeitsblatt ein.

36

5 MINUTEN

5. Einzelübung: Budget

Ziel: Die Teilnehmer sollen sich im Finanzbereich „Geben" kurzfristige Ziele setzen.

Anleitung

1. Schlagen Sie Seite 28 in Ihrem Handbuch auf. Dort sind die Ziele für dieses Jahr aufgelistet. Sehen Sie sich auch nochmals Seite 36 an. Dort geht es um die praktischen Schritte zum Thema „Spenden" bzw. „Geben". Denken Sie über Ihre Lebensziele, Werte und Prioritäten nach. Vergleichen Sie, ob Ihr tatsächlicher Umgang mit Geld mit diesen übereinstimmt.
2. Setzen Sie sich ein kurzfristiges Ziel für die Kategorie „Spenden" und tragen Sie es unter „Spende/Opfer" in das Budget-Arbeitsblatt ein.

Sie haben jetzt fünf Minuten Zeit dafür.

Rufen Sie die Gruppe nach 5 Minuten wieder zusammen.

C. Sparen

Teilnehmerhandbuch, Seite 37

Der dritte Finanzbereich ist das Sparen. Wie in den vorangegangenen Abschnitten lautet auch hier die entscheidende Frage: In welche Richtung entwickelt sich Ihr Sparverhalten? Werden Ihre Entscheidungen treuer oder törichter? Wir sprachen ja gerade darüber, dass Sie Ihr Budget damit beginnen, Geld an Gott zu geben. Genauso wichtig ist es, dass Sie Geld an sich selbst geben, mit anderen Worten: dass Sie sparen. Und darin besteht der nächste Schritt.

Behalten Sie im Folgenden bitte im Hinterkopf, dass es mir nicht um das so genannte „Angst-Sparen" geht. Dabei legt man immer öfter den „erweiterten Einkommensbegriff" zugrunde und rechnet mit ein, was man in Zukunft wohl verdienen wird. Je pessimistischer man in die Zukunft blickt, je größer die Angst vor der Zukunft ist, desto weniger Geld wird ausgegeben. Also hortet man weiter fleißig sein Geld – was negative Auswirkungen auf die Wirtschaft hat.

3 MINUTEN

1. Die gesellschaftlichen Zwänge und die Sichtweise Gottes

Die gesellschaftliche Haltung besagt: „[...] iss und trink nach Herzenslust und genieße das Leben!" (Lukas 12,19).

NOTIZEN

EINHEIT 2

Praktische Tipps zum Spenden/Geben

Der biblische Maßstab für das Geben ist der Zehnte.

Für jene, die noch nicht ein Zehntel ihrer Einnahmen geben:

- Sie sollten ein Budget aufstellen und konsequent danach leben.
- Beginnen Sie zunächst einmal mit einem kleinen Betrag.

Für jene, die bereits den Zehnten geben:

Es ist toll, dass Sie das bereits tun. Ein Zehntel ist ein guter Anfang, aber bleiben Sie nicht dabei stehen.

Schlüsselfrage:
„Wie viel von *Gottes* Geld benötige ich zum Leben?“

Einzelübung: Budget

1. Schlagen Sie Seite 28 in Ihrem Handbuch auf. Dort sind die Ziele für dieses Jahr aufgelistet. Sehen Sie sich auch nochmals diese Seite an. Dort geht es um die praktischen Schritte zum Thema „Spenden“ bzw. „Geben“. Denken Sie über Ihre Lebensziele, Werte und Prioritäten nach. Vergleichen Sie, ob Ihr tatsächlicher Umgang mit Geld mit diesen übereinstimmt.
2. Setzen Sie sich ein kurzfristiges Ziel für die Kategorie „Spenden“ und tragen Sie es unter „Spende/Opfer“ in das Budget-Arbeitsblatt ein.

36

VERDIENEN, SPENDEN, SPAREN

Sparen

Die gesellschaftlichen Zwänge und die Sichtweise Gottes

Zwei gesellschaftliche Mythen:

1. „Geld ist zum Ausgeben da, und auch wenn Sie kein Geld haben, sollten Sie es ausgeben.“
2. „Es ist sinnlos zu sparen. Lass es dir lieber heute gut gehen.“

37

Der gesellschaftliche Mythos über das Sparen besagt zweierlei:

Erstens: „Geld ist zum Ausgeben da, und auch wenn Sie kein Geld haben, sollten Sie es ausgeben.“

Unsere Gesellschaft wertet nicht nur das Sparen ab. Sie animiert auch zum Ausgeben, zum Konsum – und wenn man dafür Schulden machen muss. Viele haben sich dieser Denkweise angeschlossen. Wenn man jedoch nur unzureichende Sparreserven besitzt, führt dies dazu, dass man finanzielle Engpässe nicht mehr überbrücken kann.

Das Statistische Bundesamt hat im Herbst 2004 ermittelt, dass die Deutschen in den ersten sechs Monaten des Jahres durchschnittlich 160 Euro im Monat auf die Seite gelegt haben. Insgesamt ergibt dies eine Summe von 588 Milliarden Euro. Damit erreicht die Sparquote (also der Anteil des verfügbaren Einkommens, der gespart wird) einen Wert von über 11 Prozent. (Quelle: Globus Infografik GmbH, 10. Januar 2005)

Zweitens: „Es ist sinnlos zu sparen. Lass es dir lieber heute gut gehen.“

Unsere Gesellschaft hält auch dadurch vom Sparen ab, dass sie einer kurzsichtigen Sofort-Befriedigungs-Mentalität huldigt und den Wert vorausschauenden Planens abwertet. Unsere Kultur suggeriert uns: „Du arbeitest hart für dein Geld. Genieß es, solange du es noch kannst! Außerdem dauert es zu lange, ein ausreichendes Sparvermögen anzulegen. Und letzten Endes wirst du damit eh nicht über die Runden kommen. Es ist also sinnlos zu sparen.“

Schlagen Sie nun bitte Seite 38 auf.

Der weise Sparer

Teilnehmerhandbuch, Seite 38

Im Gegensatz dazu bezeichnet die Bibel den Sparer, der Gottes Sichtweise entspricht, als „weise“.

Der weise Sparer ist ein Mensch, der seine Ersparnisse aufbaut, erhält und mit Vernunft investiert.

Gottes Sicht des Sparens ist:

Erstens: Es ist klug zu sparen. In Sprüche 21, Vers 20 heißt es: „Im Hause des Weisen ist ein kostbarer Schatz an Öl; aber ein Tor vergeudet ihn.“

NOTIZEN

VERDIENEN, SPENDEN, SPAREN

Sparen

Die gesellschaftlichen Zwänge und die Sichtweise Gottes

Zwei gesellschaftliche Mythen:

1. „Geld ist zum Ausgeben da, und auch wenn Sie kein Geld haben, sollten Sie es ausgeben."
2. „Es ist sinnlos zu sparen. Lass es dir lieber heute gut gehen."

37

EINHEIT 2

Der weise Sparer

Der weise Sparer ist ein Mensch, der seine Ersparnisse aufbaut, erhält und mit Vernunft investiert.

Gottes Sicht des Sparens:

- Es ist klug zu sparen.

> *„Im Hause des Weisen ist ein kostbarer Schatz an Öl; aber ein Tor vergeudet ihn."*
> Sprüche 21,20

- Es ist Sünde, anzuhäufen und zu horten (vgl. Lukas 12,16–21).

Was ist der Unterschied zwischen Sparen und Horten?

- Sparen bedeutet, Geld für angemessene Ziele zur Seite zu legen.
- Horten bedeutet, immer noch weiter zu sammeln, auch wenn diese Ziele schon längst erreicht sind.

Wie kann man es vermeiden zu horten?

- Die eigene Geld-Motivation verstehen.
- Die Frage beantworten: „Wann ist genug genug?"

> *„Wer am Geld hängt, bekommt nie genug davon. Wer Reichtum liebt, will immer noch mehr."*
> Prediger 5,9

38

Zweitens: Es ist Sünde, anzuhäufen und zu horten.

Im letzten Abschnitt haben wir ja bereits über das Gleichnis vom reichen Narren und seiner übervollen Scheune gesprochen (vgl. Lukas 12,16–21).

Diese Bibelstelle lehrt uns, dass es weise ist, für unerwartete Notfälle zu sparen. Dass es aber genauso töricht ist, über unsere Bedürfnisse hinaus anzuhäufen und zu horten.

Was ist also der Unterschied zwischen Sparen und Horten?

Sparen bedeutet, Geld für angemessene Ziele zur Seite zu legen, z. B. für die Altersversorgung, Ausbildung usw.

Horten bedeutet, immer noch weiter zu sammeln, auch wenn diese Ziele schon längst erreicht sind.

Mit anderen Worten: Wir denken vielleicht wie der reiche Narr: *Meine Scheunen sind voll. Ich will mir noch größere bauen. Ich will noch mehr ansammeln, nur um noch mehr zu haben.*

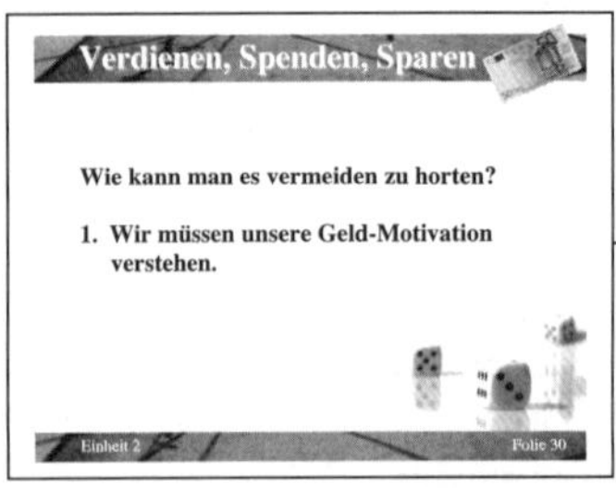

Wie kann man es vermeiden zu horten?

Zum einen müssen wir unsere Geld-Motivation verstehen.

Einige haben zum Beispiel durch die Ergebnisse des „Geld-Motivations-Quiz" – das Sie ebenfalls in den Vorbereitungsunterlagen finden – festgestellt, dass Geld eine gewisse Sicherheit bietet. Demzufolge neigen wir dazu, mehr davon anzusammeln, als wir unbedingt brauchen, „nur um ganz sicherzugehen". Auf der anderen Seite gibt es auch einige Menschen, die eher beziehungsorientiert sind und tendenziell mehr Geld für andere ausgeben, als entsprechend für die Zukunft zu sparen. Diese Personen müssten gegebenenfalls lernen, sich in ihrem Sparverhalten disziplinierter zu verhalten.

Zum anderen können wir Horten vermeiden, indem wir die schwierige, aber zugleich entscheidende Frage beantworten: „Wann ist genug genug?"

NOTIZEN

EINHEIT 2

Der weise Sparer

Der weise Sparer ist ein Mensch, der seine Ersparnisse aufbaut, erhält und mit Vernunft investiert.

Gottes Sicht des Sparens:

- Es ist klug zu sparen.

> *„Im Hause des Weisen ist ein kostbarer Schatz an Öl; aber ein Tor vergeudet ihn."*
> Sprüche 21,20

- Es ist Sünde, anzuhäufen und zu horten (vgl. Lukas 12,16–21).

Was ist der Unterschied zwischen Sparen und Horten?

- Sparen bedeutet, Geld für angemessene Ziele zur Seite zu legen.
- Horten bedeutet, immer noch weiter zu sammeln, auch wenn diese Ziele schon längst erreicht sind.

Wie kann man es vermeiden zu horten?

- Die eigene Geld-Motivation verstehen.
- Die Frage beantworten: „Wann ist genug genug?"

> *„Wer am Geld hängt, bekommt nie genug davon. Wer Reichtum liebt, will immer noch mehr."*
> Prediger 5,9

38

Diese Frage muss letztlich jeder für sich selbst beantworten. Doch Sie können davon ausgehen, dass die Antwort immer folgendermaßen lauten wird, wenn Sie Ihren Besitz mit dem von anderen vergleichen: „Es ist niemals genug."

„Wer am Geld hängt, bekommt nie genug davon. Wer Reichtum liebt, will immer noch mehr" (Prediger 5,9).

Wir wollen uns im Folgenden näher mit unserem Verhältnis zum Geld befassen.

9 MINUTEN

2. Gruppenarbeit: Ihr Verhältnis zum Geld

Teilnehmerhandbuch, Seite 39

Ziel: Die Teilnehmer sollen über ihr Verhältnis zum Geld nachdenken und überlegen, wie sie sich Gottes Sicht in diesem Bereich annähern können.

Anleitung

1. Werfen Sie noch einmal einen Blick auf die Ergebnisse des „Geld-Motivations-Quiz" aus den Vorbereitungsunterlagen, aus denen Ihre Einstellung zum Geld hervorgeht. Falls Sie keine Vorbereitungsunterlagen bekommen oder ausgefüllt haben: Lesen Sie die Sätze im folgenden grau unterlegten Kasten, und kreuzen Sie die Aussage an, die am ehesten auf Sie zutrifft.
2. Sprechen Sie danach mit zwei oder drei anderen Personen über die folgenden Fragestellungen:

   - Welche Aussage beschreibt Ihr Verhältnis zu Geld am besten?
   - Welche praktischen Schritte können Sie unternehmen, um etwas mehr Ausgewogenheit zu bekommen und diesem Einfluss weniger stark zu unterliegen?

Für diese Aufgabe stehen Ihnen 9 Minuten zur Verfügung.

NOTIZEN

VERDIENEN, SPENDEN, SPAREN

Gruppenarbeit: Ihr Verhältnis zum Geld

1. Werfen Sie noch einmal einen Blick auf die Ergebnisse des „Geld-Motivations-Quiz“ aus den Vorbereitungsunterlagen, aus denen Ihre Einstellung zum Geld hervorgeht. Falls Sie keine Vorbereitungsunterlagen bekommen oder ausgefüllt haben: Lesen Sie die Sätze im folgenden grau unterlegten Kasten, und kreuzen Sie die Aussage an, die am ehesten auf Sie zutrifft.

„Geld ist mir wichtig, denn es ermöglicht mir …“

- ☐ „… Freiheit. Unabhängigkeit ist mir wichtig. Wenn ich Geld habe, kann ich machen, was ich will.“
- ☐ „… Sicherheit. Stabilität ist mir wichtig. Geld zu haben heißt, vor den Unwägbarkeiten des Lebens geschützt zu sein.“
- ☐ „… Macht. Erfolg ist mir wichtig. Geld zu haben bedeutet, dass ich alles kontrollieren kann.“
- ☐ „… Liebe. Beziehungen sind mir wichtig. Mit Geld habe ich die Mittel, um anderen gegenüber meine Liebe zum Ausdruck zu bringen.“

2. Sprechen Sie danach mit zwei oder drei anderen Personen über die folgenden Fragestellungen:

- Welche Aussage beschreibt Ihr Verhältnis zu Geld am besten?
- Welche praktischen Schritte können Sie unternehmen, um etwas mehr Ausgewogenheit zu bekommen und diesem Einfluss weniger stark zu unterliegen?

39

„Geld ist mir wichtig, denn es ermöglicht mir ..."

- [ ] „... Freiheit. Unabhängigkeit ist mir wichtig. Wenn ich Geld habe, kann ich machen, was ich will."
- [ ] „... Sicherheit. Stabilität ist mir wichtig. Geld zu haben heißt, vor den Unwägbarkeiten des Lebens geschützt zu sein."
- [ ] „... Macht. Erfolg ist mir wichtig. Geld zu haben bedeutet, dass ich alles kontrollieren kann."
- [ ] „... Liebe. Beziehungen sind mir wichtig. Mit Geld habe ich die Mittel, um anderen gegenüber meine Liebe zum Ausdruck zu bringen."

Rufen Sie die Gruppe nach 9 Minuten wieder zusammen.

1 MINUTE

Zusammenfassung

In welcher Hinsicht wurden Sie durch Ihr Verhältnis zum Geld beeinflusst?

Greifen Sie zwei bis drei Antworten aus der Gruppe auf. Wiederholen Sie ggf. die Antworten, damit jeder sie hören kann.

Mögliche Antworten:

- „Mein Verhältnis zum Geld lässt sich am besten durch den Begriff ‚Sicherheit' beschreiben. Bei mir zeigt sich das daran, dass ich mir viele Sorgen mache, ich könnte nicht genug haben, obwohl Gott es bislang sehr gut mit uns gemeint hat und wir alles haben, was wir brauchen. Ich sollte mir deshalb ins Gedächtnis rufen, dass ..."
- „Mir ist Liebe wichtig. Ich kaufe meinen Kindern viele Dinge, um ihnen zu zeigen, wie sehr ich sie liebe."
- „Mir verleiht Geld das Gefühl von Macht. Ich bin eher der herrschsüchtige Typ. Wenn ich für andere etwas kaufe, bin ich der Meinung, dass sie mir etwas schulden. Ich möchte noch mehr Geld haben, denn es verleiht mir die Macht, Menschen und Dinge zu kontrollieren."

NOTIZEN

VERDIENEN, SPENDEN, SPAREN

Gruppenarbeit: Ihr Verhältnis zum Geld

1. Werfen Sie noch einmal einen Blick auf die Ergebnisse des „Geld-Motivations-Quiz“ aus den Vorbereitungsunterlagen, aus denen Ihre Einstellung zum Geld hervorgeht. Falls Sie keine Vorbereitungsunterlagen bekommen oder ausgefüllt haben: Lesen Sie die Sätze im folgenden grau unterlegten Kasten, und kreuzen Sie die Aussage an, die am ehesten auf Sie zutrifft.

„Geld ist mir wichtig, denn es ermöglicht mir …“

- ☐ „… Freiheit. Unabhängigkeit ist mir wichtig. Wenn ich Geld habe, kann ich machen, was ich will.“
- ☐ „… Sicherheit. Stabilität ist mir wichtig. Geld zu haben heißt, vor den Unwägbarkeiten des Lebens geschützt zu sein.“
- ☐ „… Macht. Erfolg ist mir wichtig. Geld zu haben bedeutet, dass ich alles kontrollieren kann.“
- ☐ „… Liebe. Beziehungen sind mir wichtig. Mit Geld habe ich die Mittel, um anderen gegenüber meine Liebe zum Ausdruck zu bringen.“

2. Sprechen Sie danach mit zwei oder drei anderen Personen über die folgenden Fragestellungen:

- Welche Aussage beschreibt Ihr Verhältnis zu Geld am besten?
- Welche praktischen Schritte können Sie unternehmen, um etwas mehr Ausgewogenheit zu bekommen und diesem Einfluss weniger stark zu unterliegen?

39

Wir haben gesehen, dass Geld unser Leben in vielfacher Weise beeinflusst. Und es beeinflusst auch unser Verständnis davon, was es heißt, ein „weiser Sparer" zu sein. In der nächsten Einheit werden wir uns daher weiter mit dem Thema „Sparen" beschäftigen.

III. ZUSAMMENFASSUNG

Wir sind am Ende von Einheit 2 angekommen und haben im Umgang mit Geld zwei mögliche Verhaltensweisen kennen gelernt: Verdienen und Geben bzw. Spenden. Wir haben auch angefangen, uns über den dritten Bereich auszutauschen: das Sparen.

In der nächsten Einheit werden wir sehen, welche praktischen Tipps es zum Sparen gibt, und gemeinsam das Thema „Schulden" erarbeiten.

Pause bzw. Abschluss.

SPAREN UND SCHULDEN

UNTER DER LUPE

Zielsetzung

In Einheit 3 werden die Kursteilnehmer …

1. … die Kategorie „Sparen“ auf ihrem Budget-Arbeitsblatt ausfüllen.

2. … darüber nachdenken, welche Art von Schuldner sie sind.

3. … konkrete Schritte zu einem besseren Umgang mit ihrer Kreditkarte/ihrer ec-Karte festlegen.
4. … den Bereich „Schulden“ auf ihrem Budget-Arbeitsblatt ausfüllen.

ABLAUF

AUF EINEN BLICK

Ablauf

I. Einleitung

II. Entdeckungsreise

   A. Praktische Tipps zum Sparen

      1. Der Vorteil des Sparens

      2. Drei Sparziele

      3. Einzelübung: Budget

      4. Der Stellenwert der vier Sparziele

   B. Schulden

      1. Video: Der Schuldner von nebenan

      2. Die gesellschaftlichen Zwänge und die Sichtweise Gottes

      3. Praktische Hinweise zu Schulden

      4. Einzelübung: Konsumentenkredite

      5. Konsumentenkredite und Kreditrückzahlung

      6. Einzelübung: Budget

III. Zusammenfassung

   1. Video: Aus der Schuldenfalle

SPAREN UND SCHULDEN

ZEIT & MEDIEN

INHALT

I. EINLEITUNG

1 MINUTE

Teilnehmerhandbuch, Seite 42

In der letzten Einheit sprachen wir darüber, welche Art von Sparer wir werden. In dieser Einheit werden wir nun das Thema „Sparen“ abschließen und die Kategorie „Sparen“ auf dem Budget-Arbeitsblatt ausfüllen. Danach werden wir über das Thema „Schulden“ sprechen und darüber, welche Art von Schuldner wir werden wollen. Daneben geht es um unseren Umgang mit Konsumentenkrediten. Und schließlich wenden wir uns noch dem Punkt „Schuldentilgung“ auf unserem Budget-Arbeitsblatt zu.

Schlagen Sie bitte Seite 42 Ihres Teilnehmerbuches auf.

II. ENTDECKUNGSREISE (45 Minuten)

A. Praktische Tipps zum Sparen

Teilnehmerhandbuch, Seite 42

Wir wollen uns nun praktischen Tipps zum Sparen zuwenden. Hier ist es zunächst einmal wichtig, den Begriff „Ersparnisse“ zu definieren.

Ersparnisse sind Geld, das man behält.

NOTIZEN

EINHEIT 3:
SPAREN UND SCHULDEN

Zielsetzung

In Einheit 3 werden Sie …

1. … die Kategorie „Sparen" auf Ihrem Budget-Arbeitsblatt ausfüllen.
2. … darüber nachdenken, welche Art von Schuldner Sie sind.
3. … konkrete Schritte zu einem besseren Umgang mit Ihrer Kreditkarte/ Ihrer ec-Karte festlegen.
4. … den Bereich „Schulden" auf Ihrem Budget-Arbeitsblatt ausfüllen.

41

EINHEIT 3

Praktische Tipps zum Sparen

Ersparnisse:

- Geld, das man behält.
- Nicht etwa Geld, das verloren ist oder das wir aufgegeben haben.
- In die Zukunft verschobenes Geld-Ausgeben.

Der Vorteil des Sparens

- Ein großer Vorteil des Sparens liegt darin, dass wir den Zinseszins für uns arbeiten lassen.
- Zinseszins lässt sich definieren als der Zinsgewinn aus dem Zinsgewinn aus den Zinsen.

Beispiel für den Zinseszins

Jahr	angelegtes Geld	Zinssatz	Zinsgewinn	Summe
1	100 Euro	10 %	10 Euro	110 Euro
2	110 Euro	10 %	11 Euro	121 Euro

Der zusätzliche Euro ist der Zinseszins.

42

Sie gehen zum Beispiel einkaufen und sehen im Schaufenster einen Pulli, der von 65 Euro auf 40 Euro herabgesetzt wurde. Nun „sparen“ Sie aber nicht etwa 25 Euro, wenn Sie ihn kaufen, sondern Sie *geben* 40 Euro *aus*. Wenn Sie das nächste Mal zu einem Schaufenster kommen und in großen Lettern darauf steht: „Greifen Sie jetzt zu und sparen Sie 50 %!“, könnten Sie sagen: „Nein, danke! Ich werde diese Hose *jetzt nicht kaufen* und damit sogar 100 Prozent sparen!“

Ersparnisse sind nicht etwa Geld, das verloren ist oder das wir aufgegeben haben. Sparen ist im Grunde auch ein Geld-Ausgeben, aber ein in die Zukunft verschobenes Geld-Ausgeben.

4 MINUTEN

1. Der Vorteil des Sparens

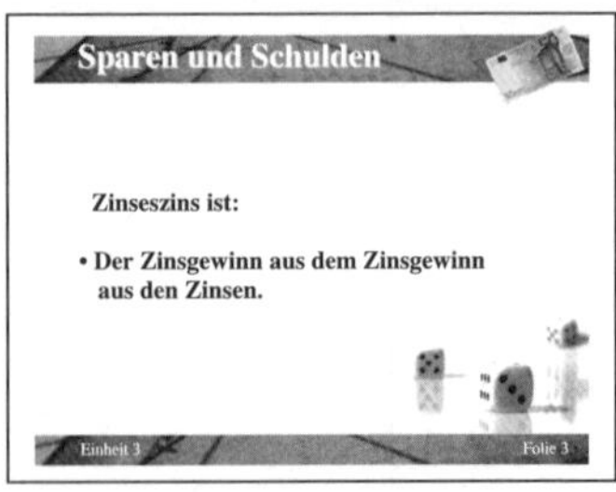

Ein großer Vorteil des Sparens liegt darin, dass wir den Zinseszins für uns arbeiten lassen. Zinseszins lässt sich definieren als der Zinsgewinn aus dem Zinsgewinn aus den Zinsen.

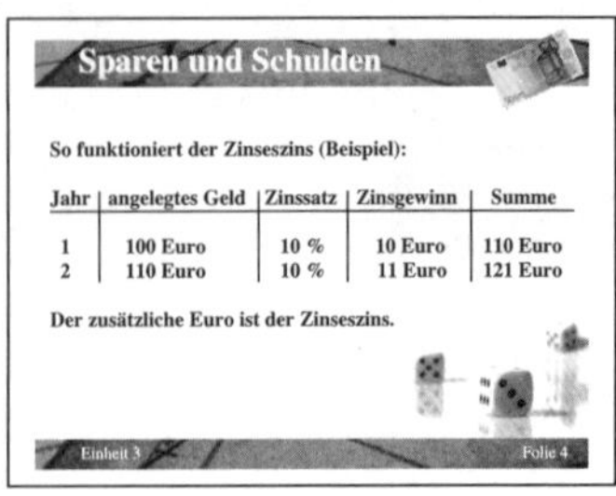

Der Zinseszins funktioniert folgendermaßen: Wer drei Jahre lang 50 Euro anlegt, bekommt nicht nur drei Jahre lang 5,2 Prozent Zinsen auf diese 50 Euro, sondern jedes Jahr wird der Zinsgewinn des Vorjahres zur Grundsumme dazugezählt. Und dies wird dann als neue, höhere Summe wieder zu 5,2 Prozent neu verzinst. Das funktioniert aber nur, wenn man das Geld länger fest anlegt und sich den Zinsgewinn nicht jedes Mal auszahlen lässt.

Jahr	angelegtes Geld	Zinssatz	Zinsgewinn	Summe
1	100 Euro	10 %	10 Euro	110 Euro
2	110 Euro	10 %	11 Euro	121 Euro

Der zusätzliche Euro ist der Zinseszins.

Teilnehmerhandbuch, Seite 43

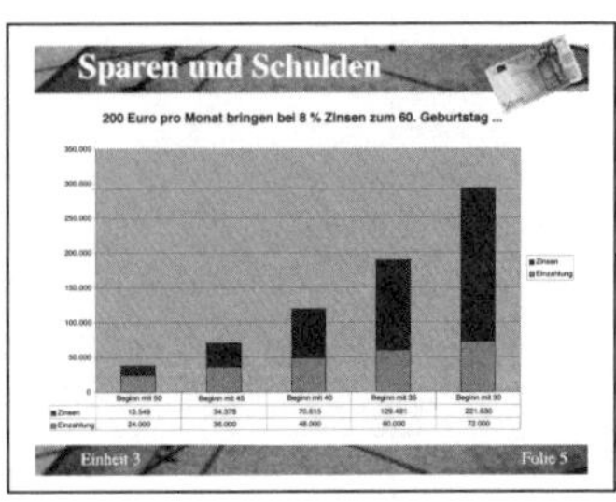

Dahinter verbirgt sich ein unglaublich kraftvolles Konzept. In dieser Tabelle können wir die Auswirkungen des Zinseszins auf Jahre hinaus ablesen.

Die Tabelle zeigt das Wachstum der Zinsen samt Zinseszinsen, wenn wir z. B. über einen Zeitraum von 20 Jahren 200 Euro pro Monat bei 8 % Zinsen sparen. Vergleichen Sie einmal die Sparraten, wenn Sie im Alter von 30 beginnen (rechte Säule), mit denen im Alter von 50 Jahren (linke Säule). Der Sockel stellt dabei die Einzahlung dar, z. B. 2.400 Euro pro Jahr. Wenn Sie erst mit 50 Jahren anfangen zu sparen, ergibt dies zu Ihrem 60. Geburtstag einen Einzahlungsbetrag von 24.000 Euro. Die gesamte Säule stellt dann den Betrag dar, der Ihnen an Ihrem 60. Geburtstag zur Verfügung steht, nämlich 37.549 Euro. Der Differenzbetrag zwischen den beiden, nämlich der obere Teil der Säule, ist der, den wir durch den Zinseszins gewonnen haben, in diesem Fall 13.549 Euro.

NOTIZEN

EINHEIT 3

Praktische Tipps zum Sparen

Ersparnisse:

- Geld, das man behält.
- Nicht etwa Geld, das verloren ist oder das wir aufgegeben haben.
- In die Zukunft verschobenes Geld-Ausgeben.

Der Vorteil des Sparens

- Ein großer Vorteil des Sparens liegt darin, dass wir den Zinseszins für uns arbeiten lassen.
- Zinseszins lässt sich definieren als der Zinsgewinn aus dem Zinsgewinn aus den Zinsen.

Beispiel für den Zinseszins

Jahr	angelegtes Geld	Zinssatz	Zinsgewinn	Summe
1	100 Euro	10 %	10 Euro	110 Euro
2	110 Euro	10 %	11 Euro	121 Euro

Der zusätzliche Euro ist der Zinseszins.

42

SPAREN UND SCHULDEN

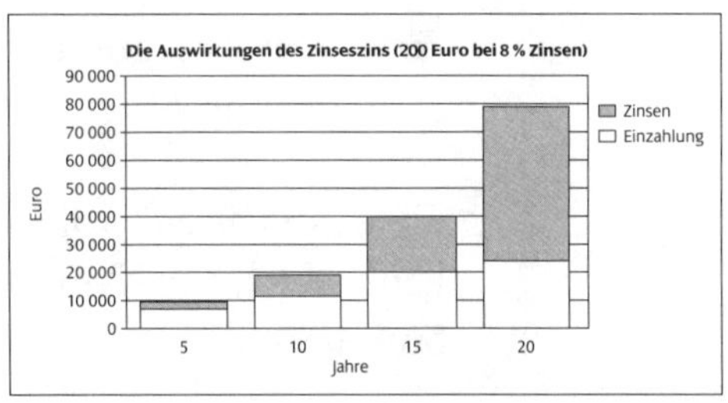

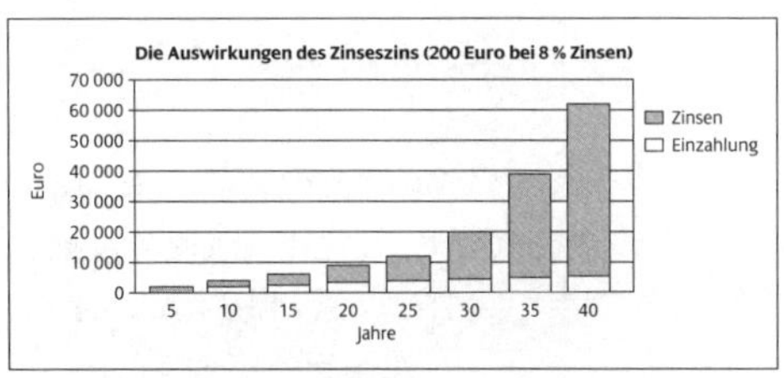

Die Frucht des Geistes, die Sie hier brauchen, ist Geduld.

Der Ansammlungseffekt kleiner Dinge über einen längeren Zeitraum ist sehr groß!

43

Vielleicht sind einige von Ihnen nicht mehr allzu weit vom Rentenalter entfernt. Aber selbst wenn es nur noch zehn Jahre bis dahin sind, würden Sie immerhin noch fast 40.000 Euro ansammeln können, wenn Sie jeden Monat 200 Euro sparten. Zum anderen macht es angesichts einer durchschnittlichen Lebenserwartung von 87 Jahren immer noch Sinn, in den mittleren oder selbst noch in den späteren Jahren mit dem Sparen zu beginnen.

Wenn Sie erst 20 oder 30 sind, würde ich Ihnen umso mehr dazu raten. Sie können an diesem Schaubild ablesen, dass sich beispielsweise 72.000 Euro angesammelt haben würden, wenn Sie ab Ihrem 30. Lebensjahr über einen Zeitraum von weiteren 30 Jahren 200 Euro monatlich sparen würden. Sie hätten dann einschließlich der Zinsen und Zinseszinsen an Ihrem 60. Geburtstag 221.630 Euro angespart.

Hier gilt es zu beachten, dass die Sparrate beim Zinseszins zwar recht langsam anfängt, mit der Zeit aber schnell anwächst.

Die Frucht des Geistes, die Sie hier brauchen, ist Geduld.

Die Zeit ist dabei Ihr größter Verbündeter. Sie lässt das Geld für Sie arbeiten und bringt Ihnen Zinsen und Zinseszinsen. Es gibt keinen besseren Zeitpunkt als jetzt, um mit dem Sparen anzufangen und das Geld in Form von Zins und Zinseszins für Sie arbeiten zu lassen – 24 Stunden am Tag, 7 Tage die Woche und 365 Tage im Jahr.

Hier noch ein weiterer Gedanke:

Der Ansammlungseffekt kleiner Dinge über einen längeren Zeitraum ist sehr groß!

Genauso wie ein tropfender Hahn einen Eimer innerhalb eines Tages füllen kann, wächst im Laufe der Zeit der Zins samt Zinseszins zu einer beträchtlichen Summe an.

Falls genügend Zeit besteht, können Sie diesen kumulativen Aspekt vertiefen und betrachten, wie er sich auch auf andere Lebensbereiche auswirkt. Zum Beispiel kann sich eine kurze Notiz, die man jeden Tag an jemanden schreibt, auf mehrere Hundert Notizen im Jahr summieren. Ein klein wenig sportliche Betätigung pro Tag hat bereits einen immensen Einfluss auf die Gesundheit und unser Wohlbefinden.

NOTIZEN

SPAREN UND SCHULDEN

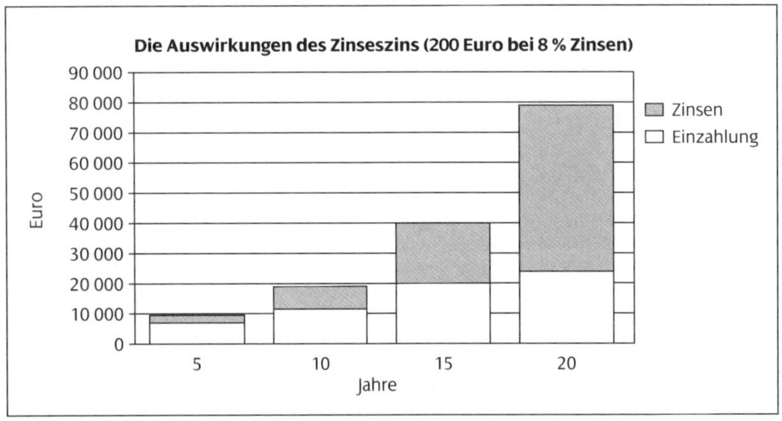

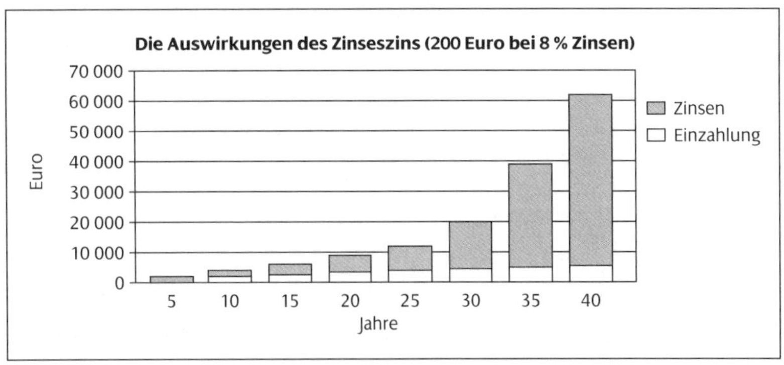

Die Frucht des Geistes, die Sie hier brauchen, ist Geduld.

Der Ansammlungseffekt kleiner Dinge über einen längeren Zeitraum ist sehr groß!

43

Wir haben also gesehen, dass der Zinseszins ein mächtiger Verbündeter sein kann. Daher wollen wir uns nun den verschiedenen Sparzielen zuwenden.

Schlagen Sie bitte Seite 44 in Ihrem Teilnehmerbuch auf.

2. Drei Sparziele

Teilnehmerhandbuch, Seite 44

Sparziele fallen in drei Kategorien und sollten in der folgenden Reihenfolge verfolgt werden: Sparen für Notfälle/Unvorhergesehenes, Sparen für Ersatzanschaffungen, Sparen für langfristige Ziele.

Das Sparen für Notfälle/Unvorhergesehenes dient als Vorsorge für nicht vorhersehbare Notfälle.

Dazu gehören Dinge wie plötzliche Arbeitslosigkeit oder eine schwerwiegende Erkrankung.

Es empfiehlt sich, eine Summe anzusparen, die die Ausgaben für die Lebenshaltungskosten (Wohnen, Lebensmittel, Fahrtkosten) für drei Monate deckt. Es sollte sich dabei um ein Konto handeln, auf das man ohne Zeitverzug und formelle Probleme zugreifen kann.

Beim Sparen für Ersatzanschaffungen geht es um größere zu erwartende Ausgaben.

Man weiß, dass bestimmte Ausgaben zu erwarten sind, man kann auch die Höhe der Kosten abschätzen, aber vielleicht noch nicht den Zeitpunkt (Beispiele sind: Haushaltsgeräte, Autokauf, Reparaturen am Haus wie bspw. ein neues Dach, Renovierung [z. B. neuer Teppichboden].)

Alternativ zum häufig zu niedrig verzinsten Sparbuch empfehlen sich Tagesgelder, Festgelder und festverzinsliche Wertpapiere, da die Kosten der genannten Anschaffungen schon eher zu berechnen sind.

Wenn Sie mit dem Sparen beginnen, sollten Sie Ihre Sparbemühungen für Notfälle verdoppeln, da für Notfälle und Ersatzanschaffungen gespart werden muss und eine benötigte Sache zum Notfall werden kann, wenn noch kein Sparguthaben für Ersatzanschaffungen vorhanden ist. Aber sobald das Sparguthaben für Notfälle und Unvorhergesehenes zur Verfügung steht, können Sie anfangen, gezielt für Ersatzanschaffungen zu sparen.

NOTIZEN

EINHEIT 3

Drei Sparziele

Das Sparen für Notfälle/Unvorhergesehenes:

- Dient als Vorsorge für nicht vorhersehbare Notfälle.
- Es empfiehlt sich, eine Summe anzusparen, die die Ausgaben für die Lebenshaltungskosten (Wohnen, Lebensmittel, Fahrtkosten) für drei Monate deckt.
- Es sollte sich dabei um ein Konto handeln, auf das man ohne Zeitverzug und formelle Probleme zugreifen kann.

Das Sparen für Ersatzanschaffungen:

- Bezieht sich auf größere zu erwartende Ausgaben.
- Alternativ zum häufig zu niedrig verzinsten Sparbuch empfehlen sich Tagesgelder, Festgelder und festverzinsliche Wertpapiere, da die Kosten der genannten Anschaffungen schon eher zu berechnen sind.

Das Sparen für langfristige Ziele:

- Bezieht sich auf Kosten, die erst in 10 oder 20 Jahren oder noch später anfallen werden.
- Falls vom Arbeitgeber Pensionsmodelle angeboten werden, sollten diese nach Möglichkeit genutzt werden.

44

Langfristiges Sparen bezieht sich auf Kosten, die erst in 10 oder 20 Jahren oder noch später anfallen werden (Beispiel: private Altersvorsorge, Ausbildungskosten der Kinder). Falls vom Arbeitgeber Pensionsmodelle angeboten werden, sollten diese nach Möglichkeit genutzt werden.

Vor allem, wenn diese wie bei der Riester-Rente steuerlich gefördert werden. Dies ist vor allem für Kleinverdiener, Arbeitslose und Hartz-IV-Empfänger interessant, da diese Bemühungen vom Staat bezuschusst werden. Darüber hinaus sollten Sie auch die Möglichkeit von Vermögenswirksamen Leistungen nutzen, einer Geldleistung, die direkt vom Arbeitgeber auf das vom Arbeitnehmer benannte Anlagekonto überwiesen und unter bestimmten Bedingungen mit einer Arbeitnehmersparzulage vom Staat gefördert wird.

Wie hoch die Summe ist, die Sie anlegen wollen, hängt von unterschiedlichen Umständen ab, aber die genannten Möglichkeiten eignen sich in der Regel gut zum langfristigen Sparen unter Nutzung steuerlicher Begünstigungen und Beiträge vom Arbeitgeber.

7 MINUTEN

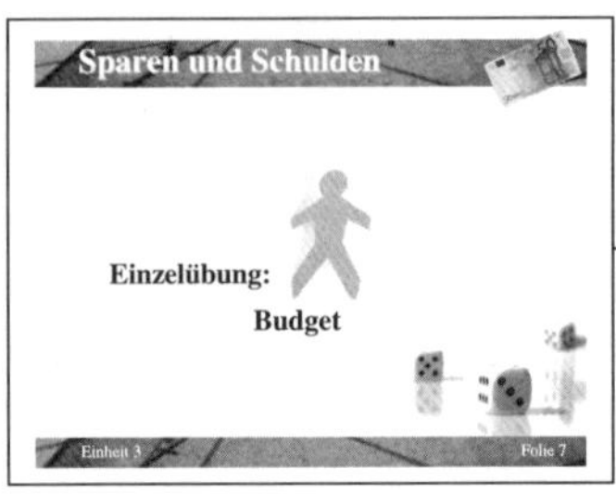

3. *Einzelübung: Budget*

Teilnehmerhandbuch, Seite 45

Ziel: Die Teilnehmer sollen sich ein kurzfristiges Sparziel setzen.

Anleitungen

1. Berechnen Sie, wie hoch die Summe auf Ihrem persönlichen Not-Sparkonto mindestens sein muss. Wie viel brauchen Sie in einem Drei-Monatszeitraum mindestens für Wohnen, Leben und Fahrtkosten?
2. Denken Sie über Ihre heutige finanzielle Situation nach. Setzen Sie sich ein kurzfristiges Ziel, wie Sie ein Not-Sparkonto anlegen werden. Falls Sie ein solches Konto bereits besitzen, sollten Sie über mittelfristige oder langfristige Sparpläne nachdenken.
3. Füllen Sie die Rubrik „Sparen“ auf dem Budget-Arbeitsblatt aus.

Dafür haben Sie nun 7 Minuten Zeit.

Rufen Sie die Gruppe nach 7 Minuten wieder zusammen.

Sie haben sich nun ein Sparziel erarbeitet. In den nun folgenden Abschnitten werden Sie erfahren, wie Sie dieses Ziel erreichen können.

Schlagen Sie bitte Seite 46 in Ihrem Teilnehmerbuch auf.

NOTIZEN

EINHEIT 3

Drei Sparziele

Das Sparen für Notfälle/Unvorhergesehenes:

- Dient als Vorsorge für nicht vorhersehbare Notfälle.
- Es empfiehlt sich, eine Summe anzusparen, die die Ausgaben für die Lebenshaltungskosten (Wohnen, Lebensmittel, Fahrtkosten) für drei Monate deckt.
- Es sollte sich dabei um ein Konto handeln, auf das man ohne Zeitverzug und formelle Probleme zugreifen kann.

Das Sparen für Ersatzanschaffungen:

- Bezieht sich auf größere zu erwartende Ausgaben.
- Alternativ zum häufig zu niedrig verzinsten Sparbuch empfehlen sich Tagesgelder, Festgelder und festverzinsliche Wertpapiere, da die Kosten der genannten Anschaffungen schon eher zu berechnen sind.

Das Sparen für langfristige Ziele:

- Bezieht sich auf Kosten, die erst in 10 oder 20 Jahren oder noch später anfallen werden.
- Falls vom Arbeitgeber Pensionsmodelle angeboten werden, sollten diese nach Möglichkeit genutzt werden.

44

SPAREN UND SCHULDEN

Einzelübung: Budget

1. Berechnen Sie, wie hoch die Summe auf Ihrem persönlichen Not-Sparkonto mindestens sein muss. Wie viel brauchen Sie in einem Drei-Monatszeitraum mindestens für Wohnen, Leben und Fahrtkosten?
2. Denken Sie über Ihre heutige finanzielle Situation nach. Setzen Sie sich ein kurzfristiges Ziel, wie Sie ein Not-Sparkonto anlegen werden. Falls Sie ein solches Konto bereits besitzen, sollten Sie über mittelfristige oder langfristige Sparpläne nachdenken.
3. Füllen Sie die Rubrik „Sparen“ auf dem Budget-Arbeitsblatt aus.

45

4 MINUTEN

4. Der Stellenwert der vier Sparziele

Teilnehmerhandbuch, Seite 46

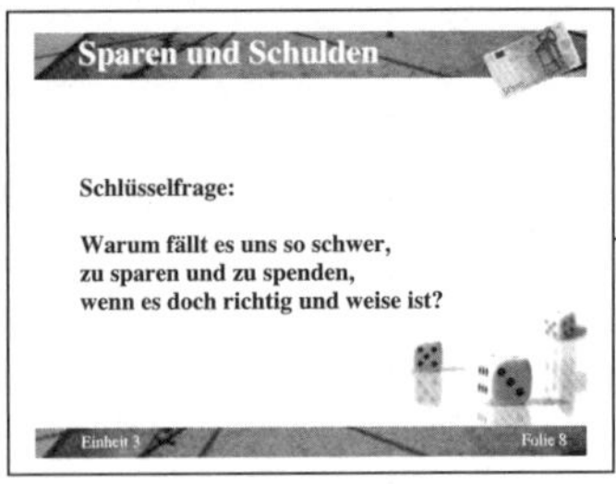

Noch ein paar Gedanken zum Geben und Sparen.

Die entscheidende Frage lautet: Warum fällt es uns so schwer, zu sparen und zu spenden, wenn es doch richtig und weise ist?

Warum geht es uns oft so wie Paulus, der sich darüber beklagt: „Ich verstehe ja selber nicht, was ich tue. Das Gute, das ich mir vornehme, tue ich nicht; aber was ich verabscheue, das tue ich“ (Römer 7,15; Hoffnung für alle). Unsere Probleme in diesem Bereich sind sicher zum Teil darauf zurückzuführen, welchen Stellenwert wir den vier Sparzielen beimessen.

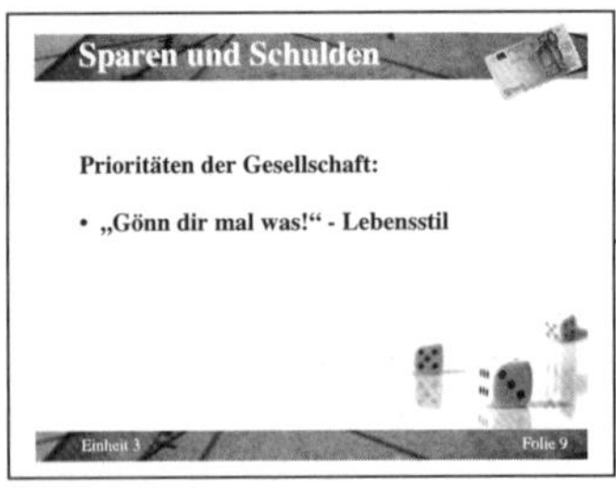

Prioritäten der Gesellschaft

Die in den Augen unserer Gesellschaft „normale“ Reihenfolge besteht darin, das Geld zuerst für den eigenen Lebensstil zu verwenden – nach der Devise: „Gönn dir mal was!“

Wir denken normalerweise: *Das verdiene ich pro Jahr – wo würde ich gerne wohnen? Welches Auto würde ich gerne fahren? Was würde ich gerne in meiner Freizeit tun? Welche Klamotten würde ich gerne tragen?* Wenn wir uns zunächst und in erster Linie mit Fragen unseres Lebensstils beschäftigen – und unsere Gesellschaft tut alles, damit wir dies auch tun –, werden wir auch unser ganzes Einkommen für diese Dinge verwenden.

Wenn wir unser ganzes Einkommen für unseren Lebensstil verwenden, werden wir uns am Ende in Schulden verstricken.

Vielleicht sagen Sie, dass Sie kein luxuriöses Leben führen, sondern nur gerade so viel ausgeben, wie Sie auch verdienen. Dass Sie nicht einen Cent mehr ausgeben, als Ihnen zur Verfügung steht. Aber Sie haben auch nichts auf die hohe Kante gelegt. Wenn also die erste unerwartete Ausgabe fällig ist – wenn Ihr Auto zum Beispiel den Geist aufgibt –, müssen Sie einen Kredit aufnehmen und die Schuldenspirale beginnt sich zu drehen.

Als Nächstes folgt in der Rangordnung unserer Gesellschaft das Sparen. Aber nun haben wir schon genug damit zu tun, unsere Schulden abzubezahlen, und so fällt es uns schwer, unseren Lebensstandard aufrechtzuerhalten.

NOTIZEN

EINHEIT 3

Der Stellenwert der vier Sparziele

Schlüsselfrage: Warum fällt es uns so schwer, zu sparen und zu spenden, wenn es doch richtig und weise ist?

Prioritäten der Gesellschaft:

- Lebensstil
- Schulden
- Sparen
- Geben

Gottes Prioritäten:

- Geben/Spenden
- Sparen
- Lebensstil

Übergangs-Reihenfolge:

- Geben/Spenden: „ein kleines bisschen"
- Sparen: etwas
- Schulden: „So viel, wie möglich ist!" zurückzahlen
- Lebensstil: spartanisch

46

Auch wenn wir wissen, dass es weise ist, zu sparen, sparen wir doch nur sehr wenig oder überhaupt nichts.

An letzter Stelle steht schließlich das Geben bzw. Spenden.

Auch wenn wir eigentlich gerne etwas geben würden, es ist einfach nichts übrig geblieben.

Wie sieht demgegenüber die Reihenfolge im Umgang mit dem Geld aus, die Gottes Sichtweise der Finanzen entspricht?

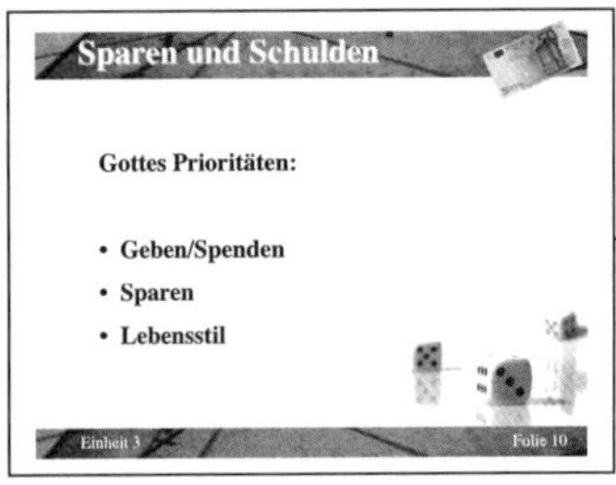

Gottes Prioritäten

Gottes Reihenfolge ist Geben/Spenden, Sparen und erst dann der eigene Lebensstil.

Zunächst entscheiden wir, wie viel wir geben wollen. Das ist der erste Betrag, den wir jeden Monat beiseite legen.

Danach beschließen wir, wie viel wir sparen wollen. Und so „zwacken" wir diesen Betrag ebenfalls gleich von vornherein ab.

Die einfachste Möglichkeit, dies zu tun, besteht darin, den Sparbetrag jeden Monat direkt vom Girokonto aufs Sparkonto buchen zu lassen.

Erst jetzt entscheiden wir, wo wir es uns leisten können zu wohnen, welches Auto wir uns leisten können, wie viel wir für Kleider und Freizeitaktivitäten ausgeben wollen usw.

Wenn wir diese Rangordnung im Umgang mit unseren Finanzen beachten, wird es keinen vierten Posten auf der Liste geben (ausgenommen vielleicht Hypothekenschulden). Wir werden keine Konsumentenkredite haben, weil wir für den Notfall und Unvorhergesehenes gespart haben.

Vielleicht schauen Sie sich jetzt die Liste an und sagen sich: „Aber ich sitze bereits in der Schuldenfalle. Was kann ich denn tun? Wie schaffe ich es denn, mit meinem Geld in der richtigen Art und Weise umzugehen?" Für diesen Fall gibt es für Sie noch eine Übergangs-Reihenfolge.

NOTIZEN

EINHEIT 3

Der Stellenwert der vier Sparziele

Schlüsselfrage: Warum fällt es uns so schwer, zu sparen und zu spenden, wenn es doch richtig und weise ist?

Prioritäten der Gesellschaft:

- Lebensstil
- Schulden
- Sparen
- Geben

Gottes Prioritäten:

- Geben/Spenden
- Sparen
- Lebensstil

Übergangs-Reihenfolge:

- Geben/Spenden: „ein kleines bisschen"
- Sparen: etwas
- Schulden: „So viel, wie möglich ist!" zurückzahlen
- Lebensstil: spartanisch

46

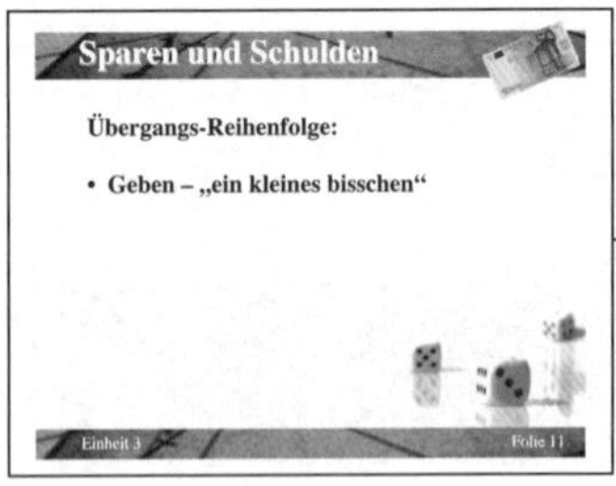

Übergangs-Reihenfolge

Erstens: Räumen Sie dem Geben/Spenden Vorrang ein. In der Übergangsphase lautet das Wort, das das Geben beschreibt, „ein kleines bisschen“.

Im Abschnitt über das Geben/Spenden haben wir bereits gesehen, dass es keine Ausrede gibt, nichts zu geben. In dieser Phase mag es vielleicht nicht ganz so viel sein, aber es sollte doch wenigstens *„ein kleines bisschen“* sein. Ein kleines bisschen aus Dankbarkeit für das, was wir besitzen, und nicht Unzufriedenheit über das, was wir nicht haben.

Zweitens: Fangen Sie an, *etwas* zu sparen.

Solange wir Schulden haben, mag das nicht sehr viel sein. Unsere oberste Priorität sollte darin bestehen, unsere Schulden so schnell wie möglich zurückzuzahlen, aber gleichzeitig sollten wir damit anfangen, etwas zu sparen. Fangen Sie jetzt damit an, regelmäßig kleine Beträge zu sparen! Wenn Sie für Notfälle sparen, vermeiden Sie es, künftig noch einmal in die Schuldenfalle zu tappen.

Drittens: Zahlen Sie Ihre Schulden zurück. Und in Bezug auf die Schuldentilgung gilt hier: „So viel, wie möglich ist!“

Wir müssen den größtmöglichen Betrag zurückzahlen, damit wir so schnell wie möglich unsere Schulden loswerden. Mehr dazu gleich!

Den letzten Stellenwert nimmt unser Lebensstil ein. Dieser sollte in der Übergangs-Reihenfolge eher „spartanisch“ sein.

Mit „spartanisch“ ist gemeint, dass wir kurzfristig drastische Maßnahmen ergreifen, um unsere Lebenshaltungskosten zu reduzieren, um wiederum den Betrag zu maximieren, den wir für die Schuldentilgung aufbringen. Nehmen wir zum Beispiel unsere Ausgaben für Freizeitaktivitäten wie ins Kino oder essen gehen. Hier könnten wir stattdessen beispielsweise für einen geringen Betrag ein Video oder sogar kostenlos einen Film in der Bibliothek ausleihen. Ein Spaziergang im Park oder ein Spieleabend mit Freunden kann hier an die Stelle kostenintensiverer Aktivitäten treten. Als positiver Nebeneffekt vertiefen wir die Beziehungen zu anderen und haben obendrein Geld zur Schuldentilgung zur Verfügung.

Dennoch sollten Sie immer wieder einen kleinen Betrag für „Luxus“ zur Seite legen, da man einen spartanischen Lebensstil sonst erfahrungsgemäß nicht über einen längeren Zeitraum durchhält.

NOTIZEN

EINHEIT 3

Der Stellenwert der vier Sparziele

Schlüsselfrage: Warum fällt es uns so schwer, zu sparen und zu spenden, wenn es doch richtig und weise ist?

Prioritäten der Gesellschaft:

- Lebensstil
- Schulden
- Sparen
- Geben

Gottes Prioritäten:

- Geben/Spenden
- Sparen
- Lebensstil

Übergangs-Reihenfolge:

- Geben/Spenden: „ein kleines bisschen“
- Sparen: etwas
- Schulden: „So viel, wie möglich ist!“ zurückzahlen
- Lebensstil: spartanisch

46

Genauso halten wir es mit den Ausgaben für Kleidung. Anstatt Hunderte von Euros für die neueste Mode auszugeben, nehmen wir uns vor, nur das Notwendigste zu kaufen und auf die Kleidung in unserem Kleiderschrank zurückzugreifen, die noch aus dem letzten Jahr stammt.

Ein spartanischer Lebensstil beinhaltet, dass wir alle Kategorien des Budget-Arbeitsblattes unter die Lupe nehmen und uns jeden möglichen Bereich vornehmen, in dem kurzfristige Einschränkungen möglich sind, um einen großen Schritt in Richtung Schuldentilgung zu gehen. In Einheit 4 werden hierzu noch weitere Möglichkeiten aufgezeigt werden.

Heute soll es zunächst noch um den dritten genannten Aspekt gehen: Schuldentilgung oder: „So viel, wie möglich ist!"

4 MINUTEN

B. Schulden

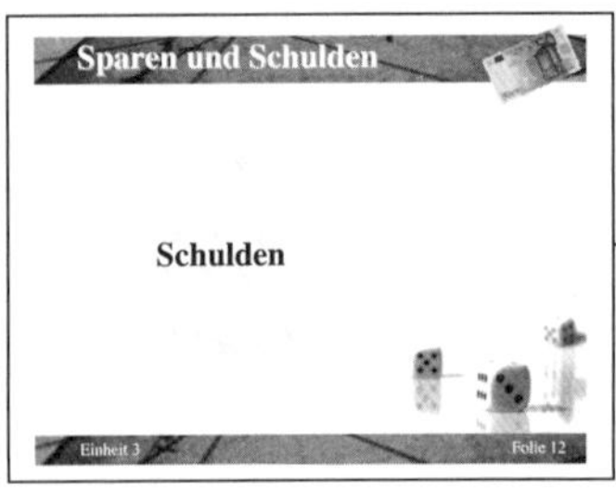

Teilnehmerhandbuch, Seite 47

Schulden sind der vierte große Finanzbereich. Wie in den anderen Bereichen geht es auch hier um mehr als nur um die Finanzen. Es geht darum, wer Sie *sind* und welche Art Schuldner Sie *werden*.

Wir werden uns jetzt einen kurzen Videoausschnitt anschauen und sehen, was der Durchschnittsbürger in den USA zum Thema „Schulden" zu sagen hat.

3 MINUTEN

1. Video: Der Schuldner von nebenan

Zeigen Sie den Videoausschnitt: Der Schuldner von nebenan

2 MINUTEN

Zusammenfassung
Welche grundlegenden Aussagen zum Thema „Schulden" wurden in dem Videoausschnitt gemacht?

NOTIZEN

EINHEIT 3

Der Stellenwert der vier Sparziele

Schlüsselfrage: Warum fällt es uns so schwer, zu sparen und zu spenden, wenn es doch richtig und weise ist?

Prioritäten der Gesellschaft:

- Lebensstil
- Schulden
- Sparen
- Geben

Gottes Prioritäten:

- Geben/Spenden
- Sparen
- Lebensstil

Übergangs-Reihenfolge:

- Geben/Spenden: „ein kleines bisschen“
- Sparen: etwas
- Schulden: „So viel, wie möglich ist!“ zurückzahlen
- Lebensstil: spartanisch

46

SPAREN UND SCHULDEN

Schulden

Video: Der Schuldner von nebenan

Notizen

Die gesellschaftlichen Zwänge und die Sichtweise Gottes

Kultureller Mythos:

- „Schulden sind etwas völlig Normales und nicht zu vermeiden.“

47

Greifen Sie drei oder vier Antworten aus der Gruppe auf und wiederholen Sie für jeden hörbar das Gesagte.

Mögliche Antworten:

- „Ohne Schulden geht's nicht!"
- „Ich ignoriere sie einfach."
- „Die bekommen ihre Zinsen, ich bekomme, was ich will. Damit ist beiden gedient."
- „So ist das nun mal – jeder hat Schulden."

Großartige Antworten und Einblicke! Lassen Sie uns das Gesagte kurz zusammenfassen, indem wir einen Blick darauf werfen, was unsere Gesellschaft zu diesem Thema zu sagen hat.

5 MINUTEN

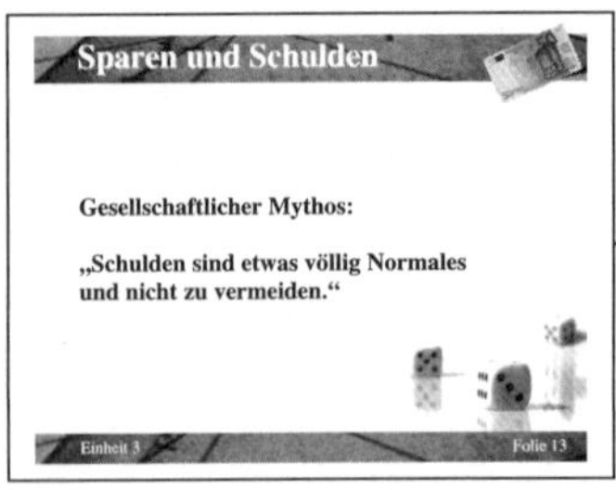

2. Die gesellschaftlichen Zwänge und die Sichtweise Gottes

Der gefährliche, unausgesprochene Mythos unserer Gesellschaft lautet: „Schulden sind etwas völlig Normales und nicht zu vermeiden."

Viele haben sich dieser Ansicht angeschlossen. Und die Auswirkungen sind verheerend. Aktuelle Schätzungen beziffern das Ausmaß der privaten Überschuldung in Deutschland für das Jahr 2004 mit 3,1 Millionen überschuldeten Haushalten. Allein seit 1994 ist der Anteil überschuldeter Haushalte an der Gesamtzahl deutscher Haushalte von 4,5% auf 8,1 % (2004) angestiegen, und dieser Trend hält weiter an. Aber auch die Jugendlichen haben bereits hohe Schulden – jeder siebte Jugendliche (14 Prozent) zwischen 13 und 20 Jahren ist mit durchschnittlich 426 Euro verschuldet. Die höchsten Schulden weisen mit durchschnittlich 962 Euro die 13- bis 20-Jährigen in Ostdeutschland auf. (Quelle: Globus Infografik GmbH, 27. Dezember 2004)

Sicherlich gibt es Fälle, in denen wir aus Gründen, die außerhalb unserer Einflussnahme liegen, in Schulden geraten. In der Mehrzahl der Fälle jedoch sind sie vermeidbar, wenn wir im Rahmen unserer Möglichkeiten leben und der Versuchung widerstehen, alles sofort haben zu müssen.

Die vorherrschende Sichtweise, dass Schulden etwas völlig Normales und nicht zu vermeiden seien, wird dadurch noch verstärkt, dass sie von unserer Gesellschaft gefördert und propagiert wird. Früher war es so: Wer sich Geld lieh, hatte auch – und davon ging man aus – die Mittel, es zurückzubezahlen. Heute stimmt das so nicht mehr, betrachtet man nur einmal die rund 2,6 Millionen Personen, die sich deutschlandweit in einer höchst kritischen Verschuldungslage befinden: Sie haben 2004 entweder Privatinsolvenz angemeldet oder einen finanziellen Offenbarungseid geleistet.

NOTIZEN

SPAREN UND SCHULDEN

Schulden

Video: Der Schuldner von nebenan

Notizen

Die gesellschaftlichen Zwänge und die Sichtweise Gottes

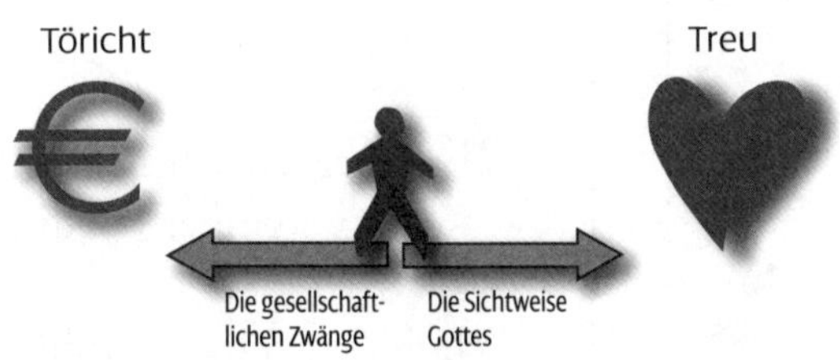

Kultureller Mythos:

- „Schulden sind etwas völlig Normales und nicht zu vermeiden."

47

Wenn man in unserer Gesellschaft Schulden macht, um sich einen neuen Wagen zu leisten oder „sich etwas zu gönnen“, ist das nichts Außergewöhnliches oder Peinliches – und niemand bedenkt die negativen Folgen. Die folgenden verführerischen Sätze kennt vermutlich jeder:

- „Kaufe jetzt – bezahle später.“
- „Kein Geld? Zahlpause bis …“
- „Sie können es sich leisten. Die Mindestraten betragen lediglich …“
- „Das haben Sie sich verdient!“

Das Wort „Kredit“ hört sich eleganter an – aber in Wahrheit handelt es sich dabei um nichts anderes als um Schulden.

Wie sieht demgegenüber die Sichtweise Gottes aus?

Schlagen Sie bitte Seite 48 Ihres Teilnehmerbuches auf.

Der vorsichtige Schuldner

Teilnehmerhandbuch, Seite 48

Wenn wir in der Bibel nachlesen, um Gottes Sichtweise des Themas zu untersuchen, stellen wir fest, dass dort der Gott ehrende Schuldner als „vorsichtig“ bezeichnet wird.

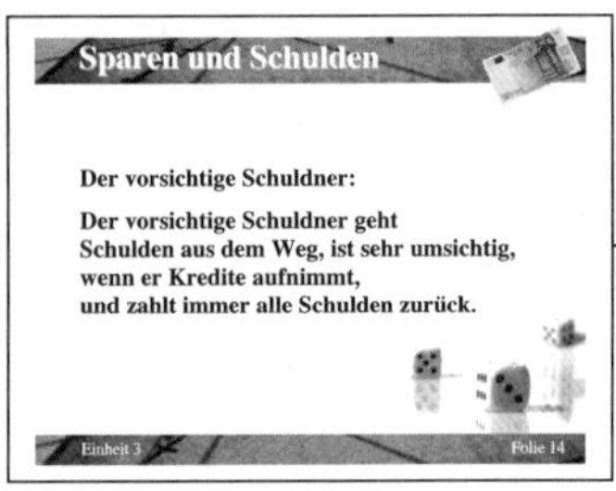

Der vorsichtige Schuldner geht Schulden aus dem Weg, ist sehr umsichtig, wenn er Kredite aufnimmt, und zahlt immer alle Schulden zurück.

Schulden bergen sowohl wirtschaftliche als auch geistliche Gefahren.

Die wirtschaftliche Gefahr der Schulden: Schulden sind sehr gefährlich! Zins und Zinseszins arbeiten gegen uns!

Im Abschnitt zum Thema „Sparen“ habe ich anhand einer Tabelle bereits über die beachtliche Auswirkung von Zins und Zinseszins bei einer 10-prozentigen Verzinsung gesprochen. Sie wären allerdings noch erstaunter, würden Sie eine Tabelle über Konsumentenkredite mit einer Verzinsung von 15, 20 oder noch mehr Prozent betrachten. Bei einem Satz von 18 Prozent verdoppelt sich auf Grund des Zinseszinses der geschuldete Betrag in vier Jahren.

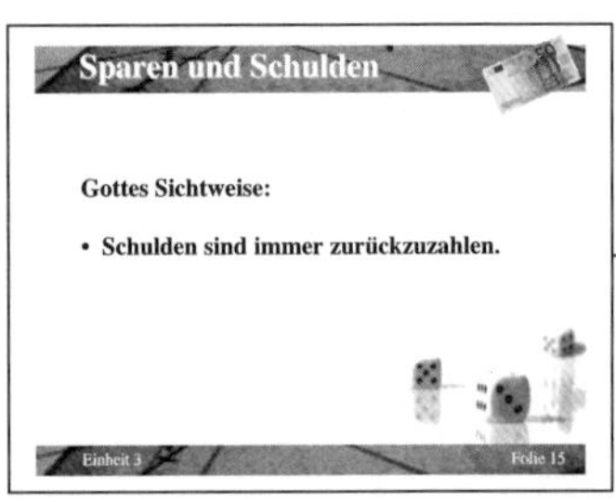

Gott gibt uns in der Bibel zwei Richtlinien im Umgang mit Schulden an die Hand: Schulden sind immer zurückzuzahlen: „Der Gewissenlose leiht sich Geld und zahlt es nicht zurück“ (Psalm 37,21).

NOTIZEN

SPAREN UND SCHULDEN

Schulden

Video: Der Schuldner von nebenan

Notizen

Die gesellschaftlichen Zwänge und die Sichtweise Gottes

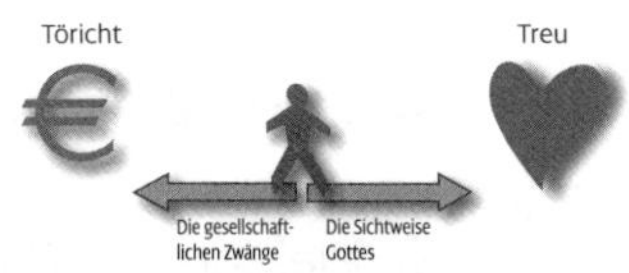

Kultureller Mythos:

- „Schulden sind etwas völlig Normales und nicht zu vermeiden."

47

EINHEIT 3

Der vorsichtige Schuldner

Der vorsichtige Schuldner geht Schulden aus dem Weg, ist sehr umsichtig, wenn er Kredite aufnimmt, und zahlt immer alle Schulden zurück.

Die wirtschaftliche Gefahr der Schulden:

- Zins und Zinseszins arbeiten gegen uns!

Biblische Richtlinien:

- Schulden sind immer zurückzuzahlen.

> *„Der Gewissenlose leiht sich Geld und zahlt es nicht zurück."*
> Psalm 37,21

- Vermeiden Sie Schulden!

> *„Der Reiche hat die Armen in seiner Gewalt; wer Geld leihen muss, wird zum Sklaven seines Gläubigers."*
> Sprüche 22,7

48

Zweitens, und das ist noch besser: Vermeiden Sie Schulden! Denn Schulden verursachen Abhängigkeiten. Wenn Sie jemandem Geld schulden, besitzt dieser ein Teil von Ihnen. In Sprüche 22, Vers 7 heißt es treffend: „Der Reiche hat die Armen in seiner Gewalt; wer Geld leihen muss, wird zum Sklaven seines Gläubigers."

Bitte beachten Sie: Dieser Abschnitt wendet sich nicht etwa gegen Schulden für Sicherungshypotheken (sofern sie sich in einem angemessenen Rahmen bewegen). Hier geht es in erster Linie um Konsumschulden für Verbrauchsgegenstände, die an Wert verlieren, wie etwaige Anschaffungskredite usw.

Die drei geistlichen Gefahren der Schulden

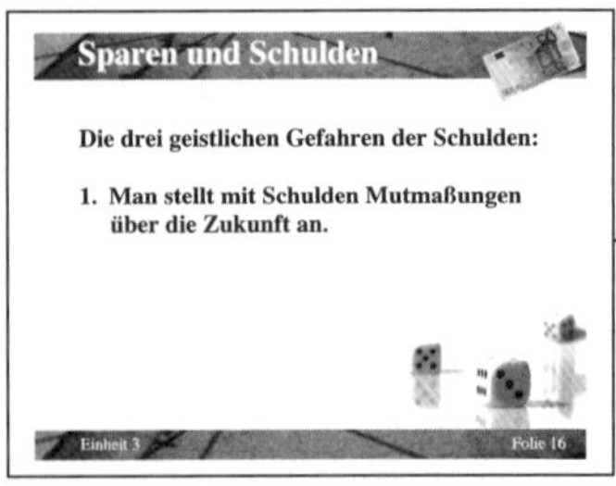

Teilnehmerhandbuch, Seite 49

Schulden bergen auch drei *geistliche* Gefahren.

Die erste Gefahr besteht darin, dass man mit Schulden Mutmaßungen über die Zukunft anstellt.

Jedes Mal, wenn wir Schulden machen bzw. einen Kredit aufnehmen, gehen wir im Grunde davon aus, dass wir auch in der Lage sein werden, sie zurückzuzahlen. Die Werbung macht uns weis, dass wir uns eine monatliche Rückzahlungsrate von 120 Euro leisten können, und wir glauben das auch. Auch wenn das im Augenblick stimmen mag, kann es doch sein, dass uns das nicht für die ganze Dauer der Schuldenrückzahlung möglich sein wird.

„Woher wisst ihr denn, was morgen sein wird?", schreibt Jakobus treffend (Jakobus 4,14).

Die zweite geistliche Gefahr besteht darin, dass wir Gott die Möglichkeit nehmen, uns etwas zu lehren.

Vielleicht möchte er uns etwas über seine Liebe und Fürsorge lehren. Wir aber verwehren ihm diese Möglichkeit. Zum Beispiel gibt es etwas, das ich unbedingt haben muss – aber mir fehlt das Geld dafür, und so kaufe ich es mir trotzdem mit meiner Kreditkarte. Ich kann mir vorstellen, dass Gott in dieser Situation sagt: „Schade, dass du dir das schon gekauft hast. Ich wollte es dir gerade von einem Freund schenken lassen. Du hast mir nicht nur die Gelegenheit genommen, dich zu segnen und dir meine Liebe zu zeigen, du hast dich darüber hinaus noch in die Knechtschaft der Schulden begeben."

NOTIZEN

EINHEIT 3

Der vorsichtige Schuldner

Der vorsichtige Schuldner geht Schulden aus dem Weg, ist sehr umsichtig, wenn er Kredite aufnimmt, und zahlt immer alle Schulden zurück.

Die wirtschaftliche Gefahr der Schulden:

- Zins und Zinseszins arbeiten gegen uns!

Biblische Richtlinien:

- Schulden sind immer zurückzuzahlen.

> *„Der Gewissenlose leiht sich Geld und zahlt es nicht zurück."*
> Psalm 37,21

- Vermeiden Sie Schulden!

> *„Der Reiche hat die Armen in seiner Gewalt; wer Geld leihen muss, wird zum Sklaven seines Gläubigers."*
> Sprüche 22,7

48

SPAREN UND SCHULDEN

Die drei geistlichen Gefahren der Schulden:

- Man stellt mit Schulden Mutmaßungen über die Zukunft an.

> *„Woher wisst ihr denn, was morgen sein wird?"*
> Jakobus 4,14

- Wir nehmen Gott die Möglichkeit, uns etwas zu lehren.

> *„Das Leben ist mehr als Essen und Trinken, und der Leib ist mehr als die Kleidung! [...] Euer Vater weiß, was ihr braucht. Sorgt euch nur darum, dass ihr euch seiner Herrschaft unterstellt, dann wird er euch schon mit dem anderen versorgen."*
> Lukas 12,23.30–31

> *„Freu dich, wenn du einen Glückstag hast. Und wenn du einen Unglückstag hast, dann denke daran: Gott schickt dir beide, und du weißt nicht, was als Nächstes kommt."*
> Prediger 7,14

- Schulden fördern oftmals Habgier und Eifersucht.

> *„Gebt Acht! Hütet euch vor jeder Art von Habgier! Denn der Mensch gewinnt sein Leben nicht aus seinem Besitz, auch wenn der noch so groß ist."*
> Lukas 12,15

49

Genau darauf spielt auch Jesus an, wenn er zu seinen Jüngern sagt: „Das Leben ist mehr als Essen und Trinken, und der Leib ist mehr als die Kleidung! [...] Euer Vater weiß, was ihr braucht. Sorgt euch nur darum, dass ihr euch seiner Herrschaft unterstellt, dann wird er euch schon mit dem anderen versorgen“ (Lukas 12,23.30–31).

Gott kann uns aber noch auf eine andere Art etwas lehren. Manchmal geschieht es dadurch, dass er uns die Erfüllung unserer Wünsche versagt. Den Eltern unter Ihnen ist sicherlich noch lebhaft in Erinnerung, wie Ihre kleinen Kinder früher unbedingt etwas haben wollten, was Sie ihnen nicht gegeben haben. Warum verweigern wir unseren Kindern manchmal etwas? Weil wir wissen, dass sie viele Dinge wollen, die nicht zu ihrem Besten sind. So mag das auch bei Gott sein. Er möchte uns etwas lehren, indem er uns etwas versagt. Wir haben jedoch die Möglichkeit, seine Absichten zu umgehen, indem wir Schulden machen, um uns das zu holen, was wir wollen.

In Prediger 7, Vers 14 heißt es: „Freu dich, wenn du einen Glückstag hast. Und wenn du einen Unglückstag hast, dann denke daran: Gott schickt dir beide, und du weißt nicht, was als Nächstes kommt.“

Die dritte geistliche Gefahr besteht darin, dass Schulden oftmals Habgier und Eifersucht fördern.

Wir Menschen neigen dazu, immer noch *mehr* zu wollen. Und Schulden und Kredite können uns dabei helfen, diesen eifersüchtigen, habgierigen Teil in uns zu befriedigen.

Davor warnt uns auch Jesus, wenn er sagt: „Gebt Acht! Hütet euch vor jeder Art von Habgier! Denn der Mensch gewinnt sein Leben nicht aus seinem Besitz, auch wenn der noch so groß ist“ (Lukas 12,15).

Einmal mehr stehen wir vor einem Dilemma: auf der einen Seite die Zwänge der Gesellschaft, auf der anderen die Sichtweise Gottes. Wir wollen uns wahrscheinlich alle nicht in der Abhängigkeit von Schulden befinden, sondern Gottes Sichtweise näher kommen, aber wie kann uns das gelingen? Vor allem, wenn wir womöglich im Augenblick von unserer Schuldenlast regelrecht erdrückt werden. Deshalb wollen wir uns an dieser Stelle einigen praktischen Hinweisen zum Thema „Schulden“ zuwenden.

Schlagen Sie bitte Seite 50 in Ihrem Teilnehmerbuch auf.

NOTIZEN

SPAREN UND SCHULDEN

Die drei geistlichen Gefahren der Schulden:

- Man stellt mit Schulden Mutmaßungen über die Zukunft an.

> *„Woher wisst ihr denn, was morgen sein wird?"*
> Jakobus 4,14

- Wir nehmen Gott die Möglichkeit, uns etwas zu lehren.

> *„Das Leben ist mehr als Essen und Trinken, und der Leib ist mehr als die Kleidung! [...] Euer Vater weiß, was ihr braucht. Sorgt euch nur darum, dass ihr euch seiner Herrschaft unterstellt, dann wird er euch schon mit dem anderen versorgen."*
> Lukas 12,23.30–31

> *„Freu dich, wenn du einen Glückstag hast. Und wenn du einen Unglückstag hast, dann denke daran: Gott schickt dir beide, und du weißt nicht, was als Nächstes kommt."*
> Prediger 7,14

- Schulden fördern oftmals Habgier und Eifersucht.

> *„Gebt Acht! Hütet euch vor jeder Art von Habgier! Denn der Mensch gewinnt sein Leben nicht aus seinem Besitz, auch wenn der noch so groß ist."*
> Lukas 12,15

49

5 MINUTEN

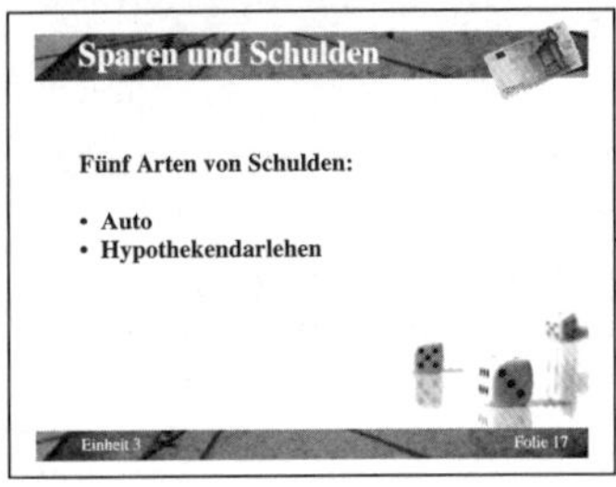

3. *Praktische Hinweise zu Schulden*

Teilnehmerhandbuch, Seite 50

Im Wesentlichen haben wir es mit fünf Arten von Schulden zu tun. Schulden für das Auto sowie Hypothekendarlehen für das Haus.

In der nächsten Einheit wird es hauptsächlich um diese beiden Arten von Schulden gehen.

Als Nächstes folgen Aus- und Fortbildungskredite sowie Geschäftskredite.

In manchen Fällen mag es vielleicht ratsam sein, in diesem Bereich Schulden zu machen. Dabei gibt es jedoch auch Stolperfallen, die es zu beachten gilt. Im weiteren Verlauf des Kurses geht es um etwaige Vorsichtsmaßnahmen bei Ausbildungsdarlehen, die es zu beachten gilt.

Schließlich gibt es Kreditkartenschulden, Ratendarlehen und Dispositionskredite, die auch als Verbraucherschulden bzw. Konsumentenkredite bezeichnet werden.

Bislang haben wir uns auf letztere Schuldenform konzentriert, denn dabei handelt es sich um die Art von Schulden, die wir am leichtesten anhäufen und die uns am meisten Probleme bereiten.

Vermutlich besitzen alle von uns mindestens eine Kreditkarte sowie eine ec-Karte. Glauben Sie, dass Sie auch ohne solche Karten auskommen könnten?

Warten Sie einen Augenblick, damit die Teilnehmer antworten können.

NOTIZEN

EINHEIT 3

Praktische Hinweise zu Schulden

Fünf Arten von Schulden:

1. Autofinanzierung
2. Hausfinanzierung
3. Geschäftskredite
4. Aus- und Fortbildungskredite
5. Konsumentenkredite

Studie über die Ausgabegewohnheiten bei der Verwendung von Kreditkarten:

- Familien, die Bargeld und Kreditkarte verwendeten: Die Ausgaben stiegen bei Verwendung einer Kreditkarte um 20 bis 30 Prozent.
- Kauf einer Kamera: Die Gruppe, die sie bar bezahlte, zahlte im Durchschnitt 29,58 Dollar. Die Gruppe, die mit ihrer Kreditkarte bezahlte, zahlte durchschnittlich 52,67 Dollar.

Es gibt zwei Hauptgründe, warum man mehr ausgibt, wenn man mit Kreditkarte zahlt:

1. Die psychologische Hürde ist bei Barzahlung höher. Es ist leichter, mit Kreditkarte Geld auszugeben.
2. Man hat das Gefühl, das Geld noch zu besitzen, obwohl es schon längst ausgegeben ist.

50

Greifen Sie zwei oder drei Antworten auf und wiederholen Sie sie für jeden hörbar.

Mögliche Antworten:

- „Ich bin oft auf Reisen und benötige deshalb eine Kreditkarte zur Buchung und Bezahlung von Hotel und Mietwagen."
- „Ich besitze eine Kreditkarte, die mich aber keine Jahresgebühr kostet. Die Abrechnung erfolgt monatlich. Daneben gibt es Rabattmöglichkeiten bei Versicherungen und sonstige Vergünstigungen."
- „Aus Sicherheitsgründen trage ich nicht gerne viel Bargeld mit mir herum. Ich benutze lieber meine ec-Karte."

Viele von uns kommen gar nicht mehr ohne Kreditkarte oder ec-Karte aus. Sie sind bequeme Zahlungsmittel. Sie sind sicher. Man braucht sie, wenn man auf Reisen ist. Wir können am Telefon oder im Internet mit Kreditkarte bezahlen. Und man kann damit schnell bezahlen. In vielen Ländern kann man zur Tankstelle fahren, tanken – und gleich an der Zapfsäule bezahlen. Das Geschäft selbst muss man gar nicht mehr betreten.

Vielleicht besitzen Sie eine gebührenfreie Karte, bei der die Umsätze monatlich vom Konto abgebucht werden und keine weiteren Kosten und Zinsen anfallen. Und die Ihnen obendrein noch einige Vergünstigungen beschert.

Wenn Sie eine solche Kreditkarte benutzen, ist das sicherlich die weiseste Art, sie einzusetzen. Studien belegen jedoch, dass die meisten, die mit Kredit- oder ec-Karte bezahlen, bedeutend mehr ausgeben, als wenn sie mit Bargeld zahlen, selbst wenn sie jeden Monat die Rechnung begleichen.

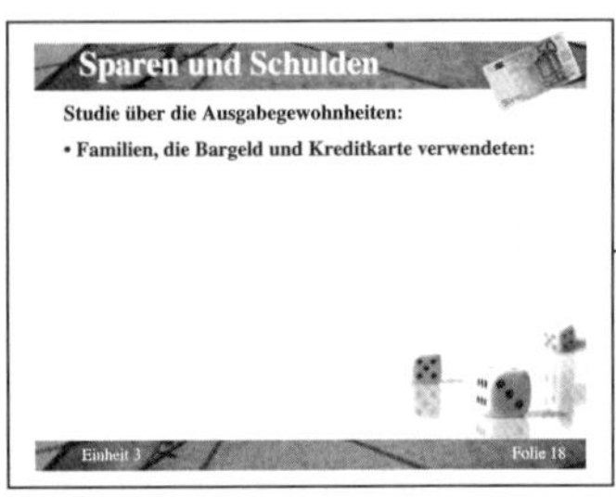

Eine Studie hat zum Beispiel die Ausgabegewohnheiten von Hunderten von Familien jeweils über einen Drei-Monats-Zeitraum untersucht. Diese Familien sollten zunächst drei Monate lang alle Einkäufe bar bezahlen. Nach den drei Monaten sollten sie ihre Ausgabegewohnheiten beibehalten, aber stattdessen ihre Einkäufe drei Monate lang mit ec-Karte tätigen.

Die Ausgaben stiegen um 20 bis 30 Prozent.

Bei einer anderen Studie unter Leitung des Psychologen Richard Feinberg von der Purdue-Universität wurden zwei Gruppen angewiesen, eine kleine Kamera zu kaufen. Die erste Gruppe sollte sie bar bezahlen, die andere mit Kreditkarte.

NOTIZEN

EINHEIT 3

Praktische Hinweise zu Schulden

Fünf Arten von Schulden:

1. Autofinanzierung
2. Hausfinanzierung
3. Geschäftskredite
4. Aus- und Fortbildungskredite
5. Konsumentenkredite

Studie über die Ausgabegewohnheiten bei der Verwendung von Kreditkarten:

- Familien, die Bargeld und Kreditkarte verwendeten: Die Ausgaben stiegen bei Verwendung einer Kreditkarte um 20 bis 30 Prozent.
- Kauf einer Kamera: Die Gruppe, die sie bar bezahlte, zahlte im Durchschnitt 29,58 Dollar. Die Gruppe, die mit ihrer Kreditkarte bezahlte, zahlte durchschnittlich 52,67 Dollar.

Es gibt zwei Hauptgründe, warum man mehr ausgibt, wenn man mit Kreditkarte zahlt:

1. Die psychologische Hürde ist bei Barzahlung höher. Es ist leichter, mit Kreditkarte Geld auszugeben.
2. Man hat das Gefühl, das Geld noch zu besitzen, obwohl es schon längst ausgegeben ist.

50

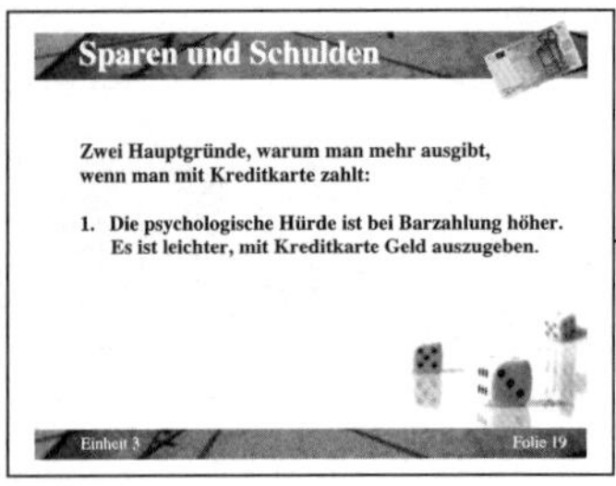

Die Gruppe, die sie bar bezahlte, zahlte im Durchschnitt 29,58 Dollar. Die Gruppe, die mit ihrer Kreditkarte bezahlte, zahlte durchschnittlich 52,67 Dollar.

Es gibt zwei Hauptgründe, warum man mehr ausgibt, wenn man mit Kreditkarte zahlt.

Die psychologische Hürde ist bei Barzahlung höher. Es ist leichter, mit Kreditkarte Geld auszugeben.

Nehmen wir zum Beispiel einmal an, ich tätige einen Einkauf in Höhe von 37,88 Euro. Die Kassiererin nimmt bei Bezahlung mit ec-Karte meine Karte, zieht sie durch ein Gerät, legt mir einen Beleg vor, den ich unterschreiben muss – schon ist die Zahlung geleistet und ich spaziere wieder aus dem Geschäft. Aus psychologischer Sicht unterscheidet sich dieser Vorgang grundlegend von einem Barkauf, bei dem ich dem Kassenpersonal meinetwegen einen Zwanziger, einen Zehner, einen Fünfer und drei einzelne Münzen gebe. Und was behalte ich dann schließlich noch in der Hand? Zwölf Cent.

Bei der Barzahlung wird mir ganz greifbar bewusst, dass ich das Geld nicht mehr in der Hand habe und es nicht länger mir gehört. Ich sehe, wie die Scheine den Besitzer wechseln und dass ich nur noch 12 Cent übrig habe.

Zweitens gibt man mehr aus, wenn man mit Kredit- oder ec-Karte zahlt, weil man das Gefühl hat, das Geld noch zu besitzen, obwohl es schon längst ausgegeben ist.

Haben Sie schon einmal einen Blick auf Ihre Kontoauszüge geworfen und waren überrascht, wie hoch die Ausgaben waren? Sie gehen schnell die einzelnen Abbuchungen durch, um zu sehen, wo der Buchungsfehler liegt, und stellen dann überrascht fest, dass Sie tatsächlich all die Einkäufe getätigt haben.

Denken Sie einen Augenblick lang nach. Wie viel haben Sie im letzten Monat mit Kredit- bzw. ec-Karte bezahlt? Wohl kaum einer kann diese Frage ganz genau beantworten. Wenn ich Sie wirklich darauf festnageln wollte, läge Ihre Schätzung mit Sicherheit unter Ihren tatsächlichen Ausgaben.

NOTIZEN

EINHEIT 3

Praktische Hinweise zu Schulden

Fünf Arten von Schulden:

1. Autofinanzierung
2. Hausfinanzierung
3. Geschäftskredite
4. Aus- und Fortbildungskredite
5. Konsumentenkredite

Studie über die Ausgabegewohnheiten bei der Verwendung von Kreditkarten:

- Familien, die Bargeld und Kreditkarte verwendeten: Die Ausgaben stiegen bei Verwendung einer Kreditkarte um 20 bis 30 Prozent.
- Kauf einer Kamera: Die Gruppe, die sie bar bezahlte, zahlte im Durchschnitt 29,58 Dollar. Die Gruppe, die mit ihrer Kreditkarte bezahlte, zahlte durchschnittlich 52,67 Dollar.

Es gibt zwei Hauptgründe, warum man mehr ausgibt, wenn man mit Kreditkarte zahlt:

1. Die psychologische Hürde ist bei Barzahlung höher. Es ist leichter, mit Kreditkarte Geld auszugeben.
2. Man hat das Gefühl, das Geld noch zu besitzen, obwohl es schon längst ausgegeben ist.

50

Nun, wen von Ihnen konnte ich inzwischen davon überzeugen, nicht mehr oder wesentlich seltener mit Kredit- bzw. ec-Karte zu zahlen? Hand aufs Herz, ich glaube, die meisten meinen immer noch, sie bräuchten die Kreditkarte.

Teilnehmerhandbuch, Seite 51

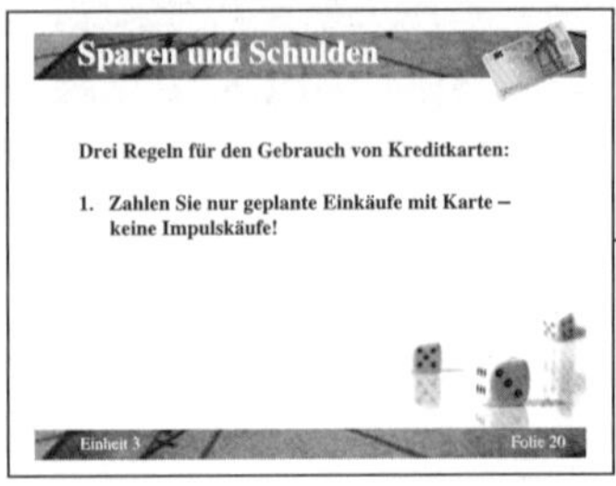

Drei Regeln für den Gebrauch von Kredit- bzw. ec-Karten

Drei Regeln für den Gebrauch von Kredit- bzw. ec-Karten möchte ich Ihnen an dieser Stelle vorstellen.

Behalten Sie bei den folgenden Ausführungen bitte im Hinterkopf, dass wir zwar noch keine amerikanischen Verhältnisse haben, bei denen jeder Bürger mehrere Kreditkarten besitzt, dass aber die Entwicklung immer mehr in diese Richtung weist. Falls die Aussagen dennoch nicht zu den Gegebenheiten in Ihrer Gruppe passen, sollten Sie sie entsprechend abändern.

Erstens: Zahlen Sie nur geplante Einkäufe mit Karte – keine Impulskäufe!

Bei einigen geplanten Käufen ist die Kreditkarte bzw. die ec-Karte in finanzieller Hinsicht besonders sicher, z. B. wenn Sie Benzin tanken. Sie würde ja sicher nie auf die Idee kommen, Ihren Tank übervoll zu machen, nur weil Sie mit Karte tanken! In vielen anderen Fällen sollten Sie sich dennoch die Frage stellen: „Liegt dieser Kauf noch im Rahmen meines Budgets?"

Zweitens: Bezahlen Sie jeden Monat die ganze Rechnung.

Wenn Sie die Karte nur für geplante Käufe verwenden, können Sie sicher sein, dass Sie auch tatsächlich über das Geld verfügen, um den Ihrem Konto in Rechnung gestellten Betrag auszugleichen. Dadurch vermeiden Sie auch mögliche anfallende Soll- bzw. Überziehungszinsen.

Drittens: Wenn Sie Regel 1 oder 2 brechen: Schneiden Sie die Karte durch!

Darüber hinaus gibt es noch einige weitere Tipps, die Sie beachten sollten.

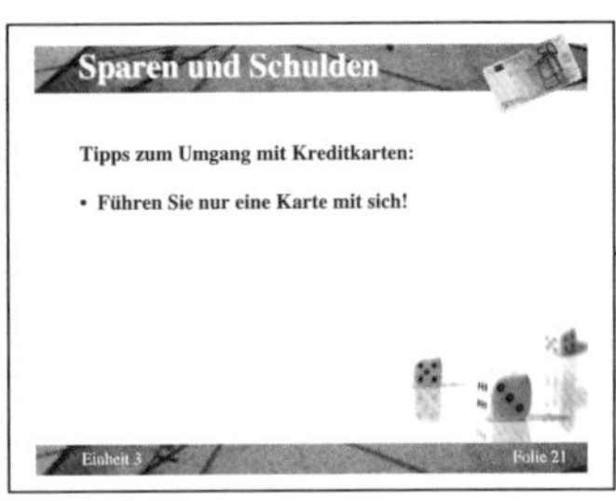

Tipps zum Umgang mit Kreditkarten

Erstens: Führen Sie nur eine Karte mit sich!

Damit umgehen Sie die Versuchung, zu viel auszugeben und über Ihre Verhältnisse zu leben. Und es vereinfacht das Bezahlen der Rechnungen. Entscheiden Sie sich für eine Karte, bei der keine Jahresgebühr fällig wird. Werfen Sie alle Angebote von zusätzlichen gebührenfreien Karten oder Karten mit niedrigem Zinssatz in den Müll! Öffnen Sie noch nicht einmal die Werbepost!

NOTIZEN

SPAREN UND SCHULDEN

Drei Regeln für den Gebrauch von Kredit- bzw. ec-Karten:

1. Zahlen Sie nur geplante Einkäufe mit Karte – keine Impulskäufe!
2. Bezahlen Sie jeden Monat die ganze Rechnung.
3. Wenn Sie Regel 1 oder 2 brechen: Schneiden Sie die Karte durch!

Tipps zum Umgang mit Kreditkarten:

- Führen Sie nur eine Karte mit sich!
- Denken Sie darüber nach, ob Sie statt einer Kreditkarte nur eine Karte im Lastschriftabbuchungsverfahren verwenden.
- Nehmen Sie sich vor, die mit Ihrer Kreditkarte getätigten Ausgaben gleich beim Kauf von Ihrem Bankkontostand abzuziehen.

Einzelübung: Konsumentenkredite

Notieren Sie in dem auf Ihrem Blatt vorgesehenen Feld ein mögliches Ziel, das Sie in Bezug auf Ihre Kreditkarte verfolgen wollen.

Praktische Schritte

51

Zweitens: Denken Sie darüber nach, ob Sie statt einer Kreditkarte nur eine Karte im Lastschriftabbuchungsverfahren verwenden.

Eine Scheckkarte zum bargeldlosen Einkauf, bei der Ihr Girokonto sofort belastet wird wie z. B. eine ec-Karte, besitzt viele Vorteile einer Kreditkarte – wie Bequemlichkeit und Sicherheit –, hat jedoch durch die unmittelbare Belastung Ihres Kontos den Vorteil, dass Sie nicht bis zum Monatsende warten müssen, bis Sie wissen, was Sie eigentlich ausgegeben haben. Natürlich bleibt der Nachteil bestehen, dass das Geld aus psychologischer Sicht leichter ausgegeben wird.

Drittens: Nehmen Sie sich vor, die mit Ihrer Kreditkarte getätigten Ausgaben gleich beim Kauf von Ihrem Bankkontostand abzuziehen.

Damit machen Sie sich gleich bewusst, dass Sie nun weniger Geld für andere Dinge zur Verfügung haben, und Sie vermeiden so die bereits genannten Nachteile.

Nun haben Sie einige Minuten Zeit, um darüber nachzudenken, welche Auswirkungen das Besprochene für Sie hat bzw. wie Sie das Gehörte in die Praxis umsetzen können.

3 MINUTEN

4. Einzelübung: Konsumentenkredite

Ziel: Die Teilnehmer sollen sich Gedanken darüber machen, wie sie in Zukunft mit ihrer Kredit- bzw. ec-Karte umgehen wollen.

Anleitung

Notieren Sie in dem auf Ihrem Blatt vorgesehenen Feld ein mögliches Ziel, das Sie in Bezug auf Ihre Kreditkarte verfolgen wollen.

Sie haben jetzt ein paar Minuten Zeit dazu.

Rufen Sie die Gruppe nach 2 Minuten wieder zusammen.

1 MINUTE

Zusammenfassung

Welche Vorsätze und Ziele haben Sie sich notiert?

NOTIZEN

SPAREN UND SCHULDEN

Drei Regeln für den Gebrauch von Kredit- bzw. ec-Karten:

1. Zahlen Sie nur geplante Einkäufe mit Karte – keine Impulskäufe!
2. Bezahlen Sie jeden Monat die ganze Rechnung.
3. Wenn Sie Regel 1 oder 2 brechen: Schneiden Sie die Karte durch!

Tipps zum Umgang mit Kreditkarten:

- Führen Sie nur eine Karte mit sich!
- Denken Sie darüber nach, ob Sie statt einer Kreditkarte nur eine Karte im Lastschriftabbuchungsverfahren verwenden.
- Nehmen Sie sich vor, die mit Ihrer Kreditkarte getätigten Ausgaben gleich beim Kauf von Ihrem Bankkontostand abzuziehen.

Einzelübung: Konsumentenkredite

Notieren Sie in dem auf Ihrem Blatt vorgesehenen Feld ein mögliches Ziel, das Sie in Bezug auf Ihre Kreditkarte verfolgen wollen.

Praktische Schritte

51

Greifen Sie drei oder vier Kommentare aus den Rückmeldungen der Gruppe auf und wiederholen Sie für jeden hörbar die Antworten.

Mögliche Antworten:

- „Ich verwende meine ec-Karte nur für geplante Anschaffungen und werde die Lebensmittel im Supermarkt bar bezahlen."
- „Ich werde anfangen, meine Kreditschulden jeden Monat in voller Höhe zurückzuzahlen."
- „Ich werde meine Kreditkarte durch eine ec-Karte mit Lastschriftfunktion ersetzen."

4 MINUTEN

5. Konsumentenkredite und Rückzahlung

Wir werden uns jetzt etwas eingehender mit dem Thema „Konsumentenkredite" beschäftigen.

Schlagen Sie bitte Seite 52 Ihres Teilnehmerbuches auf.

Teilnehmerhandbuch, Seite 52

Am Beispiel der Konsumentenkredite eines amerikanischen Haushaltes wollen wir einige Prinzipien nennen, die für eine beschleunigte Kreditrückzahlung sprechen. Sicherlich besteht auch hier bei uns in Deutschland die Möglichkeit, innerhalb eines eingeräumten Kontenkreditlimits das Konto zu einem Zinssatz von ca. 17 % zu überziehen, wobei aber die Einräumung eines privaten Verbraucherkredites oder andere Kreditmöglichkeiten zu einem niedrigeren Zinssatz den Kunden allemal günstiger kommen.

Folgendes Beispiel zeigt der *Consumer Federation of America* (der amerikanischen Verbrauchervereinigung) zufolge die durchschnittliche Verbraucherschuld einer amerikanischen Familie im Jahr 2005 auf.

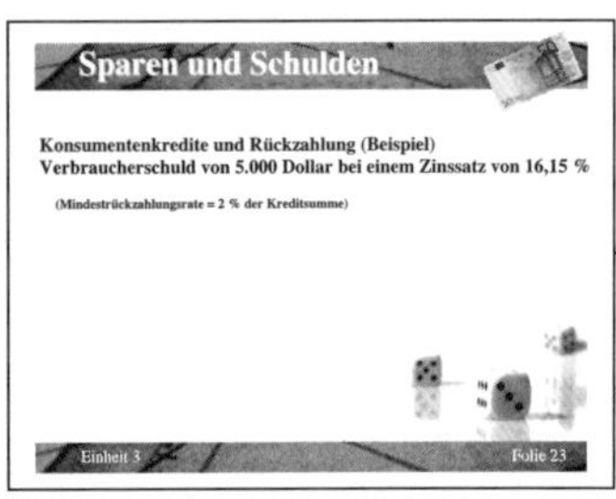

Diese belief sich bei einer amerikanischen Familie auf 5.000 Dollar bei einem durchschnittlichen Zinssatz von 16,15 %. Das Beispiel geht von einer üblichen Mindestrückzahlung pro Monat von 2 Prozent (bzw. 3 oder 4 %) der Kreditsumme aus.

Nehmen wir einmal an, man folgt dem Rückzahlungsplan der Kreditkartengesellschaft und zahlt jeden Monat nur die Mindestrate zurück. Im ersten Monat bezahlt man 2 % von 5.000 Dollar, d. h. 100 Dollar. Mit der Zeit reduziert sich die geschuldete Kreditsumme und die Mindestrückzahlungsrate geht auf 95 Dollar zurück, dann auf 90 Dollar usw. Diesem Plan zufolge würde die Rückzahlung über 36 Jahre dauern und sich letztlich auf 14.593 Dollar belaufen.

Was passiert hingegen, wenn man weiterhin jeden Monat nur 100 Dollar abbezahlt, bis die Kreditschuld komplett zurückgezahlt ist? Das heißt, wenn man die Rückzahlungsraten nicht reduziert, so wie es die Kreditkartengesellschaft vorschlägt.

NOTIZEN

SPAREN UND SCHULDEN

Drei Regeln für den Gebrauch von Kredit- bzw. ec-Karten:

1. Zahlen Sie nur geplante Einkäufe mit Karte – keine Impulskäufe!
2. Bezahlen Sie jeden Monat die ganze Rechnung.
3. Wenn Sie Regel 1 oder 2 brechen: Schneiden Sie die Karte durch!

Tipps zum Umgang mit Kreditkarten:

- Führen Sie nur eine Karte mit sich!
- Denken Sie darüber nach, ob Sie statt einer Kreditkarte nur eine Karte im Lastschriftabbuchungsverfahren verwenden.
- Nehmen Sie sich vor, die mit Ihrer Kreditkarte getätigten Ausgaben gleich beim Kauf von Ihrem Bankkontostand abzuziehen.

Einzelübung: Konsumentenkredite

Notieren Sie in dem auf Ihrem Blatt vorgesehenen Feld ein mögliches Ziel, das Sie in Bezug auf Ihre Kreditkarte verfolgen wollen.

Praktische Schritte

51

EINHEIT 3

Konsumentenkredite und Rückzahlung

Sie schulden 5.000 Dollar zu einem Zinssatz von 9,90 %, 16,15 % bzw. 19,80 %. Mindestrückzahlungsrate = 2 % (bzw. 3 oder 4 %) der Kreditsumme.

Kreditkarte	Zinsen	Mindestrückzahlung	Zinssumme	Zeit (Jahre)
A	9,90 %	2,00 %	3,307	21,7
B		3,00 %	1,828	13,6
C		3,00 %	1,265	10,1
D	16,15 %	2,00 %	9,593	36,3
E		3,00 %	3,908	17,3
F		4,00 %	2,465	11,9
G	19,80 %	2,00 %	21,779	63,7
H		3,00 %	5,858	20,8
I		4,00 %	3,410	13,3

Schlüsselfrage: Ist Gott nicht groß genug und sind Sie nicht entschlossen genug, um jeden Tag, sagen wir, 5 Euro zur Seite zu legen, um Ihre Schulden zu tilgen?

Prinzipien für beschleunigte Kreditrückzahlung

- Beginnen Sie mit den niedrigsten Krediten, um die Anzahl der Gläubiger zu reduzieren.
- Fügen Sie den bisher geleisteten Betrag zur vertraglich festgelegten Tilgung des nächsten Kredits hinzu.
- Machen Sie keine neuen Schulden!

Sie können es schaffen!

52

Mit etwas Disziplin würde der Gesamtrückzahlungsbetrag von über 14.500 Dollar auf knapp 9.000 Dollar fallen, und die Kreditschuld ließe sich innerhalb von gut sieben Jahren zurückzahlen.

Das wäre schon ein riesiger Schritt in die richtige Richtung. Aber da gibt es noch eine bessere Möglichkeit.

Wenn man in der Lage wäre, zusätzlich zu den 100 Dollar weitere 100 Dollar im Monat abzubezahlen, würde sich die gesamte Rückzahlung auf 7.465 Dollar reduzieren und die Kreditschuld ließe sich in noch kürzerer Zeit zurückzahlen.

Bei diesem Beispiel geht es mir um zwei wichtige Dinge. Zum einen besteht ein eklatanter Unterschied zwischen einer Rückzahlungssumme von 7.465 Dollar und 14.593 Dollar. Beim zweiten, wichtigeren Punkt geht es darum, dass man in wenigen Jahren aus der Schuldenfalle herauskommt – verglichen mit 36 Jahren!

Vielleicht denken Sie jetzt: *Das ist ja alles schön und gut. Aber wo krieg ich bloß die zusätzlichen 100 Euro im Monat her?*

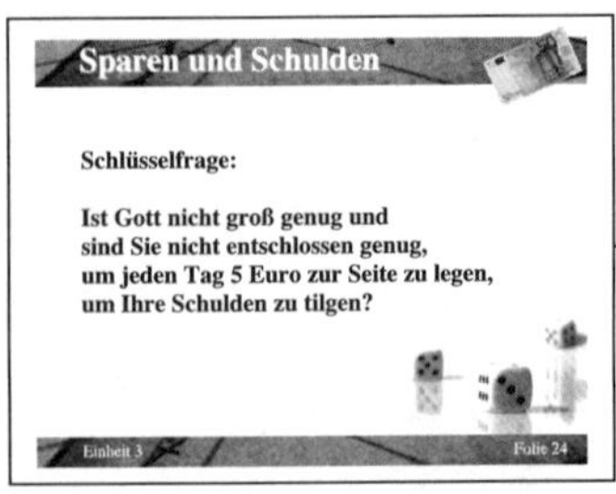

Zuerst eine Gegenfrage: Ist Gott nicht groß genug und sind Sie nicht entschlossen genug, um jeden Tag, sagen wir, 5 Euro zur Seite zu legen, um Ihre Schulden zu tilgen?

Die Tipps in der nächsten Einheit werden Ihnen einige Ideen an die Hand geben, wie Sie Ihre Ausgaben reduzieren können, um zusätzlich Geld zur freien Verfügung zu haben.

Bevor wir uns der Umsetzung des Budgets zuwenden, hier noch drei Prinzipien für eine beschleunigte Kreditrückzahlung.

Prinzipien für beschleunigte Kreditrückzahlung

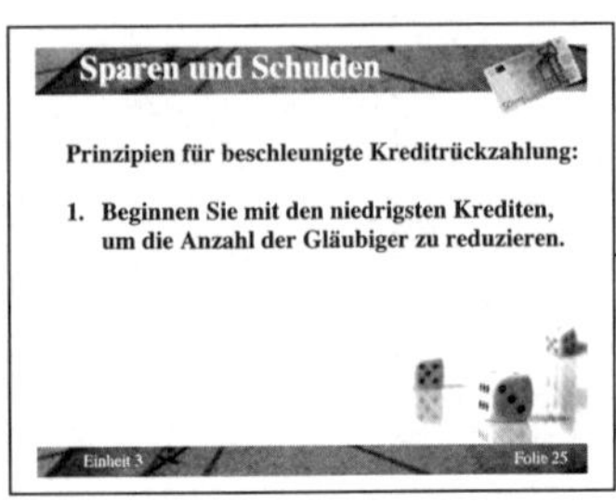

Erstens: Beginnen Sie mit den niedrigsten Krediten, um die Anzahl der Gläubiger zu reduzieren.

NOTIZEN

EINHEIT 3

Konsumentenkredite und Rückzahlung

Sie schulden 5.000 Dollar zu einem Zinssatz von 9,90 %, 16,15 % bzw. 19,80 %. Mindestrückzahlungsrate = 2 % (bzw. 3 oder 4 %) der Kreditsumme.

Kreditkarte	Zinsen	Mindestrückzahlung	Zinssumme	Zeit (Jahre)
A	9,90 %	2,00 %	3,307	21,7
B		3,00 %	1,828	13,6
C		3,00 %	1,265	10,1
D	16,15 %	2,00 %	9,593	36,3
E		3,00 %	3;908	17,3
F		4,00 %	2,465	11,9
G	19,80 %	2,00 %	21,779	63,7
H		3,00 %	5,858	20,8
I		4,00 %	3,410	13,3

Schlüsselfrage: Ist Gott nicht groß genug und sind Sie nicht entschlossen genug, um jeden Tag, sagen wir, 5 Euro zur Seite zu legen, um Ihre Schulden zu tilgen?

Prinzipien für beschleunigte Kreditrückzahlung

- Beginnen Sie mit den niedrigsten Krediten, um die Anzahl der Gläubiger zu reduzieren.
- Fügen Sie den bisher geleisteten Betrag zur vertraglich festgelegten Tilgung des nächsten Kredits hinzu.
- Machen Sie keine neuen Schulden!

Sie können es schaffen!

52

Dabei ist es wichtig, mit dem niedrigsten Kredit anzufangen und zusätzlich zur monatlichen Mindestrückzahlungsrate so viel wie irgend möglich zurückzuzahlen.

Vielleicht sind Sie der Ansicht, dass Sie mehr sparen würden, wenn Sie den Kredit mit dem höchsten Zinssatz zuerst zurückzahlen würden. Das stimmt zwar, aber der psychologische Nutzen, wenn Sie einen oder mehr Kredite sehr schnell tilgen, überwiegt den zusätzlichen Spareffekt bei der Rückzahlung des hohen Kredites.

Zweitens: Fügen Sie den bisher geleisteten Betrag zur vertraglich festgelegten Tilgung des nächsten Kredits hinzu.

Fahren Sie so fort, bis alle Schulden getilgt sind! Reduzieren Sie Ihre Kreditrückzahlung nicht, solange nicht alle Schulden abbezahlt sind. Profitieren Sie vom „Schneeballeffekt“, indem Sie den Rückzahlungsbetrag vom letzten Kredit zur Tilgung des nächsten Kredits hinzufügen. Damit beschleunigen Sie die Kreditrückzahlung immens!

Weitere Tipps zur beschleunigten Kreditrückzahlung finden Sie auf den Seiten 107 bis 109 im Anhang Ihres Teilnehmerbuches.

Und schließlich und endlich das ultimative Prinzip, um aus der Schuldenfalle herauszukommen:

Drittens: Machen Sie keine neuen Schulden!

Mir ist bewusst, dass dazu eine Menge Disziplin nötig ist! Eines ist jedoch klar: Solange Ihr alter Kredit noch läuft, werden Sie so lange keine Fortschritte erzielen, wie Sie weiterhin neue Schulden anhäufen.

Wenn Sie nichts weiter tun, als keine neuen Schulden zu machen, und den ersten Schritt in Richtung Rückzahlung Ihrer Schulden unternehmen – und sei es auch nur mit ein paar Euro –, haben Sie schon eine Kehrtwendung vollzogen. Das ist schon etwas! Ich möchte Sie ermutigen, diese Richtung einzuschlagen. Häufen Sie nicht noch mehr Schulden an. Sie können es schaffen!

NOTIZEN

EINHEIT 3

Konsumentenkredite und Rückzahlung

Sie schulden 5.000 Dollar zu einem Zinssatz von 9,90 %, 16,15 % bzw. 19,80 %. Mindestrückzahlungsrate = 2 % (bzw. 3 oder 4 %) der Kreditsumme.

Kreditkarte	Zinsen	Mindestrückzahlung	Zinssumme	Zeit (Jahre)
A	9,90 %	2,00 %	3,307	21,7
B		3,00 %	1,828	13,6
C		3,00 %	1,265	10,1
D	16,15 %	2,00 %	9,593	36,3
E		3,00 %	3,908	17,3
F		4,00 %	2,465	11,9
G	19,80 %	2,00 %	21,779	63,7
H		3,00 %	5,858	20,8
I		4,00 %	3,410	13,3

Schlüsselfrage: Ist Gott nicht groß genug und sind Sie nicht entschlossen genug, um jeden Tag, sagen wir, 5 Euro zur Seite zu legen, um Ihre Schulden zu tilgen?

Prinzipien für beschleunigte Kreditrückzahlung

- Beginnen Sie mit den niedrigsten Krediten, um die Anzahl der Gläubiger zu reduzieren.
- Fügen Sie den bisher geleisteten Betrag zur vertraglich festgelegten Tilgung des nächsten Kredits hinzu.
- Machen Sie keine neuen Schulden!

Sie können es schaffen!

52

Wir kommen nun zur Rubrik „Schuldentilgung“ im Budget-Arbeitsblatt.

7 MINUTEN

6. Einzelübung: Budget

Teilnehmerhandbuch, Seite 53

Ziel: Die Teilnehmer sollen ihre Kreditrückzahlungen auf dem Budget-Arbeitsblatt dokumentieren.

Anleitung

1. Nehmen Sie die Seite: „Was ich habe und was ich schulde“ aus den Vorbereitungsunterlagen hervor und tragen Sie auf dem Budget-Arbeitsblatt zu jedem Kredit die monatlich zu leistende Zahlung ein. Falls Sie das Vorbereitungsblatt nicht ausfüllen konnten, schätzen Sie Ihre monatliche Zahlung für jeden einzelnen Kredit.
2. Legen Sie fest, wie viel Sie jeden Monat zusätzlich aufbringen können, um Ihre Kredite zu tilgen.
3. Addieren Sie diesen Betrag zur Tilgung beim niedrigsten Kredit.

Für diese Aufgabe stehen Ihnen 5 Minuten zur Verfügung.

Rufen Sie die Gruppe nach 5 Minuten wieder zusammen.

Zusammenfassung

Sie haben nun einen Betrag für die Rückzahlung Ihrer Schulden notiert. Damit dies auch zur obersten Priorität für Sie wird, hier noch einige zusätzliche Motivationsanreize.

Schlagen Sie bitte Seite 54 Ihres Teilnehmerbuches auf.

Teilnehmerhandbuch, Seite 54

NOTIZEN

SPAREN UND SCHULDEN

Einzelübung: Budget

1. Nehmen Sie die Seite: „Was ich habe und was ich schulde“ aus den Vorbereitungsunterlagen hervor und tragen Sie auf dem Budget-Arbeitsblatt zu jedem Kredit die monatlich zu leistende Zahlung ein. Falls Sie das Vorbereitungsblatt nicht ausfüllen konnten, schätzen Sie Ihre monatliche Zahlung für jeden einzelnen Kredit.

2. Legen Sie fest, wie viel Sie jeden Monat zusätzlich aufbringen können, um Ihre Kredite zu tilgen.

3. Addieren Sie diesen Betrag zur Tilgung beim niedrigsten Kredit.

53

Schuldenrückzahlung ist die beste Geldanlage! Viele Menschen sind auf der Suche nach einer guten Geldanlage. Bevor Sie sich jedoch nach Aktien, Investmentfonds usw. umschauen, sollten Sie sich einmal folgende Frage stellen: „Habe ich Konsumentenkredite?“ Wenn ja, haben Sie gerade eine großartige Möglichkeit der Geldanlage gefunden.

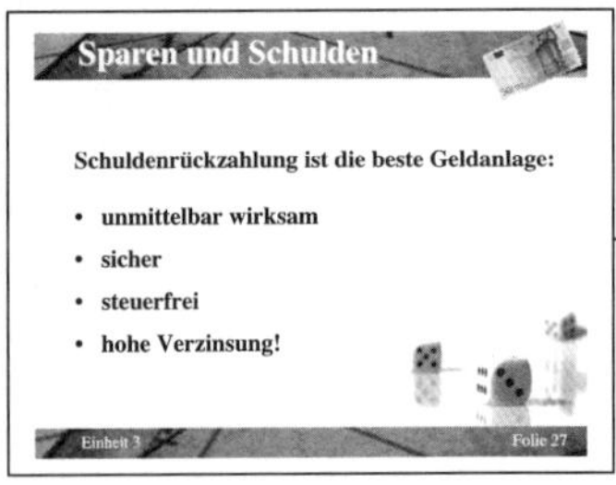

Schuldenrückzahlung ist die beste Geldanlage: unmittelbar wirksam, sicher, steuerfrei und hohe Verzinsung!

Zahlen Sie Ihre Konsumentenkredite zurück!

An dieser Stelle möchte ich noch einmal Folgendes betonen: Sicherlich gibt es einige unter Ihnen, die völlig unverschuldet in Geldnot geraten sind: durch einen Unfall, eine Krankheit, Arbeitslosigkeit usw. Aber es gibt auch andere, die Schulden haben, weil sie keine Vorsorge getroffen, mit ihrem Geld nicht diszipliniert umgegangen sind oder sich von Modetrends haben mitreißen lassen. Bei Teenagern sind heutzutage vor allem die anfallenden Handykosten ein großes Problem! In diesen Fällen sind nicht die Schulden der eigentliche Knackpunkt. Sie sind lediglich das Symptom, das Symptom für eine lebenslange Angewohnheit, wie Sie sie unter Umständen aus Ihrer Herkunftsfamilie kennen: permanent zu viel auszugeben und über die eigenen Verhältnisse zu leben. Oder sie sind das Symptom für Ihre Minderwertigkeitsgefühle oder Ihr fehlendes Selbstbewusstsein.

Sollten also die Schulden ein Symptom für ein tiefer liegendes Problem sein, dann unternehmen Sie auch dagegen etwas! Finden Sie die Ursachen dafür heraus und beseitigen Sie sie! Legen Sie Verhaltensmuster ab, die das Problem verstärken könnten. Werfen Sie Kataloge und Werbeprospekte weg, die Ihnen ins Haus flattern! Fahren Sie nicht zum Einkaufsbummel in die Stadt oder ins Einkaufszentrum!

Wenn ein Teil Ihres Problems darauf zurückzuführen ist, dass Sie mit Ihren Nachbarn mithalten möchten, dann sagen Sie sich: „Na, und?! Soll er doch das neueste Auto, das größte Boot, das schönste Grundstück, die schönste Innenausstattung haben! Ich mach bei diesem Wettstreit einfach nicht mehr mit! Ich steig aus!“ Beschließen Sie noch heute, etwas gegen das zugrunde liegende Problem zu tun und jemanden um Hilfe zu bitten!

NOTIZEN

EINHEIT 3

Schuldenrückzahlung ist die beste Geldanlage!

- unmittelbar wirksam
- sicher
- steuerfrei
- hohe Verzinsung

Zahlen Sie Ihre Konsumentenkredite zurück

Video: Aus der Schuldenfalle

Notizen

54

6 MINUTEN

III. ZUSAMMENFASSUNG

Zum Abschluss des Themas „Schulden“ werden wir uns noch einen Videoausschnitt ansehen. Darin geht es um Menschen, die es geschafft haben, ihre Schulden loszuwerden.

5 MINUTEN

1. Video: Aus der Schuldenfalle

Zeigen Sie den Video-Ausschnitt: Aus der Schuldenfalle.

In diesem Video geht es um die Anstrengungen und die Opfer, die erforderlich sind, um von den Schulden loszukommen. Es dient jedoch auch als Anreiz – auch Sie können es schaffen! Ich möchte Ihnen nun die Gelegenheit geben – wenn Sie dies möchten –, mit Gott über das zu sprechen, was Ihnen auf dem Herzen liegt. Wenn Sie mit jemandem zusammen hier sind, können Sie auch gemeinsam beten.

1 MINUTE

Pause zum Gebet.

Wir wollen diese Einheit mit Gebet abschließen:

Lieber Vater,
der Druck, den die Gesellschaft in diesem Bereich auf uns ausübt, ist so stark. Wir möchten dich bitten, dass du heute zu jedem Einzelnen sprichst und ihn oder sie ermutigst. Gib jedem die Unterstützung, die er braucht, um die richtigen Schritte in Angriff zu nehmen. Auch wenn es schmerzt – gib du uns den Mut dazu, die richtigen und notwendigen Entscheidungen zu treffen, um aus der Schuldenfalle herauszukommen. Hinein in eine neue finanzielle Freiheit und Treue dir gegenüber. Wir danken dir. Amen.

Pause bzw. Abschluss.

AUSGABEN

UNTER DER LUPE

Zielsetzung

In Einheit 4 werden die Kursteilnehmer …

1. … darüber nachdenken, was es bedeutet, den Lebensstandard zu halten.

2. … kurzfristige Ziele aufstellen für die Rubriken Wohnen, Auto/Transport, Versicherungen, Haushalt, Persönliches auf ihrem Budget-Arbeitsblatt.

3. … einen Maßnahmenkatalog erarbeiten, der ihnen dabei hilft, die Ausgaben in den genannten Kategorien zu verringern.

Ablauf

I. Einleitung

II. Entdeckungsreise

   A. Ausgaben

      1. Die gesellschaftlichen Zwänge und Gottes Sichtweise

      2. „Genug ist genug"

      3. Gruppenaktivität: „Auf dem Teppich bleiben"

   B. Einzelne Positionen im Bereich „Ausgaben"

      1. Wohnen

      2. Einzelübung: Die Ausgaben fürs Wohnen

      3. Fahrtkosten (Auto, ÖPNV, Fahrrad)

      4. Versicherungen

      5. Einzelübung: Die Ausgaben für Fahrtkosten und Versicherungen

      6. Haushalt/Persönliches

      7. Einzelübung: Die Ausgaben für Haushalt/Persönliches

III. Zusammenfassung

AUSGABEN

ZEIT & MEDIEN

1 MINUTE

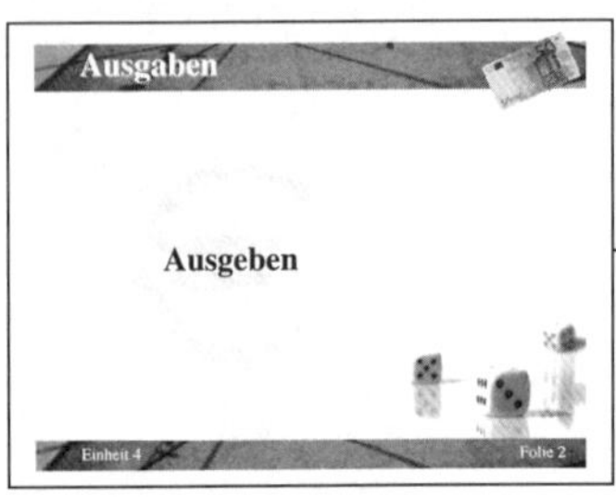

INHALT

I. EINLEITUNG

Teilnehmerhandbuch, Seite 55

Der fünfte und letzte Finanzbereich sind die Ausgaben. In diesem Bereich befindet sich das Geld, das wir zum Schuldenabbau wie auch zum Geben/Spenden und Sparen benötigen.

Bis zu diesem Punkt haben wir in erster Linie darüber nachgedacht, wie wir von allem *mehr* tun können – mehr geben bzw. spenden, mehr sparen und mehr Schulden abbezahlen. In dieser Kurseinheit geht es darum, *weniger* zu tun. Wir werden sehen, wie wir weniger ausgeben und trotzdem unsere Bedürfnisse und die Bedürfnisse derer befriedigen können, die wir zu versorgen haben. Wie in den Einheiten zuvor geht es auch in diesem Bereich nicht nur um den finanziellen Aspekt. Es geht darum, welche Art Verbraucher wir *sind* und welche wir noch *werden.*

In dieser Einheit werden Sie Gelegenheit haben, darüber nachzudenken, was es für Sie bedeutet, Ihren Lebensstandard zu halten. Sie werden darüber hinaus kurzfristige Ziele für die Kategorie „Ausgaben“ in Ihrem Budget aufstellen. Und schließlich werden Sie einen Maßnahmenkatalog erarbeiten, der Ihnen dabei hilft, die Ausgaben in den erwähnten Bereichen zu verringern.

NOTIZEN

EINHEIT 4: AUSGABEN

Zielsetzung

In Einheit 4 werden Sie …

1. … darüber nachdenken, was es bedeutet, den Lebensstandard zu halten.

2. … kurzfristige Ziele aufstellen für die Rubriken Wohnen, Auto/Transport, Versicherungen, Haushalt, Persönliches auf Ihrem Budget-Arbeitsblatt.

3. … einen Maßnahmenkatalog erarbeiten, der Ihnen dabei hilft, die Ausgaben in den genannten Kategorien zu verringern.

55

II. ENTDECKUNGSREISE (49 Minuten)

A. Ausgaben

Wir beginnen hier zunächst mit den gesellschaftlichen Mythen und ihrem Einfluss auf den Verbraucher.

Schlagen Sie jetzt bitte Seite 56 in Ihrem Teilnehmerbuch auf.

3 MINUTEN

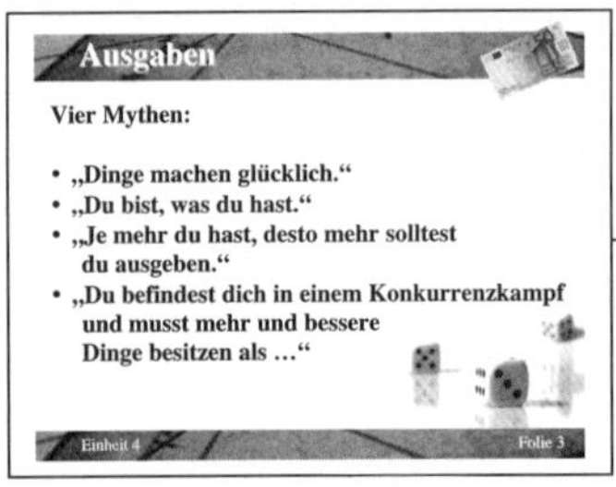

1. *Die gesellschaftlichen Zwänge und Gottes Sichtweise*

Teilnehmerhandbuch, Seite 56

Die folgenden vier gesellschaftlichen Mythen bestimmen im Wesentlichen unser Verhalten als Verbraucher:

- „Dinge machen glücklich."
- „Du bist, was du hast."
- „Je mehr du hast, desto mehr solltest du ausgeben."
- „Du befindest dich in einem Konkurrenzkampf und musst mehr und bessere Dinge besitzen als …"

Diese Aussagen sind uns nicht fremd, denn sie entspringen gesellschaftlichen Mythen, die wir während des Kurses bereits besprochen haben. Nehmen wir diese Sätze einmal genauer unter die Lupe!

„Dinge machen glücklich." Die Aufgabe der Werbung besteht darin, unsere Unzufriedenheit mit dem zu wecken, was wir haben, und uns davon zu überzeugen, dass wir dann glücklich sein werden, wenn wir etwas anderes, Neues besitzen. „Trag mich, trink mich, fahr mich, kauf mich, und du wirst erfolgreich, gesund, reich und clever sein."

„Du bist, was du hast." Unsere Gesellschaft suggeriert uns, dass unser Wert als Individuum von dem abhängt, was wir haben, und dass wir uns auf dieser Grundlage mit anderen messen lassen müssen.

„Je mehr du verdienst, desto mehr solltest du ausgeben." Wir hängen dem Irrglauben an, dass wir immer mehr ausgeben müssen, je mehr wir verdienen. Es müssen immer größere Häuser, schnellere Autos und schickere Klamotten sein, um mithalten zu können.

„Du befindest dich in einem Wettkampf und musst mehr und bessere Dinge besitzen als …" Die Nachbarn, Arbeitskollegen und Freunde sind sozusagen unsere direkten Konkurrenten. Und leider belegen die Umfragezahlen, dass viele nicht mehr nur versuchen, mit ihren Nachbarn oder Freunden mitzuhalten. Nein, durch den Einfluss der Medien versuchen sie sogar, mit den nächst höheren Gehaltsgruppen mitzuhalten.

NOTIZEN

EINHEIT 4

Ausgaben

Die gesellschaftlichen Zwänge und Gottes Sichtweise

Vier Mythen:

1. „Dinge machen glücklich."
2. „Du bist, was du hast."
3. „Je mehr du hast, desto mehr solltest du ausgeben."
4. „Du befindest dich in einem Konkurrenzkampf und musst mehr und bessere Dinge besitzen als …"

Ein weiser Verbraucher

Ein weiser Verbraucher ist jemand, der die Früchte seiner Arbeit genießen kann, ohne dem Materialismus zum Opfer zu fallen.

56

Ein weiser Verbraucher

Wie aber sieht die Sichtweise Gottes zum Thema „Ausgaben“ aus? Die Bibel bezeichnet den Verbraucher, der Gottes Sichtweise entspricht, als „weise“.

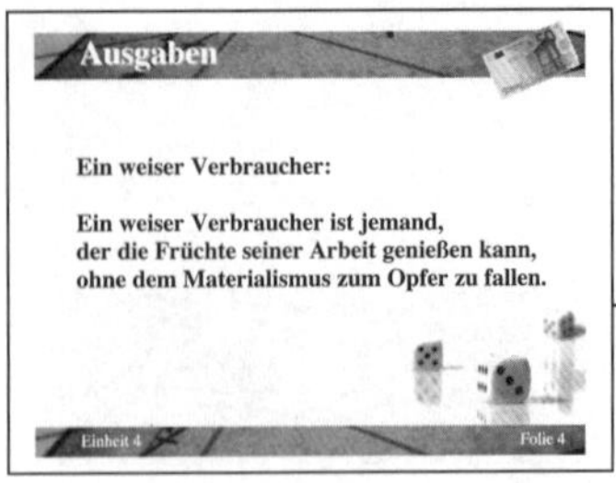

Ein weiser Verbraucher ist jemand, der die Früchte seiner Arbeit genießen kann, ohne dem Materialismus zum Opfer zu fallen.

Teilnehmerhandbuch, Seite 57

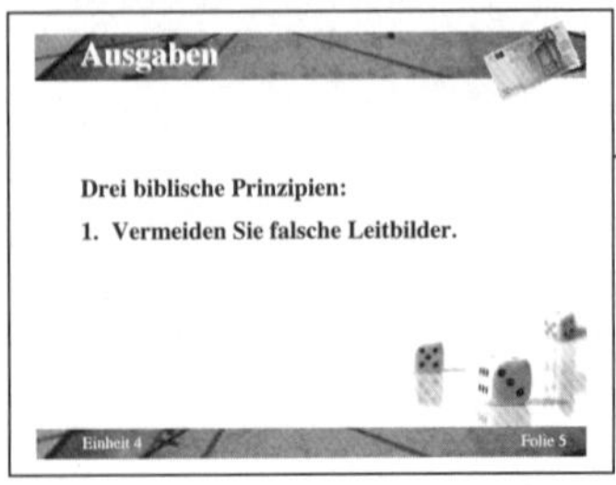

In der Bibel finden wir drei biblische Prinzipien im Umgang mit Geld, die unser Verhalten als Verbraucher betreffen:

Erstens: Vermeiden Sie falsche Leitbilder.

Gott sagt über sich, dass er ein leidenschaftlich liebender Gott ist (5. Mose 5,7–9). In seinem ersten Gebot fordert er uns auf, keine anderen Götter außer ihm zu haben. Und doch haben wir seit Menschengedenken gegen die Versuchung anzukämpfen, Gott durch „Dinge“ zu ersetzen. Heute bezeichnen wir dies als Materialismus, was eine Form von Ersatzreligion geworden ist.

In seinem Brief an die Römer beschreibt der Apostel Paulus die Menschen, die ohne Gott leben, folgendermaßen: „Sie tauschten den wahren Gott gegen ein Lügengespinst ein, sie haben die Geschöpfe geehrt und angebetet anstatt den Schöpfer“ (Römer 1,25).

Im Gegensatz dazu möchte Gott, dass wir ihm und seiner Sache den ersten Platz in unserem Leben einräumen und daran glauben, dass er uns all das geben wird, was wir brauchen – und noch viel mehr.

Zweitens: Seien Sie nicht habgierig.

Darauf wies Jesus hin, als er sagte: „Gebt Acht! Hütet euch vor jeder Art von Habgier! Denn der Mensch gewinnt sein Leben nicht aus seinem Besitz, auch wenn der noch so groß ist“ (Lukas 12,15).

Im Gegenzug fordert die Bibel uns zu Mäßigung auf: „[...] lass mich weder arm noch reich sein! Gib mir nur, was ich zum Leben brauche“ (Sprüche 30,8).

NOTIZEN

EINHEIT 4

Ausgaben

Die gesellschaftlichen Zwänge und Gottes Sichtweise

Vier Mythen:

1. „Dinge machen glücklich."
2. „Du bist, was du hast."
3. „Je mehr du hast, desto mehr solltest du ausgeben."
4. „Du befindest dich in einem Konkurrenzkampf und musst mehr und bessere Dinge besitzen als …"

Ein weiser Verbraucher

Ein weiser Verbraucher ist jemand, der die Früchte seiner Arbeit genießen kann, ohne dem Materialismus zum Opfer zu fallen.

56

AUSGABEN

Drei biblische Prinzipien im Umgang mit Geld:

- Vermeiden Sie falsche Leitbilder.

> *„Sie tauschten den wahren Gott gegen ein Lügengespinst ein, sie haben die Geschöpfe geehrt und angebetet anstatt den Schöpfer."*
> Römer 1,25

- Seien Sie nicht habgierig.

> *„Gebt Acht! Hütet euch vor jeder Art von Habgier! Denn der Mensch gewinnt sein Leben nicht aus seinem Besitz, auch wenn der noch so groß ist."*
> Lukas 12,15

- Seien Sie genügsam.

> *„Ich kann Not leiden, ich kann im Wohlstand leben; mit jeder Lage bin ich vertraut. Ich kenne Sattsein und Hungern, ich kenne Mangel und Überfluss. Allem bin ich gewachsen durch den, der mich stark macht."*
> Philipper 4,12–13

Zufriedenheit mit und Dankbarkeit für das, was wir haben, sind das Mittel gegen Habgier und Neid.

Wir sind wertvoll, das heißt, wir haben einen Wert, weil Gott uns nach seinem Bild erschaffen hat und wir seine Kinder sind. Deshalb sollen wir unseren Selbstwert nicht aus dem Besitz von Gütern beziehen.

Wenn es uns gelingt, angemessen und genügsam zu leben, sind wir von den Zwängen unserer Gesellschaft frei und können zum Segen für andere werden.

57

Drittens: Seien Sie genügsam.

In seinem Brief an die Gemeinde in Philippi erläutert Paulus, wie er gelernt hat, in allen Lebenslagen zufrieden zu sein: „Ich kann Not leiden, ich kann im Wohlstand leben; mit jeder Lage bin ich vertraut. Ich kenne Sattsein und Hungern, ich kenne Mangel und Überfluss. Allem bin ich gewachsen durch den, der mich stark macht“ (Philipper 4,12–13).

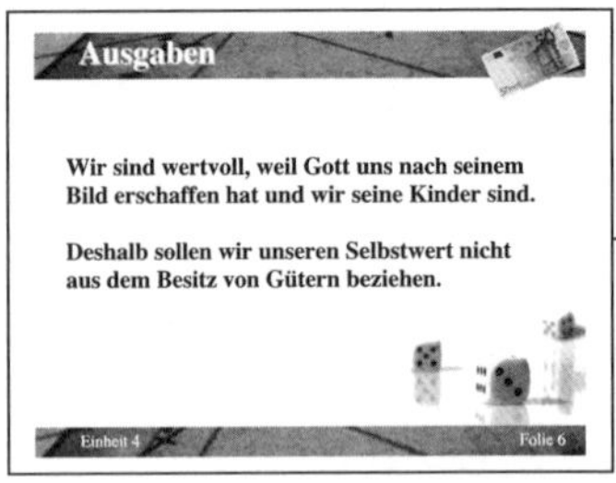

Zufriedenheit mit und Dankbarkeit für das, was wir haben, sind das Mittel gegen Habgier und Neid.

Wir wollen uns an dieser Stelle noch einmal eines bewusst machen: Wir sind wertvoll, das heißt, wir haben einen Wert, weil Gott uns nach seinem Bild erschaffen hat und wir seine Kinder sind. Deshalb sollen wir unseren Selbstwert nicht aus dem Besitz von Gütern beziehen. Denn was geschähe mit unserem Selbstwert, wenn wir unsere Besitztümer verlieren würden oder nie zufrieden sind und immer mehr wollen?

Wenn wir weise Verbraucher werden wollen, sollten wir uns an eine Ermahnung aus dem 1. Timotheus-Brief erinnern, dass Gott uns „alles reichlich gibt, was wir zum Leben brauchen“. Dabei sollen wir unsere Hoffnung auf ihn setzen und nicht auf die Unsicherheit des Wohlstandes. So sollen wir „Gutes tun, freigebig sein und [unseren] Reichtum gerne mit anderen teilen“ (1. Timotheus 6,17–18).

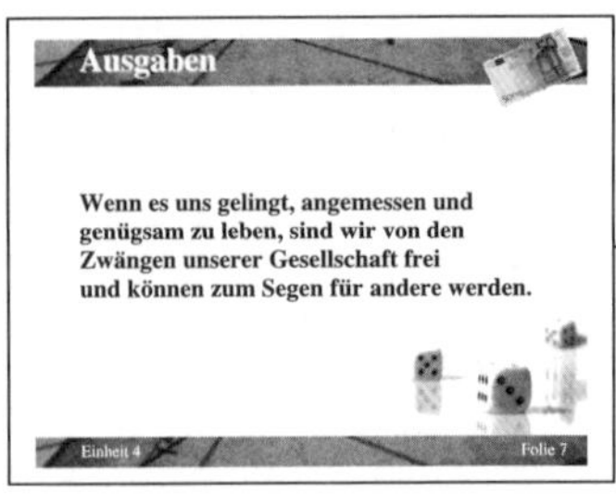

In Bezug auf unsere Ausgaben bedeutet dies: Wenn es uns gelingt, angemessen und genügsam zu leben, sind wir von den Zwängen unserer Gesellschaft frei und können zum Segen für andere werden.

Schlagen Sie bitte Seite 58 Ihres Teilnehmerbuches auf.

1 MINUTE

2. *„Genug ist genug“*

Teilnehmerhandbuch, Seite 58

Wenn man verstanden hat, was es heißt, zufrieden und genügsam zu sein, lautet die entscheidende Frage: Sind Sie bereit, an einem bestimmten Punkt zu sagen: „Genug ist genug“?

Was heißt das konkret?

NOTIZEN

AUSGABEN

Drei biblische Prinzipien im Umgang mit Geld:

- Vermeiden Sie falsche Leitbilder.

> *„Sie tauschten den wahren Gott gegen ein Lügengespinst ein, sie haben die Geschöpfe geehrt und angebetet anstatt den Schöpfer."*
> Römer 1,25

- Seien Sie nicht habgierig.

> *„Gebt Acht! Hütet euch vor jeder Art von Habgier! Denn der Mensch gewinnt sein Leben nicht aus seinem Besitz, auch wenn der noch so groß ist."*
> Lukas 12,15

- Seien Sie genügsam.

> *„Ich kann Not leiden, ich kann im Wohlstand leben; mit jeder Lage bin ich vertraut. Ich kenne Sattsein und Hungern, ich kenne Mangel und Überfluss. Allem bin ich gewachsen durch den, der mich stark macht."*
> Philipper 4,12–13

Zufriedenheit mit und Dankbarkeit für das, was wir haben, sind das Mittel gegen Habgier und Neid.

Wir sind wertvoll, das heißt, wir haben einen Wert, weil Gott uns nach seinem Bild erschaffen hat und wir seine Kinder sind. Deshalb sollen wir unseren Selbstwert nicht aus dem Besitz von Gütern beziehen.

Wenn es uns gelingt, angemessen und genügsam zu leben, sind wir von den Zwängen unserer Gesellschaft frei und können zum Segen für andere werden.

57

EINHEIT 4

„Genug ist genug"

Schlüsselfrage: Sind Sie bereit, an einem bestimmten Punkt zu sagen: „Genug ist genug"?

Was bedeutet „Genug ist genug"?

Es bedeutet, dass Sie an einem bestimmten Punkt bereit sind zu sagen: „Genug ist genug."
Sie können sehr genau unterscheiden zwischen dem, was die Gesellschaft sagt, dass Sie brauchen, und Ihren wirklichen Bedürfnissen.

Gruppenaktivität: „Auf dem Teppich bleiben"

1. Bilden Sie Gruppen mit je drei Personen.
2. Teilen Sie einander mit, was es für Sie persönlich bedeuten kann, „auf dem Teppich zu bleiben".

Notizen

58

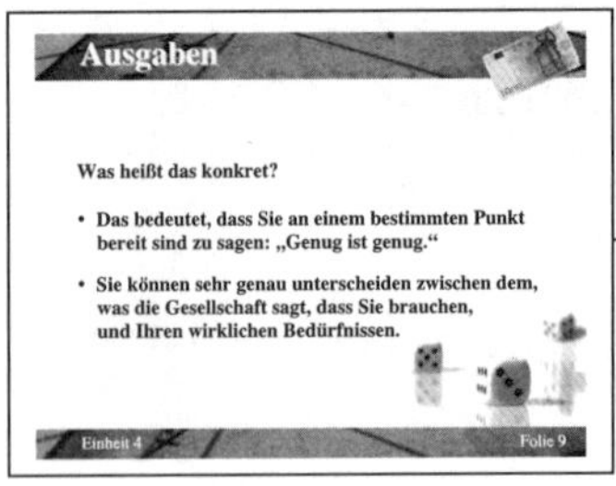

Das bedeutet, dass Sie an einem bestimmten Punkt bereit sind zu sagen: „Genug ist genug.“ Sie können sehr genau unterscheiden zwischen dem, was die Gesellschaft sagt, dass Sie brauchen, und Ihren wirklichen Bedürfnissen.

Zum Beispiel kann der Zeitpunkt kommen, an dem Sie sich sagen: „Ja, mein Haus ist groß genug. Im Winter habe ich es schön warm. Im Sommer hält es mich kühl. Selbst wenn ich im Jahr 10.000, 20.000, 30.000 oder gar 100.000 Euro mehr verdienen würde und mir ein größeres Haus leisten könnte – in einer schöneren Wohngegend –, werde ich mir kein neues Haus kaufen. Ich werde nicht abheben. Ich werde ‚auf dem Teppich bleiben‘.“

Genauso können Sie sich sagen: „Das Auto, das ich zur Zeit fahre, bringt mich zuverlässig von A nach B. Auch wenn ich mir ein teureres Auto leisten könnte, werde ich es mir nicht kaufen. Ich will ‚auf dem Teppich bleiben‘.“

Wo stehen Sie im Augenblick in finanzieller Hinsicht? Ich möchte Sie ermutigen, Ihren Lebensstil zu überdenken. Vielleicht bedeutet dies für einige, dass Sie Ihren „ausreichenden“ Lebensstil erst in naher Zukunft erreichen werden. Ihre Familie ist womöglich gerade im Wachsen begriffen und Sie leben noch in einem kleinen Haus. Vielleicht sollten Sie mit den Veränderungen warten, bis Sie beispielsweise die häuslichen Verhältnisse entsprechend anpassen können.

Für andere mag das vielleicht heißen, dass Sie alles beim Alten belassen und entscheiden: „Genug ist genug.“ Oder aber Gott zeigt Ihnen, dass Sie Ihren derzeitigen Lebensstil etwas zurückfahren sollten.

Die entscheidende Frage, die wir uns als weise Verbraucher stellen sollten, lautet: „Wann ist denn genug genug?“ Wie wir bereits gesehen haben, wird es in Ihren Augen nie genug sein, wenn Sie Ihr Herz an irdische Dinge hängen. „Genug“ hat für uns in diesem Kontext mehr mit einer Haltung zu tun, die wir einnehmen, als mit einem in Zahlen zu messenden Ziel.

Da dies eine entscheidende Frage ist und wir nicht oft dazu herausgefordert werden, darüber nachzudenken, sollten wir uns einen kurzen Augenblick Zeit nehmen, um uns jetzt darüber Gedanken zu machen.

NOTIZEN

EINHEIT 4

„Genug ist genug"

Schlüsselfrage: Sind Sie bereit, an einem bestimmten Punkt zu sagen: „Genug ist genug"?

Was bedeutet „Genug ist genug"?

Es bedeutet, dass Sie an einem bestimmten Punkt bereit sind zu sagen: „Genug ist genug."
Sie können sehr genau unterscheiden zwischen dem, was die Gesellschaft sagt, dass Sie brauchen, und Ihren wirklichen Bedürfnissen.

Gruppenaktivität: „Auf dem Teppich bleiben"

1. Bilden Sie Gruppen mit je drei Personen.
2. Teilen Sie einander mit, was es für Sie persönlich bedeuten kann, „auf dem Teppich zu bleiben".

Notizen

58

3 MINUTEN

3. Gruppenaktivität: „Auf dem Teppich bleiben“

Ziel: Die Teilnehmer sollen darüber nachdenken, was es für sie persönlich bedeutet, hinsichtlich ihres Lebensstils „auf dem Teppich zu bleiben“.

Anleitung

1. Bilden Sie Gruppen mit je drei Personen.
2. Teilen Sie einander mit, was es für Sie persönlich bedeuten kann, „auf dem Teppich zu bleiben“.

Rufen Sie die Gruppe nach 3 Minuten wieder zusammen.

1 MINUTE

Zusammenfassung

Welche Antworten haben Sie erhalten?

Greifen Sie zwei oder drei Antworten heraus und wiederholen Sie für jeden hörbar die Antworten.

Mögliche Antworten:

- „Ich werde aufhören, versuchen zu wollen, den Nachbarn in nichts nachzustehen.“
- „Wir werden unsere Wohnverhältnisse verkleinern, wenn unsere Kinder aus dem Hause sind.“
- „Ich werde mir nochmals überlegen, ob ich das neue Auto wirklich kaufen will.“

Auch hier stehen wir wiederum vor dem Dilemma, uns entweder der Sichtweise unserer modernen Gesellschaft anzuschließen oder nach der Sichtweise Gottes zu leben. Und die Frage, um die es dabei geht, lautet: Welche Art von Verbraucher wollen Sie werden? Werden Sie finanziell gesehen *treu*er oder lassen Sie es *töricht*erweise zu, dass der gesellschaftliche Druck Sie von Gott wegzieht?

B. Einzelne Positionen im Bereich „Ausgaben“

Mit diesem Wissen im Hinterkopf wollen wir die weiteren Ausgaben-Kategorien auf dem Budget-Arbeitsblatt näher betrachten.

NOTIZEN

EINHEIT 4

„Genug ist genug"

Schlüsselfrage: Sind Sie bereit, an einem bestimmten Punkt zu sagen: „Genug ist genug"?

Was bedeutet „Genug ist genug"?

Es bedeutet, dass Sie an einem bestimmten Punkt bereit sind zu sagen: „Genug ist genug."
Sie können sehr genau unterscheiden zwischen dem, was die Gesellschaft sagt, dass Sie brauchen, und Ihren wirklichen Bedürfnissen.

Gruppenaktivität: „Auf dem Teppich bleiben"

1. Bilden Sie Gruppen mit je drei Personen.

2. Teilen Sie einander mit, was es für Sie persönlich bedeuten kann, „auf dem Teppich zu bleiben".

Notizen

58

4 MINUTEN

1. Wohnen

Teilnehmerhandbuch, Seite 59

Die erste Ausgaben-Kategorie ist das Wohnen (siehe „4. Wohnen/Miete“ auf dem Budgetplan). Für die meisten von uns – ob wir ein Haus besitzen oder zur Miete wohnen – ist diese Gesamtsumme der größte Ausgaben-Posten, den wir in unserem Leben jemals haben werden.

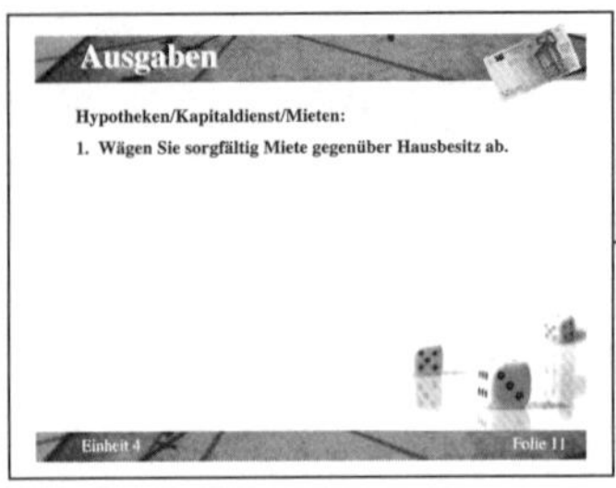

Hypotheken/Kapitaldienst/Mieten

Wenn Sie einmal Ihr Ausgaben-Blatt betrachten, werden Sie feststellen, dass die erste Rubrik unter „Wohnen“ Darlehen, Steuern oder Miete ist.

Zu dieser Kategorie zunächst einige Tipps:

Erstens: Wägen Sie sorgfältig Miete gegenüber Hausbesitz ab.

Landläufig wird häufig die Ansicht vertreten, dass es immer besser sei, ein eigenes Heim zu besitzen. Und dass diejenigen, die zur Miete wohnen, nur ihr Geld zum Fenster hinauswerfen und letztlich nichts von ihren Mietzahlungen haben. Hauseigentum hat zwar viele Vorteile – auch persönlicher und finanzieller Art –, aber es kann mit ebenso vielen finanziellen Nachteilen verbunden sein.

Zum Beispiel kann der Wert des Hauses oder Gebäudes nicht nur im Wert steigen, sondern auch fallen. Auch können Ihre persönlichen Umstände nicht dazu geeignet sein, ein Haus zu erwerben bzw. zu besitzen. Zum Beispiel macht es finanziell gesehen wenig Sinn, sich ein Haus zu kaufen, wenn man weiß, dass man nur ein bis zwei Jahre lang an einem Ort sein wird. Da kann es angesichts der Kosten für Kauf, Umzug, Wiederverkauf schon besser sein, nur ein Haus oder eine Wohnung anzumieten. Vielleicht fehlen Ihnen auch die nötigen Mittel, um eine ausreichende Anzahlung zu leisten. Anstatt einen privaten Kredit aufzunehmen oder eine Versicherung zu beleihen, die Sie womöglich „um Haus und Hof“ bringt, wäre es sinnvoller, eine günstige Wohnung anzumieten, bis man genug Geld zusammengespart hat, um eine größere Summe anzahlen zu können.

Zweitens: Vereinbaren Sie bei Kreditfinanzierungen die Möglichkeit von Sondertilgungen.

NOTIZEN

AUSGABEN

Einzelne Positionen im Bereich „Ausgaben“

Wohnen

Tipps für den Bereich Hypotheken/Kapitaldienst/Mieten:

- Wägen Sie sorgfältig Miete gegenüber Hausbesitz ab!
- Vereinbaren Sie bei Kreditfinanzierungen die Möglichkeit von Sondertilgungen.
- Hüten Sie sich davor, den Kapitaldienst (Zins + Tilgung) so hoch anzusetzen, dass Sie dafür zwei Einkommen benötigen.
- Finanzieren Sie niemals Konsumausgaben (dazu gehören auch Anschaffungen wie Mobiliar, ein Auto oder Reisen) mit Hypotheken auf Grundstücke.
- Denken Sie darüber nach, ob Ihr Haushalt nicht auch wachsen kann.

Unterhaltung/Reparaturen:

- Werden Sie zum Heimwerker!

Nebenkosten:

- Steuern Sie aktiv die Raumtemperatur.
- Kontrollieren Sie Ihre Telefonkosten.
- Informieren Sie sich über preisgünstige oder kostenlose Internetprovider!

59

Sie können unter Umständen die Zeit für die Kreditfinanzierung um eine beträchtliche Anzahl von Jahren verkürzen und damit auch die Zinszahlungen insgesamt enorm reduzieren, wenn Sie jedes Jahr eine Sondertilgung in Höhe einer Rate leisten. Zum Beispiel: Ein Kredit zu 7,5 %, der über 30 Jahre läuft, wäre etwa sieben Jahre früher zurückgezahlt, ein Kredit zu einem Zinssatz von 10 % wäre neun Jahre früher zurückgezahlt. Zunächst erscheint es vielleicht undenkbar, einmal pro Jahr eine Sondertilgung zu tätigen. Aber überlegen Sie, ob Sie diese nicht in Zukunft in Ihr Budget einplanen oder unerwartete Einnahmen hierfür verwenden könnten. Sondertilgungen können beträchtlich ins Gewicht fallen, zum einen hinsichtlich des Zeitrahmens des Kredites, zum anderen hinsichtlich der zu leistenden Zinssumme.

Drittens: Hüten Sie sich davor, den Kapitaldienst (Zins + Tilgung) so hoch anzusetzen, dass Sie dafür zwei Einkommen benötigen.

Die Kreditinstitute werden Ihnen hier sicherlich etwas anderes erzählen. Aber denken Sie daran, was wir eingangs darüber gesagt haben, wie mit zwei Einkommen zu verfahren ist: Es ist weise, sämtliche regelmäßigen Grundausgaben einschließlich der Wohnkosten mit dem ersten Einkommen abzudecken, falls dies möglich ist. Anstatt Ihren zukünftigen finanziellen Spielraum durch einen engen Kreditrahmen zu fest zu schnüren und für immer auf zwei Einkommen angewiesen zu sein, sollten Sie lieber den Kauf eines Hauses verschieben, bis Sie die Kreditzahlungen mit einem Einkommen decken können. Warten Sie lieber noch ein paar Jahre damit, bringen Sie einige Opfer, sparen Sie einen beträchtlichen Teil des Zweiteinkommens und leisten Sie dann eine größere Anzahlung, sodass die Kreditfinanzierung mit einem Einkommen zu leisten ist.

Viertens: Finanzieren Sie niemals Konsumausgaben (dazu gehören auch Anschaffungen wie Mobiliar, ein Auto oder Reisen) mit Hypotheken auf Grundstücke.

Hypotheken auf Grundstücke werden im übertragenen Sinne schnell zur ultimativen Kreditkarte. In den USA übertragen einige Kreditinstitute Verbraucherkredite von Kreditkartenschulden automatisch auf ein Hypothekendarlehen. Sie können sich sicher denken, wo dies hinführt. Es ist äußerst riskant, ein Hypothekendarlehen dazu zu missbrauchen, ständig über die eigenen Verhältnisse zu leben. Ein solches Verhalten bringt Ihr Häuschen in Gefahr. Vermeiden Sie diese Schuldenfalle! Finanzieren Sie unter keinen Umständen kurzfristige Ausgaben durch langfristige Hypothekenschulden. Und lassen Sie auch nicht zu, dass sich ein Kreditinstitut infolge angehäufter privater Schulden auf Ihrem Bankkonto an Ihrem Haus- und Grundbesitz schadlos hält.

NOTIZEN

AUSGABEN

Einzelne Positionen im Bereich „Ausgaben“

Wohnen

Tipps für den Bereich Hypotheken/Kapitaldienst/Mieten:

- Wägen Sie sorgfältig Miete gegenüber Hausbesitz ab!
- Vereinbaren Sie bei Kreditfinanzierungen die Möglichkeit von Sondertilgungen.
- Hüten Sie sich davor, den Kapitaldienst (Zins + Tilgung) so hoch anzusetzen, dass Sie dafür zwei Einkommen benötigen.
- Finanzieren Sie niemals Konsumausgaben (dazu gehören auch Anschaffungen wie Mobiliar, ein Auto oder Reisen) mit Hypotheken auf Grundstücke.
- Denken Sie darüber nach, ob Ihr Haushalt nicht auch wachsen kann.

Unterhaltung/Reparaturen:

- Werden Sie zum Heimwerker!

Nebenkosten:

- Steuern Sie aktiv die Raumtemperatur.
- Kontrollieren Sie Ihre Telefonkosten.
- Informieren Sie sich über preisgünstige oder kostenlose Internetprovider!

59

Fünftens und letztens: Denken Sie darüber nach, ob Ihr Haushalt nicht auch wachsen kann.

Vielleicht gibt es in Ihrem Haus noch leer stehende Zimmer oder überflüssigen Wohnraum, der zu einem moderaten Preis vermietet werden kann. Sie könnten diesen an eine Person vermieten, die auf diese Weise Anschluss an Ihre Familie findet – und das zu einem vernünftigen Preis. Viele Unternehmen suchen oft auch für kurze Zeiträume ein Zimmer für Auszubildende oder Praktikanten. Dadurch könnten Sie beide Kosten sparen – obendrein noch mit Familienanschluss, was Ihrem Gast die Erfahrung vermittelt, in einer christlichen Familie mitzuleben. Das wäre für beide Parteien ein Segen und Gewinn.

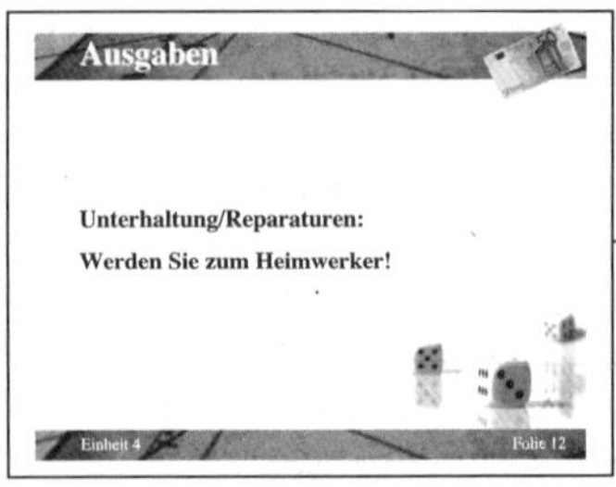

Wir kommen nun zu einer weiteren Unterkategorie bei den Ausgaben fürs Wohnen, und zwar zu „Unterhaltung/Reparaturen".

Unterhaltung/Reparaturen

Hier gilt der Tipp: Werden Sie zum Heimwerker!

Wenn Sie sich mit dem Gedanken tragen, ein Haus zu kaufen, sollten Sie sich das nötige Grundwissen aneignen, um kleinere alltägliche Reparaturen selbst durchführen zu können, wie etwa die Dichtung bei einem Wasserhahn zu wechseln. Informieren Sie sich darüber, welche Instandsetzungsarbeiten auf Sie zukommen werden! Wichtig sind vorausschauende Maßnahmen, um möglichen Schaden zu verhindern, wie ggf. Heizungsventile entlüften, Ölfilter der Heizungsanlage und Heizungsbrenner regelmäßig reinigen lassen, Filter austauschen, Öltank (vom Fachbetrieb) überprüfen lassen, Abflüsse sauber halten, Dachrinnen und Senkkästen von Laub befreien usw. Wenn Sie manches davon selbst machen, reduziert das Ihre Kosten enorm und vermeidet unter Umständen spätere Reparaturkosten. Oder lernen Sie, wie man tapeziert. Machen Sie sich schlau! Es gibt gute Kurse, „Do it yourself"-Bücher zum Thema und vieles mehr.

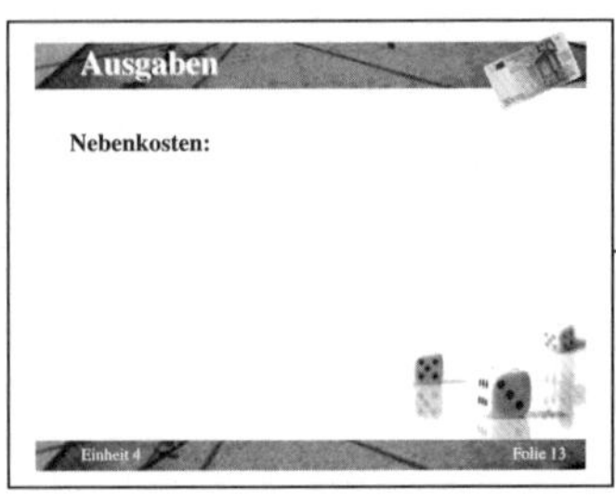

Nebenkosten

Ein weiterer Ausgabenpunkt bei den Kosten fürs Wohnen sind die Nebenkosten für Strom, Wasser, Heizung, Gas, Müll, Telefon, GEZ/Kabelfernsehen.

Steigende Strom- und Heizkosten belasten die Budgets privater Haushalte zunehmend stärker. Aus diesem Grund sollte man in regelmäßigen Abständen seinen Stromverbrauch prüfen. Schon das konsequente Vermeiden von Standby-Schaltungen, das Verwenden von Energiesparlampen oder der Einsatz von ausschaltbaren Steckerleisten reduziert den Stromverbrauch. Die Energieberater der Verbraucherzentralen helfen z. B. im persönlichen Beratungsgespräch bei der Suche nach Einsparmöglichkeiten.

NOTIZEN

AUSGABEN

Einzelne Positionen im Bereich „Ausgaben“

Wohnen

Tipps für den Bereich Hypotheken/Kapitaldienst/Mieten:

- Wägen Sie sorgfältig Miete gegenüber Hausbesitz ab!
- Vereinbaren Sie bei Kreditfinanzierungen die Möglichkeit von Sondertilgungen.
- Hüten Sie sich davor, den Kapitaldienst (Zins + Tilgung) so hoch anzusetzen, dass Sie dafür zwei Einkommen benötigen.
- Finanzieren Sie niemals Konsumausgaben (dazu gehören auch Anschaffungen wie Mobiliar, ein Auto oder Reisen) mit Hypotheken auf Grundstücke.
- Denken Sie darüber nach, ob Ihr Haushalt nicht auch wachsen kann.

Unterhaltung/Reparaturen:

- Werden Sie zum Heimwerker!

Nebenkosten:

- Steuern Sie aktiv die Raumtemperatur.
- Kontrollieren Sie Ihre Telefonkosten.
- Informieren Sie sich über preisgünstige oder kostenlose Internetprovider!

59

Auch wenn die Preisunterschiede vielleicht nicht so hoch sind, kann ein Tarif- oder Anbieterwechsel die Haushaltskasse entlasten. Für den Preisvergleich muss man zunächst anhand der letzten Stromrechnung den Jahresverbrauch feststellen. Dann sollte man sich an seinen Versorger wenden, um zu klären, ob man im günstigsten Tarif ist. Einen guten Überblick bietet auch das Internet. Wer den Begriff „Strompreisvergleich" in eine Suchmaschine eingibt, erhält umgehend eine Liste von Internetseiten, die diesen Service bieten.

Nachfolgend drei Möglichkeiten, wie Sie diese Kosten minimieren können.

Erstens: Steuern Sie aktiv die Raumtemperatur (Thermostate, Lüftung, programmgesteuerte Heizungen oder Thermostate).

Ein paar Grad auf dem Thermostat können sich bereits deutlich auf Ihrer Heizkostenrechnung niederschlagen. Überprüfen Sie die Wärmedämmung Ihrer Wohnung bzw. Ihres Hauses. Achten Sie auf wetterfeste Abdichtung (Teeranstrich usw.). Mitunter erhalten Sie bei Ihrem Versorgungsunternehmen kostenlose Informationen dazu, wie Sie Kosten sparen können. Erkundigen Sie sich auch nach Möglichkeiten der Regenwassernutzung, der Rentabilität neuer Energien wie Photovoltaik- oder Solarwasseranlagen, Pellet-Heizungen usw. oder schlicht des zusätzlichen Einbaus eines Holzofens (z. B. wird der Einbau von Photovoltaikanlagen in Deutschland zurzeit noch mit einem hohen Strompreis vergütet. Rentabel erscheint dies jedoch erst ab größeren Flächen.). Die möglichen monatlichen Einsparungen bei den Nebenkosten sind ein gutes Beispiel für die kumulative Wirkung, die wir bereits an anderer Stelle besprochen haben.

Zweitens: Kontrollieren Sie Ihre Telefonkosten (Einzelgesprächsnachweise, Least Cost Router, Sperrbeträge).

Stellen Sie sicher, dass Sie den Tarif gewählt haben, der am besten auf Ihre Bedürfnisse und Gewohnheiten zugeschnitten ist. Bei Fern- oder Auslandsgesprächen können Sie beispielsweise eine günstige Anbieter-Nummer vorschalten (so genannte Call-by-Call-Nummern). Überprüfen Sie, ob Sie tatsächlich den zusätzlichen Extra-Komfort oder die allerschnellste Leitungsübertragung benötigen. Beobachten Sie den Markt. Schränken Sie Ihre Handy-Nutzung ein. Das Handy ist mit hohen Kosten verbunden und kann zur Sucht führen. Schalten Sie beispielsweise die kostenträchtige Mail-Box-Funktion oder die Internet-Option ab. Verwenden Sie es nur im Notfall und nicht, weil es so bequem ist. Manche Unternehmen bieten den ersten Monat umsonst an oder Sie bezahlen für das Handy nur einen Euro – bei gleichzeitiger längerfristiger Vertragsbindung und monatlich anfallenden Grundgebühren. Wenn also dann die monatlichen Kosten auflaufen, haben Sie sich bereits daran gewöhnt, Ihr Handy regelmäßig zu benutzen. Informieren Sie sich gründlich. Und seien Sie auf der Hut.

NOTIZEN

AUSGABEN

Einzelne Positionen im Bereich „Ausgaben“

Wohnen

Tipps für den Bereich Hypotheken/Kapitaldienst/Mieten:

- Wägen Sie sorgfältig Miete gegenüber Hausbesitz ab!
- Vereinbaren Sie bei Kreditfinanzierungen die Möglichkeit von Sondertilgungen.
- Hüten Sie sich davor, den Kapitaldienst (Zins + Tilgung) so hoch anzusetzen, dass Sie dafür zwei Einkommen benötigen.
- Finanzieren Sie niemals Konsumausgaben (dazu gehören auch Anschaffungen wie Mobiliar, ein Auto oder Reisen) mit Hypotheken auf Grundstücke.
- Denken Sie darüber nach, ob Ihr Haushalt nicht auch wachsen kann.

Unterhaltung/Reparaturen:

- Werden Sie zum Heimwerker!

Nebenkosten:

- Steuern Sie aktiv die Raumtemperatur.
- Kontrollieren Sie Ihre Telefonkosten.
- Informieren Sie sich über preisgünstige oder kostenlose Internetprovider!

59

Weisen Sie gegebenenfalls Ihre Kursteilnehmer darauf hin, dass es in vielen Familien schon mehrere Handys gibt, die sich zu einem beträchtlichen monatlichen Ausgabenposten summieren können.

Drittens und letztens: Informieren Sie sich über preisgünstige oder kostenlose Internetprovider!

Prüfen Sie mögliche preisgünstige oder kostenlose Zugangsmöglichkeiten zum Internet. Welche Paketpreise werden von den Internetprovidern angeboten? Fragen Sie nach. Und selbst wenn Sie bereits einen Zugang haben, ist es häufig möglich, in einen anderen Tarif zu wechseln, der günstiger ist, da die Anbieter auf Grund der Konkurrenz ihre Preise immer wieder korrigieren oder neue Tarife anbieten. Aber dennoch gilt: Billig ist nicht immer das Beste! Auch die Qualität eines Produktes und der Service des Anbieters sollten stimmen.

Schlagen Sie bitte Seite 60 Ihres Teilnehmerbuches auf.

NOTIZEN

AUSGABEN

Einzelne Positionen im Bereich „Ausgaben"

Wohnen

Tipps für den Bereich Hypotheken/Kapitaldienst/Mieten:

- Wägen Sie sorgfältig Miete gegenüber Hausbesitz ab!
- Vereinbaren Sie bei Kreditfinanzierungen die Möglichkeit von Sondertilgungen.
- Hüten Sie sich davor, den Kapitaldienst (Zins + Tilgung) so hoch anzusetzen, dass Sie dafür zwei Einkommen benötigen.
- Finanzieren Sie niemals Konsumausgaben (dazu gehören auch Anschaffungen wie Mobiliar, ein Auto oder Reisen) mit Hypotheken auf Grundstücke.
- Denken Sie darüber nach, ob Ihr Haushalt nicht auch wachsen kann.

Unterhaltung/Reparaturen:

- Werden Sie zum Heimwerker!

Nebenkosten:

- Steuern Sie aktiv die Raumtemperatur.
- Kontrollieren Sie Ihre Telefonkosten.
- Informieren Sie sich über preisgünstige oder kostenlose Internetprovider!

59

8 MINUTEN

2. Einzelübung: Die Ausgaben fürs Wohnen

Teilnehmerhandbuch, Seite 60

Ziel: Die Teilnehmer sollen sich kurzfristige Ziele für die Kategorie „Wohnkosten" auf dem Arbeitsblatt setzen.

Anleitung

1. Falls Sie die Vorbereitungsunterlagen nicht ausgefüllt haben, sollten Sie nun Ihre Wohnkosten schätzen. Die Prozentangaben auf dem Budgetplan werden Ihnen dabei helfen.
2. Beziehen Sie einige der Tipps zum Thema „Wohnen" in Ihre Überlegungen ein. Notieren Sie sich zumindest eine konkrete Maßnahme, die Sie in dieser Ausgabenkategorie umsetzen wollen.
3. Setzen Sie sich kurzfristige Ziele (in Euro) für die Kategorie „Wohnen" und füllen Sie diese Rubrik in Ihrem Budgetplan aus.

Bitte versuchen Sie, dies innerhalb von 8 Minuten zu tun.

Rufen Sie die Gruppe nach 8 Minuten wieder zusammen.

Falls es zeitlich machbar ist, können Sie den Teilnehmern auch mehr Zeit dafür einräumen.

3 MINUTEN

3. Fahrtkosten (Auto, ÖPNV, Fahrrad)

Teilnehmerhandbuch, Seite 61

Was glauben Sie, ist die nächste große Ausgabenkategorie nach den Wohnkosten?

Warten Sie einen Augenblick und nehmen Sie die Antworten der Teilnehmer entgegen.

Ja, genau, die Fahrtkosten des Autos oder anderer Transportmittel. Die Ausgaben für den eigenen fahrbaren Untersatz können einen finanziell auffressen.

NOTIZEN

EINHEIT 4

Einzelübung: Die Ausgaben fürs Wohnen

1. Falls Sie die Vorbereitungsunterlagen nicht ausgefüllt haben, sollten Sie nun Ihre Wohnkosten schätzen. Die Prozentangaben auf dem Budgetplan werden Ihnen dabei helfen.

2. Beziehen Sie einige der Tipps zum Thema „Wohnen" in Ihre Überlegungen ein. Notieren Sie sich zumindest eine konkrete Maßnahme, die Sie in dieser Ausgabenkategorie umsetzen wollen.

Schritte zur Umsetzung

Setzen Sie sich kurzfristige Ziele (in Euro) für die Kategorie „Wohnen" und füllen Sie diese Rubrik in Ihrem Budgetplan aus.

60

AUSGABEN

Fahrtkosten (Auto, ÖPNV, Fahrrad)

Kleines Quiz zum Thema „Fahrtkosten":

- Was ist wohl das preiswerteste Auto, das man besitzen kann?
- Wann macht es eigentlich wirtschaftlich Sinn, ein nagelneues (das heißt bisher nicht zugelassenes Auto) zu kaufen?
- Was sind die wirtschaftlichen Vorteile von Auto-Leasing?
- Bei welchem Kilometerstand verkauft man seinen Wagen am besten wieder?

Statistik:

Durchschnittliche Zuverlässigkeit
Lebensdauer: 10 Jahre
Kilometerstand: 250.000–300.000 km

Durchschnittlicher Verkaufszeitpunkt
Alter: 4,5 Jahre
Kilometerstand: 80.000 km

61

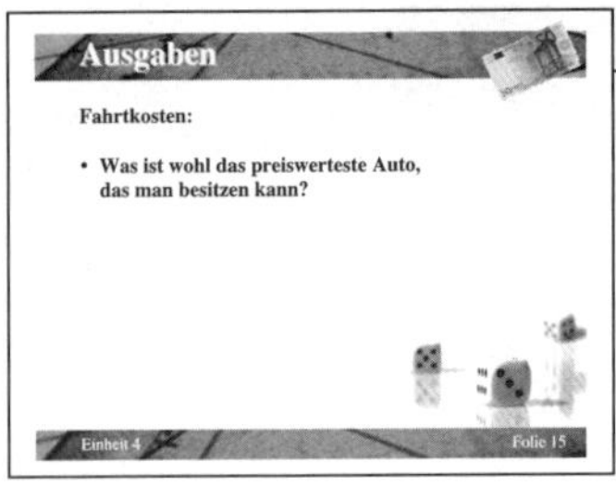

Was ist wohl das preiswerteste Auto, das man besitzen kann?

Warten Sie einen Augenblick und nehmen Sie die Antworten der Teilnehmer entgegen.

Die richtige Antwort lautet: das Auto, das man schon besitzt. Unter Umständen stimmt das aber nicht ganz genau, wenn Sie ein Auto fahren, das sehr teuer ist und das Sie sich eigentlich gar nicht leisten können. Normalerweise ist aber das Auto, das Sie besitzen, auch genau das Auto, das Sie fahren sollten. Überprüfen Sie regelmäßig den Ölstand und füllen Sie ein qualitativ hochwertiges Öl nach. Gehen Sie vernünftig mit Ihrem Auto um, es soll ja schließlich lange halten. Mehr dazu später.

Wann macht es eigentlich wirtschaftlich Sinn, ein nagelneues (das heißt bisher nicht zugelassenes Auto) zu kaufen?

Warten Sie einen Augenblick und nehmen Sie die Antworten der Teilnehmer entgegen.

Die Antwort lautet: *Nie!* Es ist kein Verbrechen, ein nagelneues, bisher nicht zugelassenes Auto zu kaufen, aber aus rein finanziellen Gesichtspunkten ist es nicht unbedingt die klügste Entscheidung. Warum? Wegen der immensen Wertminderung in den ersten beiden Jahren nach der Anschaffung, die 20 bis 30 Prozent des Anschaffungspreises ausmacht. Wenn Sie sich einen Jahreswagen kaufen oder einen, der erst zwei Jahre alt ist, bezahlen Sie dafür umgerechnet weit weniger als für einen Neuwagen und haben doch ein Auto, das in den kommenden Jahren genauso zuverlässig sein wird.

Was sind die wirtschaftlichen Vorteile von Auto-Leasing?

Warten Sie einen Augenblick und nehmen Sie die Antworten der Teilnehmer entgegen.

Es gibt praktisch gesehen keine – außer Sie sind Autohändler … oder Gewerbetreibender bzw. Selbstständiger und können die Kosten in einem gewissen Rahmen steuerlich geltend machen, was im Einzelfall zu prüfen wäre. Beim Leasing bezahlt man zwar auf den Monat umgerechnet weniger, am Ende der Leasing-Zeit gehört einem das Auto aber noch nicht einmal. Zu beträchtlichen Zusatzkosten kann es kommen, wenn die vereinbarte jährliche Kilometerleistung überschritten wird oder die Abnutzung des Wagens über das für den Händler übliche Maß hinausgeht. Für den Durchschnittsbürger sind Leasingverträge zudem recht undurchsichtig und ein Kosten-Nutzen-Vergleich ist deshalb nur sehr schwer durchzuführen.

NOTIZEN

AUSGABEN

Fahrtkosten (Auto, ÖPNV, Fahrrad)

Kleines Quiz zum Thema „Fahrtkosten“:

- Was ist wohl das preiswerteste Auto, das man besitzen kann?

  ____

- Wann macht es eigentlich wirtschaftlich Sinn, ein nagelneues (das heißt bisher nicht zugelassenes Auto) zu kaufen?

  ____

- Was sind die wirtschaftlichen Vorteile von Auto-Leasing?

  ____

- Bei welchem Kilometerstand verkauft man seinen Wagen am besten wieder?

  ____

Statistik:

Durchschnittliche Zuverlässigkeit
Lebensdauer: 10 Jahre
Kilometerstand: 250.000–300.000 km

Durchschnittlicher Verkaufszeitpunkt
Alter: 4,5 Jahre
Kilometerstand: 80.000 km

61

Einige werden vielleicht argumentieren, dass Leasing durchaus eine lohnende Alternative zum Autokauf sein könnte, wenn man alle paar Jahre ein neues Auto haben möchte, nicht viele Kilometer fährt und pfleglich mit ihm umgeht. Diese Argumentation geht jedoch davon aus, dass man sich auch tatsächlich alle paar Jahre ein neues Auto kaufen würde – und das ist finanziell gesehen ja nicht weise, wie wir bereits gesehen haben.

Bei welchem Kilometerstand verkauft man seinen Wagen am besten wieder?

Warten Sie einen Augenblick und nehmen Sie die Antworten der Teilnehmer entgegen.

Diese Frage kann man im Grunde nicht exakt beantworten. Man könnte in etwa sagen, wenn die Ausgaben für Reparaturen den Zeitwert des Autos übersteigen. In der Regel ist das bei einer viel höheren Kilometerleistung der Fall, als die meisten Leute glauben.

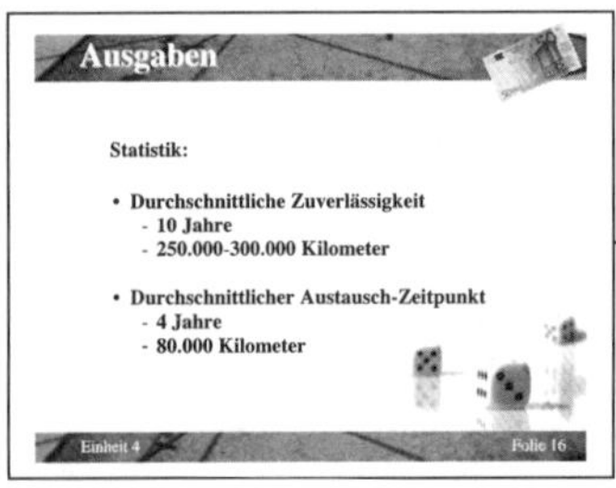

Dazu ein Blick auf die Statistik:

Statistiken zufolge beträgt die durchschnittliche Lebensdauer eines Neuwagens 10 Jahre bei einem Kilometerstand von 250.000 bis 300.000 Kilometern.

Durchschnittlich wird jedoch ein Neuwagen nach 4,5 Jahren bei einem Kilometerstand von etwa 80.000 Kilometern wieder verkauft.

Offensichtlich verkaufen viele Menschen ihr Auto, lange bevor es nicht mehr zuverlässig ist und immer mehr Reparaturen anfallen.

Auch hier wieder mein Tipp: Behalten Sie Ihren Wagen, behandeln Sie ihn pfleglich, wechseln Sie regelmäßig das Öl und fahren Sie ihn über einen längeren Zeitraum.

Wenn Sie diesen Rat befolgen, können Sie Ihr nächstes Auto bar bezahlen. Ich zeige Ihnen gleich, wie.

NOTIZEN

AUSGABEN

Fahrtkosten (Auto, ÖPNV, Fahrrad)

Kleines Quiz zum Thema „Fahrtkosten“:

- Was ist wohl das preiswerteste Auto, das man besitzen kann?

  ___

- Wann macht es eigentlich wirtschaftlich Sinn, ein nagelneues (das heißt bisher nicht zugelassenes Auto) zu kaufen?

  ___

- Was sind die wirtschaftlichen Vorteile von Auto-Leasing?

  ___

- Bei welchem Kilometerstand verkauft man seinen Wagen am besten wieder?

  ___

Statistik:

Durchschnittliche Zuverlässigkeit
Lebensdauer: 10 Jahre
Kilometerstand: 250.000–300.000 km

Durchschnittlicher Verkaufszeitpunkt
Alter: 4,5 Jahre
Kilometerstand: 80.000 km

Schlagen Sie bitte Seite 62 Ihres Teilnehmerbuches auf.

Teilnehmerhandbuch, Seite 62

Nehmen wir einmal an, Sie zahlen derzeit 300 Euro im Monat für Ihr Auto ab. Irgendwann werden Sie Ihr Auto abbezahlt haben. Was dann? Sie haben in der Regel zwei Möglichkeiten. Meistens denken wir in diesem Fall: *Das Auto ist bezahlt. Jetzt brauchen wir ein neues.* Ich hoffe, dass uns allen schon deutlich geworden ist, dass das nicht unbedingt sein muss. Denken Sie daran, dass Ihnen Ihr Auto im Idealfall mindestens zehn Jahre wertvolle Dienste leisten kann.

Andererseits können wir uns aber auch sagen: „Super! Das Auto ist abbezahlt. Ich habe jetzt 300 Euro im Monat mehr, die ich nun für andere Dinge ausgeben kann." Und so treffen wir keine Vorkehrungen für die Anschaffung des nächsten Wagens.

Wenn Sie Ihr Auto bereits abbezahlt haben, sollten Sie Ihr Auto noch weitere drei oder vier Jahre behalten und in dieser Zeit jeden Monat weiterhin 300 Euro zahlen. An wen? An sich selbst! Sie legen das Geld auf die hohe Kante. Es ist ohnehin in Ihrem Budget eingeplant. Zahlen Sie den Betrag weiterhin auf ein Konto ein, das Zinsen abwirft. Am besten gleich auf ein Sparkonto oder Festgeldkonto. Was passiert mit Ihrem Geld, wenn Sie es die nächsten drei oder vier Jahre an sich selbst zahlen?

Wenn Sie jeden Monat 300 Euro sparen, d. h. 3.600 Euro im Jahr, hätten Sie am Ende von drei Jahren 10.800 Euro bzw. 14.400 Euro nach vier Jahren. Dazu kämen noch die Zinsen und der Wiederverkaufswert Ihres derzeitigen Wagens. Somit wäre der *Barkauf Ihres nächsten Autos gesichert!*

Und wenn Sie dann dieses Auto wiederum sechs bis acht Jahre lang behalten, könnte die Zahlung an Sie selbst noch geringer ausfallen als Ihre derzeitige monatliche Autorate.

Ich möchte Ihnen Mut machen, diese Alternative ernsthaft ins Auge zu fassen. Dazu bedarf es zwar einer gehörigen Portion Disziplin, aber es ist die Sache wert.

NOTIZEN

EINHEIT 4

Bezahlen Sie Ihr nächstes Auto bar!

62

2 MINUTEN

4. Versicherungen

Teilnehmerhandbuch, Seite 63

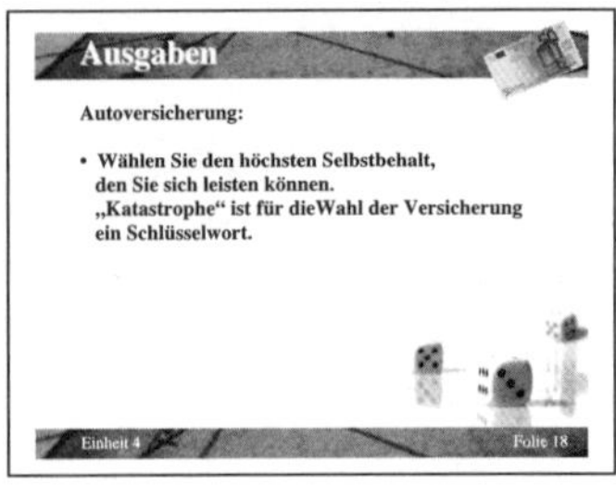

Die nächste Kategorie auf Ihrem Arbeitsblatt sind die Versicherungen. Sie ist eine der am wenigsten verständlichen und wenigsten übersichtlichen Finanzbereiche.

Autoversicherung

Hier einige Tipps zum Abschluss von Autoversicherungen.

Erstens: Wählen Sie den höchsten Selbstbehalt, den Sie sich leisten können.

„Katastrophe“ ist für die Wahl der Versicherung ein Schlüsselwort.

Versicherungen sind dazu da, Sie vor größeren Verlusten zu schützen. Zum Beispiel ist eine Selbstbeteiligung von 150 Euro normalerweise kostspieliger als eine von 300 Euro, 500 Euro oder 1.000 Euro. Ist ein Verlust von 300 Euro bei einem Auto ein katastrophaler Verlust? Für die meisten von uns sicher nicht. Auch wenn ich bei einem Unfall lieber nur 150 Euro bezahle als 300 Euro, macht es sich doch bezahlt, wenn ich dadurch über Jahre gesehen entsprechende Versicherungsbeiträge spare.

Stellen Sie Preisvergleiche an. Aber bedenken Sie: Nicht immer ist die günstigste Versicherung auch die beste!

Zwischen den einzelnen Versicherungsgesellschaften bestehen enorme Unterschiede hinsichtlich Ratenzahlung, Versicherungssumme (Versicherungsumfang) und Versicherungsleistung (z. B. Autohaftpflicht komplett mit [Auslands-] Schutzbrief [erspart z. B. ADAC-Kosten]) bzw. dem Serviceangebot (Direktversicherung versus Agentur, Schadenservice, Notrufservice usw.). Informieren Sie sich im Internet, über die Verbraucherberatungen usw. Und achten Sie auf die Seriosität der Versicherungsgesellschaft. Nutzen Sie berufsguppenbezogene Rabatte.

Kombinieren Sie Policen.

Nutzen Sie Kombi-Angebote. Denken Sie bei der Autoversicherung beispielsweise an Rabattmöglichkeiten bei der Versicherung der Kinder. Ein Versicherungsschutz aus einer Hand, wie z. B. eine Police für Wohngebäude- und Hausratversicherung, kann in der Regel eine deutliche Kostenersparnis mit sich bringen.

Fragen Sie nach Preisnachlässen.

NOTIZEN

AUSGABEN

Versicherungen

„Katastrophe“ ist für Versicherer ein Schlüsselwort.

Tipps zum Thema „Autoversicherung“:

- Wählen Sie den höchsten Selbstbehalt, den Sie sich leisten können.
- Stellen Sie Preisvergleiche an.
- Bedenken Sie: Nicht immer ist die günstigste Versicherung auch die beste!
- Kombinieren Sie Policen.
- Fragen Sie nach Preisnachlässen.
- Verzichten Sie auf Schutz vor Risiken, die keine mehr sind.

Lebensversicherung:

- Ziehen Sie auch Laufzeitveränderungen in Betracht.
- Wird die Lebensversicherung wirklich (noch) benötigt?

Berufsunfähigkeitsversicherung:

- Ziehen Sie den Abschluss einer Berufsunfähigkeitsversicherung in Betracht.
- Investieren Sie in eine langfristige gesundheitliche Absicherung.

63

Viele Versicherungsgesellschaften bieten besondere Tarife für Studenten, Nichtraucher, Garagenparker oder z. B. wenn das Auto nur von einer Person gefahren wird. Manche Versicherer gewähren Rabatte bei Abschluss mehrerer Versicherungen.

Verzichten Sie auf Schutz vor Risiken, die keine mehr sind (Vollkasko bei alten Autos).

Denken Sie daran, dass der Sinn einer Versicherung darin besteht, das Risiko eines katastrophalen Verlustes abzudecken. Wenn sich der Wert Ihres Wagens derart gemindert hat, dass Sie sich schon bald einen neuen leisten können, fällt er nicht mehr unter die Kategorie „Katastrophe". Hier erübrigen sich generell ein Vollkaskoschutz und gegebenenfalls auch ein Teilkaskoschutz.

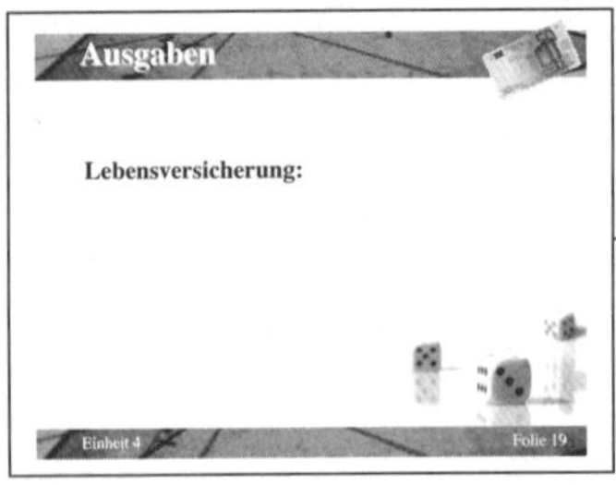

Lebensversicherung

Ein weiteres wichtiges Kapitel sind Lebensversicherungen. Sie sind letztlich biblisch begründet. Wie wir bereits gesehen haben, sind wir als Christen dazu aufgefordert, für unsere Angehörigen zu sorgen und sie abzusichern. Wenn Sie Kopf einer Familie mit Kindern sind, besteht ein Teil der Vorsorge für Sie darin, ausreichend versichert zu sein für den Fall, dass Ihnen etwas zustößt.

Das Problem mit den Lebensversicherungen ist jedoch, dass wir sie uns am wenigsten leisten können, wenn wir sie am meisten brauchen. Am meisten brauchen wir sie, wenn unsere Familie noch jung ist. Aber zu diesem Zeitpunkt ist in der Regel unser Einkommen noch gering und unsere Ausgaben sind recht hoch. Für diesen Fall raten wir:

Ziehen Sie auch Laufzeitveränderungen in Betracht.

Wichtig ist ein maximaler Versicherungsschutz bei einer minimalen Prämie.

Sie können an dieser Stelle auf die verschiedenen Arten von Lebensversicherungen hinweisen wie Risiko-Lebensversicherung und Kapital-Lebensversicherung. Die Risiko-Lebensversicherung sichert das Risiko ab, ist weitaus günstiger als eine Kapital-Lebensversicherung, das Geld wird aber nicht angespart (eventuell kann sie aber später noch in eine Kapital-Lebensversicherung umgewandelt werden.)

Wird die Lebensversicherung wirklich (noch) benötigt?

Wenn Sie Single sind, keine Familie zu versorgen haben oder Ihre Kinder bereits aus dem Haus sind, wird sie das möglicherweise nicht. Oder Sie besitzen bereits ein gewisses Vermögen und beide Partner sind erwerbstätig. In diesen Fällen brauchen Sie vielleicht gar keine Lebensversicherung, es sei denn zur Absicherung als Hausbesitzer. Angesichts der Fülle an möglichen Versicherungsprodukten ist es ratsam, sich erst mit einem oder zwei vertrauenswürdigen Versicherungsfachleuten zusammenzusetzen, bevor man diesbezüglich eine Entscheidung trifft.

In puncto Versicherungen, sind noch zwei weitere Gesichtspunkte wichtig.

NOTIZEN

AUSGABEN

Versicherungen

„Katastrophe“ ist für Versicherer ein Schlüsselwort.

Tipps zum Thema „Autoversicherung“:

- Wählen Sie den höchsten Selbstbehalt, den Sie sich leisten können.
- Stellen Sie Preisvergleiche an.
- Bedenken Sie: Nicht immer ist die günstigste Versicherung auch die beste!
- Kombinieren Sie Policen.
- Fragen Sie nach Preisnachlässen.
- Verzichten Sie auf Schutz vor Risiken, die keine mehr sind.

Lebensversicherung:

- Ziehen Sie auch Laufzeitveränderungen in Betracht.
- Wird die Lebensversicherung wirklich (noch) benötigt?

Berufsunfähigkeitsversicherung:

- Ziehen Sie den Abschluss einer Berufsunfähigkeitsversicherung in Betracht.
- Investieren Sie in eine langfristige gesundheitliche Absicherung.

63

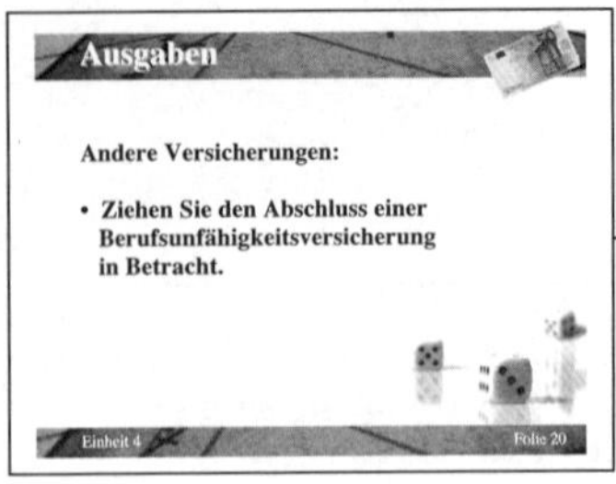

Berufsunfähigkeitsversicherung

Erstens: Ziehen Sie den Abschluss einer Berufsunfähigkeitsversicherung in Betracht.

Diese Versicherungsform sollte auf jeden Fall einen Teil Ihres Versicherungsschutzes bilden. Jeder Vierte wird berufsunfähig! Der Gesetzgeber hat die gesetzliche Berufsunfähigkeitsrente bereits 2001 abgeschafft und leistet seitdem nur die deutlich geringere Erwerbsunfähigkeitsrente. Seither haben sich die Versorgungslücken für alle nach dem 01.01.1961 Geborenen vergrößert. Der Staat hat das Thema der Berufsunfähigkeit durch seine Reformen in die Eigenverantwortung des Einzelnen gelegt. Gerade junge Menschen sollten früh über eine solche Versorgung nachdenken, da sie noch uneingeschränkt und kostengünstig versichert werden können. Die Bedeutung des Themas wird meist erst dann erkannt, wenn Personen durch Krankheit oder Unfall berufsunfähig werden. (Die häufigsten Ursachen für Berufsunfähigkeit sind psychische Erkrankungen und Einschränkungen des Bewegungsapparates.)

Bei Berufen mit sehr geringer Berufsunfähigkeits-Wahrscheinlichkeit (Juristen, Steuerberater usw.) bieten sich die *Schwere-Krankheiten-Versicherung* (Dread-Disease-Versicherung) und die *Grundfähigkeitsversicherung* an. Bei Ersterer wird die Auszahlung als Einmalzahlung bei Eintritt des Leistungsfalls geleistet, Zweitere zahlt eine Rente beim Verlust der wichtigsten Fähigkeiten wie Sehen, Gehen, Sprechen usw. In beiden Fällen sind die Leistungen unabhängig davon, ob man noch seinem Beruf nachgeht.

Da sich das Risiko einer Berufsunfähigkeit im Vergleich zum Todesfallrisiko im späteren Leben erhöht, sollte rechtzeitig an einen entsprechenden Versicherungsschutz gedacht werden.

Zweitens: Investieren Sie in eine langfristige gesundheitliche Absicherung. (Ziehen Sie eine private Zusatz-Kranken- und Pflegeversicherung in Betracht.)

Wir werden alle älter. Irgendwann stellen sich bei allen gewisse gesundheitliche Probleme ein, die einer längeren Behandlung in einem Krankenhaus, Pflegeheim usw. bedürfen, wodurch es zu einem erhöhten finanziellen Bedarf kommen kann. Wenn Sie schon auf die Sechzig zugehen, sollten Sie in eine langfristige gesundheitliche Absicherung investieren.

Um es noch einmal zu sagen: Für alle Versicherungen gilt: Holen Sie sich verschiedene Angebote ein und entscheiden Sie sich nicht unbedingt für das günstigste Angebot! Beratung ist in diesem Bereich sehr wichtig!

Nun haben Sie die Möglichkeit, das Gehörte auf Ihrem Budget-Arbeitsblatt zu berücksichtigen, und sehen, wie Sie es praktisch anwenden können.

Schlagen Sie jetzt bitte Seite 64 in Ihrem Teilnehmerbuch auf.

NOTIZEN

Versicherungen

„Katastrophe" ist für Versicherer ein Schlüsselwort.

Tipps zum Thema „Autoversicherung":

- Wählen Sie den höchsten Selbstbehalt, den Sie sich leisten können.
- Stellen Sie Preisvergleiche an.
- Bedenken Sie: Nicht immer ist die günstigste Versicherung auch die beste!
- Kombinieren Sie Policen.
- Fragen Sie nach Preisnachlässen.
- Verzichten Sie auf Schutz vor Risiken, die keine mehr sind.

Lebensversicherung:

- Ziehen Sie auch Laufzeitveränderungen in Betracht.
- Wird die Lebensversicherung wirklich (noch) benötigt?

Berufsunfähigkeitsversicherung:

- Ziehen Sie den Abschluss einer Berufsunfähigkeitsversicherung in Betracht.
- Investieren Sie in eine langfristige gesundheitliche Absicherung.

Einzelübung: Die Ausgaben für Fahrtkosten und Versicherungen

1. Wie viel geben Sie zurzeit laut Ihrem Vorbereitungsblatt für Fahrtkosten und Versicherungen aus? Falls Sie die Vorbereitungsblätter nicht ausgefüllt haben, sollten Sie Ihre Ausgaben schätzen. Die Prozentangaben auf dem Budgetplan werden Ihnen dabei helfen.
2. Kommt irgendeine der genannten Einsparungsvorschläge für Sie in Frage? Notieren Sie sich zumindest eine konkrete Maßnahme, die Sie in dieser Ausgabenkategorie umsetzen wollen.

Schritte zur Umsetzung

3. Setzen Sie sich kurzfristige Ziele (in Euro) für die Kategorie „Wohnen" und füllen Sie diese Rubrik in Ihrem Budget-Arbeitsblatt aus.

8 MINUTEN

5. *Einzelübung: Die Ausgaben für Fahrtkosten und Versicherungen*

Teilnehmerhandbuch, Seite 64

Ziel: Die Teilnehmer sollen sich kurzfristige Ziele für die Kategorien „Fahrtkosten" und „Versicherungen" auf dem Arbeitsblatt setzen.

Anleitung

1. Wie viel geben Sie zurzeit laut Ihrem Vorbereitungsblatt für Fahrtkosten und Versicherungen aus? Falls Sie die Vorbereitungsblätter nicht ausgefüllt haben, sollten Sie Ihre Ausgaben schätzen. Die Prozentangaben auf dem Budgetplan werden Ihnen dabei helfen.
2. Kommt irgendeine der genannten Einsparungsvorschläge für Sie in Frage? Notieren Sie sich zumindest eine konkrete Maßnahme, die Sie in dieser Ausgabenkategorie umsetzen wollen.
3. Setzen Sie sich kurzfristige Ziele (in Euro) für die Kategorie „Wohnen" und füllen Sie diese Rubrik in Ihrem Budget-Arbeitsblatt aus.

Bitte versuchen Sie, dies innerhalb von 8 Minuten zu tun.

Rufen Sie die Gruppe nach 8 Minuten wieder zusammen.

Falls es zeitlich machbar ist, können Sie den Teilnehmern mehr Zeit dafür einräumen.

6. *Haushalt/Persönliches*

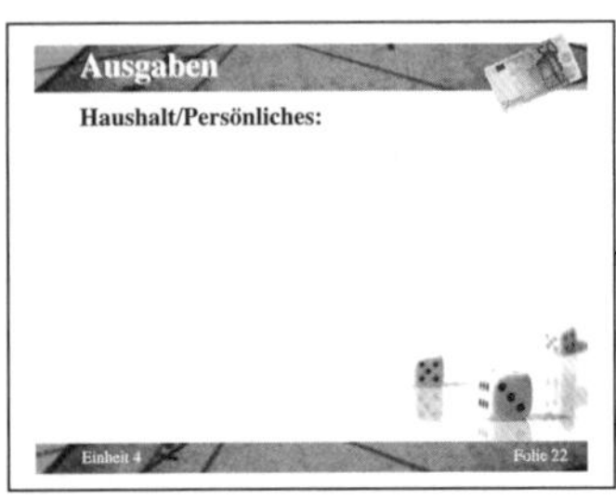

Teilnehmerhandbuch, Seite 65

Die nächste Kategorie auf dem Budget-Arbeitsblatt ist „Haushalt/Persönliches".

Wir werden gleich auf die Ausgaben in dieser Kategorie mit einer Einzelübung eingehen. Zunächst jedoch geht es eingehender um die Bereiche „Lebensmittel", „elektronische Geräte", „Bekleidung/Reinigung", „Kinder/Ausbildung", „Bücher/Zeitschriften", „Spiele/Glücksspiele", „Taschengeld" und „Geschenke".

NOTIZEN

EINHEIT 4

Einzelübung: Die Ausgaben für Fahrtkosten und Versicherungen

1. Wie viel geben Sie zurzeit laut Ihrem Vorbereitungsblatt für Fahrtkosten und Versicherungen aus? Falls Sie die Vorbereitungsblätter nicht ausgefüllt haben, sollten Sie Ihre Ausgaben schätzen. Die Prozentangaben auf dem Budgetplan werden Ihnen dabei helfen.
2. Kommt irgendeine der genannten Einsparungsvorschläge für Sie in Frage? Notieren Sie sich zumindest eine konkrete Maßnahme, die Sie in dieser Ausgabenkategorie umsetzen wollen.

Schritte zur Umsetzung

3. Setzen Sie sich kurzfristige Ziele (in Euro) für die Kategorie „Wohnen" und füllen Sie diese Rubrik in Ihrem Budget-Arbeitsblatt aus.

64

AUSGABEN

Haushalt/Persönliches

Lebensmittel

Hier einige Tipps, wie man die Ausgaben für Nahrungsmittel reduzieren kann:

1. Stellen Sie einen Kochplan auf.
2. Erstellen Sie eine Einkaufsliste und kaufen Sie wirklich nur das, was darauf steht.
3. Nutzen Sie Rabattsysteme.
4. Verzichten Sie auf Extravaganzen.
5. Kaufen Sie (größere) preiswerte Mengen ein und nutzen Sie Angebote.
6. Machen Sie sich Marketing-Tricks bewusst (Zweitplatzierung, Kasse, Impulskäufe).
7. Vermeiden Sie Fertiggerichte.
8. Kaufen Sie Gemüse/Obst saisonal.
9. Bauen Sie, wenn möglich, selbst an.
10. Schränken Sie Süßigkeiten ein.
11. Erfassen Sie die Ausgaben für Alkohol und Rauchen separat.

Wenn Sie jede Woche einen Kochplan (unter Berücksichtigung von Sonderangeboten) und Einkaufslisten aufstellen und sich auch daran halten, wird Ihnen das zweifellos dabei helfen, die Ausgaben für Lebensmittel im Griff zu haben.

Wenn Sie bei Lebensmitteln Geld einsparen, bedeutet dies keineswegs, dass Sie auch bei den Nährwerten Zugeständnisse machen müssen. Tatsächlich haben gerade die vergleichsweise teuren Lebensmittel (Süßigkeiten, gezuckerte Zerealien wie Cornflakes, Limonaden) den niedrigsten Nährwert. Man kann also preiswert *und* gesund essen.

65

Lebensmittel

Teilnehmerhandbuch, Seite 65

Lassen Sie uns mit dem Bereich „Lebensmittel" beginnen.

Lebensmittel können das Budget dramatisch beeinflussen. Hier einige Tipps, wie man die Ausgaben für Nahrungsmittel reduzieren kann:

1. Stellen Sie einen Kochplan auf.
2. Erstellen Sie eine Einkaufsliste und kaufen Sie wirklich nur das, was darauf steht.
3. Nutzen Sie Rabattsysteme.
4. Verzichten Sie auf Extravaganzen.
5. Kaufen Sie (größere) preiswerte Mengen ein und nutzen Sie Angebote.
6. Machen Sie sich Marketing-Tricks bewusst (Zweitplatzierung, Kasse, Impulskäufe).
7. Vermeiden Sie Fertiggerichte.
8. Kaufen Sie Gemüse/Obst saisonal.
9. Bauen Sie, wenn möglich, selbst an.
10. Schränken Sie Süßigkeiten ein.
11. Erfassen Sie die Ausgaben für Alkohol und Rauchen separat.

Wenn Sie jede Woche einen Kochplan (unter Berücksichtigung von Sonderangeboten) und Einkaufslisten aufstellen und sich auch daran halten, wird Ihnen das zweifellos dabei helfen, die Ausgaben für Lebensmittel im Griff zu haben.

Wenn Sie bei Lebensmitteln Geld einsparen, bedeutet dies keineswegs, dass Sie auch bei den Nährwerten Zugeständnisse machen müssen. Tatsächlich haben gerade die vergleichsweise teuren Lebensmittel (Süßigkeiten, gezuckerte Zerealien wie Cornflakes, Limonaden) den niedrigsten Nährwert. Man kann also preiswert *und* gesund essen.

Ausgaben 2003 für Nahrungsmittel, Getränke, Tabakwaren (Euro/Monat)				
Monatliches Haushaltsnetto-einkommen	Single	Allein erziehend	Paare ohne Kinder	Paare mit 2 Kindern
unter 900	127 (w); 142 (m)	189	238	–
900–1.300	153 (w); 164 (m)	216	256	–
1.300–1.500	172 (w); 172 (m)	217	287	–
1.500–2.000	176 (w); 187 (m)	255	303	402
2.000–2.600	185 (w); 185 (m)	259	322	422
2.600–3.600	192 (w); 194 (m)	291	343	446
3.600–5.000	206 (w); 204 (m)	282	365	455

Quelle: Statistisches Bundesamt, Fachserie 15, Heft 5 „Wirtschaftsrechnungen", Wiesbaden 2005

NOTIZEN

AUSGABEN

Haushalt/Persönliches

Lebensmittel

Hier einige Tipps, wie man die Ausgaben für Nahrungsmittel reduzieren kann:

1. Stellen Sie einen Kochplan auf.
2. Erstellen Sie eine Einkaufsliste und kaufen Sie wirklich nur das, was darauf steht.
3. Nutzen Sie Rabattsysteme.
4. Verzichten Sie auf Extravaganzen.
5. Kaufen Sie (größere) preiswerte Mengen ein und nutzen Sie Angebote.
6. Machen Sie sich Marketing-Tricks bewusst (Zweitplatzierung, Kasse, Impulskäufe).
7. Vermeiden Sie Fertiggerichte.
8. Kaufen Sie Gemüse/Obst saisonal.
9. Bauen Sie, wenn möglich, selbst an.
10. Schränken Sie Süßigkeiten ein.
11. Erfassen Sie die Ausgaben für Alkohol und Rauchen separat.

Wenn Sie jede Woche einen Kochplan (unter Berücksichtigung von Sonderangeboten) und Einkaufslisten aufstellen und sich auch daran halten, wird Ihnen das zweifellos dabei helfen, die Ausgaben für Lebensmittel im Griff zu haben.

Wenn Sie bei Lebensmitteln Geld einsparen, bedeutet dies keineswegs, dass Sie auch bei den Nährwerten Zugeständnisse machen müssen. Tatsächlich haben gerade die vergleichsweise teuren Lebensmittel (Süßigkeiten, gezuckerte Zerealien wie Cornflakes, Limonaden) den niedrigsten Nährwert. Man kann also preiswert *und* gesund essen.

EINHEIT 4

Ausgaben 2003 für Nahrungsmittel, Getränke, Tabakwaren (Euro/Monat)				
Monatliches Haushaltsnetto-einkommen	Single	Allein erziehend	Paare ohne Kinder	Paare mit 2 Kindern
unter 900	127 (w); 142 (m)	189	238	–
900–1.300	153 (w); 164 (m)	216	256	–
1.300–1.500	172 (w); 172 (m)	217	287	–
1.500–2.000	176 (w); 187 (m)	255	303	402
2.000–2.600	185 (w); 185 (m)	259	322	422
2.600–3.600	192 (w); 194 (m)	291	343	446
3.600–5.000	206 (w); 204 (m)	282	365	455

Quelle: Statistisches Bundesamt, Fachserie 15, Heft 5 „Wirtschaftsrechnungen", Wiesbaden 2005

Während die Unterschiede zwischen den Spalten auf die Anzahl der Haushaltsmitglieder zurückzuführen sind, weisen die Unterschiede zwischen den einzelnen Zeilen auf (veränderbare!) Kaufgewohnheiten hin. Diese Kategorie bietet also ein großes Sparpotenzial. Achten Sie deshalb auf Ihre Ausgabe-Gewohnheiten!

Während die Unterschiede zwischen den Spalten auf die Anzahl der Haushaltsmitglieder zurückzuführen sind, weisen die Unterschiede zwischen den einzelnen Zeilen auf (veränderbare!) Kaufgewohnheiten hin. Diese Kategorie bietet also ein großes Sparpotenzial. Achten Sie deshalb auf Ihre Ausgabe-Gewohnheiten!

Elektronische Geräte

Teilnehmerhandbuch, Seite 67

Wir machen weiter mit dem Bereich „Elektronische Geräte".

Da die technologische Entwicklung sich in diesem Bereich zurzeit sehr schnell vollzieht, kann leicht das Gefühl entstehen, dass man das Neueste und Beste besitzen MUSS. Bitte machen Sie sich klar, dass nicht jede Technologie, auf die wir uns einlassen, auch wirklich Zeit spart, sondern im Gegenteil oft sogar mehr von unserer Zeit in Anspruch nimmt. Abgesehen von dem generellen Prinzip, dass es normalerweise eine ziemlich aufwändige Sache ist, das Beste und Neueste zu besitzen – sofern Sie es nicht wirklich unbedingt benötigen –, sollten Sie sich die folgenden Hinweise zu Eigen machen, um die Kosten im Griff zu haben:

- Wenn man etwas von Computern versteht, kann man auch „runderneuerte" PCs kaufen. Damit kann man bis zu 500 Euro sparen.
- Zugang zum Internet oder zu E-Mail kann man über kostenlose Provider erhalten.
- Sie müssen nicht unbedingt die letzten technischen Modelle besitzen. Computer-Modelle mit einem etwas langsameren Prozessor gibt es mit einem drastischen Preisnachlass und so gut wie keinem spürbaren Leistungsnachteil.
- Wenn man sich einen Computer oder Elektronischen Organizer (PDA) kauft, dann nur solche Geräte, die ein relativ breites Software-Angebot für die Anwendungen bereitstellen, die Sie vorwiegend nutzen werden. Das ist entweder kostenlos oder preiswerter.
- Geben Sie nicht mehr als 300–400 Euro aus, um einen alten PC aufzurüsten, der schon mehr als 3 Jahre alt ist. Kaufen Sie lieber einen abgespeckten neuen. Der Leistungszuwachs von Jahr zu Jahr ist enorm. (Bei gebrauchten Computern ist dies etwas anderes als bei alten Autos.)
- Solange Ihr „alter" PC die Aufgaben zuverlässig erledigt, für die Sie ihn gekauft haben, gibt es keinen Grund, einen neuen zu kaufen.
- Unterscheiden Sie zwischen der Lust an der neuesten Technologie und dem tatsächlichen Bedarf. Ein Palm Pilot ist nur ein Spielzeug, solange Sie nicht wirklich regelmäßig die Kalenderfunktion, die To-do-Liste und das Adressenregister nutzen und dies besser funktioniert als Bleistift und Papier!
- Kaufen Sie Standardgeräte, für die es preiswertere Wartung und Software gibt.

NOTIZEN

Elektronische Geräte

Da die technologische Entwicklung sich in diesem Bereich zurzeit sehr schnell vollzieht, kann leicht das Gefühl entstehen, dass man das Neueste und Beste besitzen MUSS. Bitte machen Sie sich klar, dass nicht jede Technologie, auf die wir uns einlassen, auch wirklich Zeit spart, sondern im Gegenteil oft sogar mehr von unserer Zeit in Anspruch nimmt. Abgesehen von dem generellen Prinzip, dass es normalerweise eine ziemlich aufwändige Sache ist, das Beste und Neueste zu besitzen – sofern Sie es nicht wirklich unbedingt benötigen –, sollten Sie sich die folgenden Hinweise zu Eigen machen, um die Kosten im Griff zu haben:

- Wenn man etwas von Computern versteht, kann man auch „runderneuerte" PCs kaufen. Damit kann man bis zu 500 Euro sparen.
- Zugang zum Internet oder zu E-Mail kann man über kostenlose Provider erhalten.
- Sie müssen nicht unbedingt die letzten technischen Modelle besitzen. Computer-Modelle mit einem etwas langsameren Prozessor gibt es mit einem drastischen Preisnachlass und so gut wie keinem spürbaren Leistungsnachteil.
- Wenn man sich einen Computer oder Elektronischen Organizer (PDA) kauft, dann nur solche Geräte, die ein relativ breites Software-Angebot für die Anwendungen bereitstellen, die Sie vorwiegend nutzen werden. Das ist entweder kostenlos oder preiswerter.
- Geben Sie nicht mehr als 300–400 Euro aus, um einen alten PC aufzurüsten, der schon mehr als 3 Jahre alt ist. Kaufen Sie lieber einen abgespeckten neuen. Der Leistungszuwachs von Jahr zu Jahr ist enorm. (Bei gebrauchten Computern ist dies etwas ganz anderes als bei alten Autos.)
- Solange Ihr „alter" PC die Aufgaben zuverlässig erledigt, für die Sie ihn gekauft haben, gibt es keinen Grund, einen neuen zu kaufen.
- Unterscheiden Sie zwischen der Lust an der neuesten Technologie und dem tatsächlichen Bedarf. Ein Palm Pilot ist nur ein Spielzeug, solange Sie nicht wirklich regelmäßig die Kalenderfunktion, die To-do-Liste und das Adressenregister nutzen und dies besser funktioniert als Bleistift und Papier!
- Kaufen Sie Standardgeräte, für die es preiswertere Wartung und Software gibt.

- Eventuell finanziert Ihr Arbeitgeber einen PC oder stellt Ihnen einen, den Sie sowohl betrieblich als auch privat nutzen können.
- Vermeiden Sie zusätzliche „Festkosten": Nutzen Sie einen Handy-Vertrag, einen drahtlosen Internetzugang, einen XXL-Tarif usw. nur dann, wenn er wirklich beruflich unumgänglich ist oder zusätzliche Einnahmen bringt. Diese Art von Fixkosten führen erfahrungsgemäß immer auch zu Folgekosten, die unerwartet hoch sein können.
- Nehmen Sie sich Zeit, um Ihre Kaufentscheidung sorgfältig vorzubereiten. Suchen Sie im Internet nach Seiten, die Beurteilungen, Empfehlungen oder Tests anbieten.
- Bestellen Sie bei Online-Versendern, die ohne Porto und möglichst rasch liefern.

Kleidung/Reinigung

Teilnehmerhandbuch, Seite 69

Wir machen weiter mit dem Bereich „Kleidung/Reinigung".

Was halten Sie von folgenden statistischen Zahlen: 90 % der Kleidung wird nur in 10 % der Zeit getragen. Ein Drittel der Kleidung wird niemals getragen. In diesen Aussagen steckt mehr als nur ein Quäntchen Wahrheit, denn wie oft kommt es vor, dass neu gekaufte Kleidung zu Hause irgendwie nicht so aussieht, wie sie im Laden ausgesehen hat, oder sie passt doch nicht zu anderen Kleidungsstücken oder sie ist zu eng oder zu weit.

Es ist schon erstaunlich, mit wie wenig Kleidung man auskommt, wenn man klassische, zeitlose Mode kauft, die farblich zueinander passt. Wenn Sie drei Hosen, drei Hemden/Blusen und drei Kleidungsstücke zum Darüberziehen (z. B. Jacken oder Sweater) miteinander kombinieren würden, könnten Sie schon 27 verschiedene Varianten tragen. Oder Schuhe: Wie viel Paar Schuhe braucht man wirklich?

Noch ein paar Hinweise zum Thema „Kleidung":

- Probieren Sie einmal aus, ob Sie es schaffen, einen Saisonwechsel durchzustehen, ohne neue Kleidung zu kaufen – außer wenn es wirklich unvermeidbar ist.
- Kaufen Sie im Schlussverkauf.
- Kaufen Sie in Discount-Geschäften, wenn die Qualität stimmt.
- Ziehen Sie auch gut erhaltene, abgelegte Kleidung an, die andere an Sie weitergeben.
- Es müssen nicht immer Markenartikel sein.*

* Interessante Anmerkung: In der Februar-2000-Ausgabe des *National Geographic* gibt es einen Artikel über den Besuch in einer Bekleidungsfabrik in der chinesischen Stadt Birobzhau. Darin wird von einer Frau berichtet, die „unterschiedliche Markenbeschriftungen in identische Jacken nähte. Beide Labels hatten einen empfohlenen US-Einzelhandelspreis: Einer war Old Navy mit 18 USD. Der andere Ralph Lauren mit 38 USD. Die Herstellungskosten betrugen für beide Jacken genau 5 USD für Lohn und 2,50 USD für Rohstoff".

NOTIZEN

AUSGABEN

Kleidung/Reinigung

Was halten Sie von folgenden statistischen Zahlen: 90 % der Kleidung wird nur in 10 % der Zeit getragen. Ein Drittel der Kleidung wird niemals getragen. In diesen Aussagen steckt mehr als nur ein Quäntchen Wahrheit, denn wie oft kommt es vor, dass neu gekaufte Kleidung zu Hause irgendwie nicht so aussieht, wie sie im Laden ausgesehen hat, oder sie passt doch nicht zu anderen Kleidungsstücken oder sie ist zu eng oder zu weit.

Es ist schon erstaunlich, mit wie wenig Kleidung man auskommt, wenn man klassische, zeitlose Mode kauft, die farblich zueinander passt. Wenn Sie drei Hosen, drei Hemden/Blusen und drei Kleidungsstücke zum Darüberziehen (z. B. Jacken oder Sweater) miteinander kombinieren würden, könnten Sie schon 27 verschiedene Varianten tragen. Oder Schuhe: Wie viel Paar Schuhe braucht man wirklich?

Noch ein paar Hinweise zum Thema „Kleidung“:

- Probieren Sie einmal aus, ob Sie es schaffen, einen Saisonwechsel durchzustehen, ohne neue Kleidung zu kaufen – außer wenn es wirklich unvermeidbar ist.
- Kaufen Sie im Schlussverkauf.
- Kaufen Sie in Discount-Geschäften, wenn die Qualität stimmt.
- Ziehen Sie auch gut erhaltene, abgelegte Kleidung an, die andere an Sie weitergeben.
- Es müssen nicht immer Markenartikel sein.*
- Schneidern und reparieren Sie selbst.
- Kaufen Sie Stoffe, die nicht unbedingt in einer Reinigung gereinigt werden müssen.

* Interessante Anmerkung: In der Februar-2000-Ausgabe des *National Geographic* gibt es einen Artikel über den Besuch in einer Bekleidungsfabrik in der chinesischen Stadt Birobzhau. Darin wird von einer Frau berichtet, die „unterschiedliche Markenbeschriftungen in identische Jacken nähte. Beide Labels hatten einen empfohlenen US-Einzelhandelspreis: Einer war Old Navy mit 18 USD. Der andere Ralph Lauren mit 38 USD. Die Herstellungskosten betrugen für beide Jacken genau 5 USD für Lohn und 2,50 USD für Rohstoff“.

69

- Schneidern und reparieren Sie selbst.
- Kaufen Sie Stoffe, die nicht unbedingt in einer Reinigung gereinigt werden müssen.

Noch ein geistlicher Aspekt zum Thema „Kleidung“: Kaufen Sie Kleidung, damit Sie sich selbst besser fühlen oder um sich einmal etwas zu „gönnen“, obwohl Sie im Grunde gar nichts Neues bräuchten? Hier möchte ich Sie ermutigen: Gott möchte nicht, dass Sie Ihren persönlichen Wert auf dem aufbauen, was Sie tragen.

Haben Sie Kinder? Dann sprechen Sie mit ihnen über den Gruppendruck, unbedingt Markenkleidung tragen zu müssen. Versichern Sie ihnen, dass ihr Wert nicht davon abhängt, was sie tragen, sondern dass ihr Selbstwert daher rührt, dass sie ein geliebtes Kind Gottes sind. Diese Wahrheit sollten wir unseren Kindern mit auf den Weg geben. Wir wollen nicht dem Zeitgeist huldigen. Der Wert unserer Kinder hängt nämlich nicht von dem Etikett auf ihrer Kleidung ab. Ihre Kinder verstehen diese Botschaft vielleicht nicht sofort. Nehmen Sie sich Zeit, ihnen diese in einem günstigen Moment immer wieder nahe zu bringen.

Kinder/Ausbildung

Teilnehmerhandbuch, Seite 70

Kindergarten/Schule

Wir kommen nun zum Bereich „Kinder/Ausbildung“ – zunächst in Kindergarten und Schule und dann in der Ausbildung bzw. Hochschule.

Kindergarten und Schule sind ein Bereich, bei dem gesellschaftliche Vorstellungen gnadenlos und rücksichtslos angewendet werden: Kinder, die die Markenkleidung, die gerade „in“ ist, nicht tragen oder sich nicht an dem beteiligen, was gerade angesagt ist, werden isoliert und können tief greifende seelische Verletzungen erleiden.

Das Vorbild der Eltern und der Schutz der Familie spielen beim Erlernen geeigneter Strategien eine sehr bedeutsame Rolle, will man seinen Kindern beibringen, mit den Konsumreizen und dem Vergleichen umzugehen. Wichtig ist es auch, Raum und Vertrauen zu schaffen, damit Kinder über die Erfahrungen sprechen und sie verarbeiten können. Und natürlich sollte man sehr vorsichtig sein und nicht durch Kleidung oder Spielzeug selbst die Maßstäbe höher setzen und damit den Wettbewerb anheizen.

NOTIZEN

AUSGABEN

Kleidung/Reinigung

Was halten Sie von folgenden statistischen Zahlen: 90 % der Kleidung wird nur in 10 % der Zeit getragen. Ein Drittel der Kleidung wird niemals getragen. In diesen Aussagen steckt mehr als nur ein Quäntchen Wahrheit, denn wie oft kommt es vor, dass neu gekaufte Kleidung zu Hause irgendwie nicht so aussieht, wie sie im Laden ausgesehen hat, oder sie passt doch nicht zu anderen Kleidungsstücken oder sie ist zu eng oder zu weit.

Es ist schon erstaunlich, mit wie wenig Kleidung man auskommt, wenn man klassische, zeitlose Mode kauft, die farblich zueinander passt. Wenn Sie drei Hosen, drei Hemden/Blusen und drei Kleidungsstücke zum Darüberziehen (z. B. Jacken oder Sweater) miteinander kombinieren würden, könnten Sie schon 27 verschiedene Varianten tragen. Oder Schuhe: Wie viel Paar Schuhe braucht man wirklich?

Noch ein paar Hinweise zum Thema „Kleidung“:

- Probieren Sie einmal aus, ob Sie es schaffen, einen Saisonwechsel durchzustehen, ohne neue Kleidung zu kaufen – außer wenn es wirklich unvermeidbar ist.
- Kaufen Sie im Schlussverkauf.
- Kaufen Sie in Discount-Geschäften, wenn die Qualität stimmt.
- Ziehen Sie auch gut erhaltene, abgelegte Kleidung an, die andere an Sie weitergeben.
- Es müssen nicht immer Markenartikel sein.*
- Schneidern und reparieren Sie selbst.
- Kaufen Sie Stoffe, die nicht unbedingt in einer Reinigung gereinigt werden müssen.

* Interessante Anmerkung: In der Februar-2000-Ausgabe des *National Geographic* gibt es einen Artikel über den Besuch in einer Bekleidungsfabrik in der chinesischen Stadt Birobzhau. Darin wird von einer Frau berichtet, die „unterschiedliche Markenbeschriftungen in identische Jacken nähte. Beide Labels hatten einen empfohlenen US-Einzelhandelspreis: Einer war Old Navy mit 18 USD. Der andere Ralph Lauren mit 38 USD. Die Herstellungskosten betrugen für beide Jacken genau 5 USD für Lohn und 2,50 USD für Rohstoff“.

69

EINHEIT 4

Kinder/Ausbildung

Kindergarten und Schule sind ein Bereich, bei dem gesellschaftliche Vorstellungen gnadenlos und rücksichtslos angewendet werden: Kinder, die die Markenkleidung, die gerade „in“ ist, nicht tragen oder sich nicht an dem beteiligen, was gerade angesagt ist, werden isoliert und können tief greifende seelische Verletzungen erleiden.

Das Vorbild der Eltern und der Schutz der Familie spielen beim Erlernen geeigneter Strategien eine sehr bedeutsame Rolle, will man seinen Kindern beibringen, mit den Konsumreizen und dem Vergleichen umzugehen. Wichtig ist es auch, Raum und Vertrauen zu schaffen, damit Kinder über die Erfahrungen sprechen und sie verarbeiten können. Und natürlich sollte man sehr vorsichtig sein und nicht durch Kleidung oder Spielzeug selbst die Maßstäbe höher setzen und damit den Wettbewerb anheizen.

Einige Tipps:

- Kinder können lernen, mit Heften, Ordnern, Schreib- und Bastelmaterial sorgfältig und sparsam umzugehen. Die Anleitung zur Selbstkontrolle ist wichtiger als Schimpfen und kleinliches Kontrollieren.
- Gestalten Sie das Schulbrot abwechslungsreich. Es darf auch gelegentlich einmal ein Markenschokoriegel sein.
- Häufig gibt es Zuschüsse für das Fahrtgeld zur Schule. Falls Eltern die Fahrten übernehmen, können Fahrgemeinschaften die Kosten reduzieren.
- Falls Sie darüber nachdenken, Ihr Kind auf eine Privatschule zu schicken, sollten Sie das Schulgeld keinesfalls durch Kredite finanzieren.
- Kinder müssen lernen, dass man ihnen nicht alles finanzieren kann. Daher ist es wichtig, dass Sie Kindern auch in angemessenem Umfang Einblick in Ihre finanziellen Möglichkeiten und Grenzen geben. Auch sollten Kinder sich – je nach Alter – ein bisschen Geld selbst verdienen, um zu verstehen, dass es einen Zusammenhang zwischen Geld und Arbeit gibt.

70

Einige Tipps:

- Kinder können lernen, mit Heften, Ordnern, Schreib- und Bastelmaterial sorgfältig und sparsam umzugehen. Die Anleitung zur Selbstkontrolle ist wichtiger als Schimpfen und kleinliches Kontrollieren.
- Gestalten Sie das Schulbrot abwechslungsreich. Es darf auch gelegentlich einmal ein Markenschokoriegel sein.
- Häufig gibt es Zuschüsse für das Fahrtgeld zur Schule. Falls Eltern die Fahrten übernehmen, können Fahrgemeinschaften die Kosten reduzieren.
- Falls Sie darüber nachdenken, Ihr Kind auf eine Privatschule zu schicken, sollten Sie das Schulgeld keinesfalls durch Kredite finanzieren.
- Kinder müssen lernen, dass man ihnen nicht alles finanzieren kann. Daher ist es wichtig, dass Sie Kindern auch in angemessenem Umfang Einblick in Ihre finanziellen Möglichkeiten und Grenzen geben. Auch sollten Kinder sich – je nach Alter – ein bisschen Geld selbst verdienen, um zu verstehen, dass es einen Zusammenhang zwischen Geld und Arbeit gibt.

Ausbildung/Hochschule

Teilnehmerhandbuch, Seite 71

Wenn Sie die Ausbildung Ihrer Kinder finanziell unterstützen wollen, müssen Sie rechtzeitig mit diesbezüglichem Sparen beginnen. (Hier gibt es z. B. auch Ausbildungsversicherungen, die ausgezahlt werden, wenn Ihr Kind ein bestimmtes Alter erreicht.) Nutzen Sie den Zinseszinseffekt! Bereiten Sie Ihre Kinder rechtzeitig darauf vor, dass sie auch selbst etwas zur Finanzierung beitragen müssen, und fangen Sie spätestens ab der weiterführenden Schule an, entsprechende Rücklagen zu bilden. Setzen Sie sich zum Ziel, nach dem Hochschulabschluss keine Schulden mehr zu haben. Der Studierende sollte selbst einige Stunden pro Woche arbeiten, um Geld zur Ausbildungsfinanzierung beizutragen. Bitte beachten Sie jedoch die Verdienstgrenze für Schüler und Studenten. Wenn Ihr Kind darüber liegt, ist es versicherungspflichtig und Sie verlieren den Anspruch auf Kindergeld.

Machen Sie sich klar, dass es auch günstigere Alternativen geben kann als eine 4–5-jährige Hochschulausbildung. Besondere Vorsicht ist bei Darlehen zur Finanzierung von Ausbildungen geboten. Auch bei BaföG-Darlehen handelt es sich um Schulden!

Bücher/Zeitschriften

Teilnehmerhandbuch, Seite 72

Eine weitere Haushaltsausgabe sind „Bücher bzw. Zeitschriften“.

NOTIZEN

EINHEIT 4

Kinder/Ausbildung

Kindergarten und Schule sind ein Bereich, bei dem gesellschaftliche Vorstellungen gnadenlos und rücksichtslos angewendet werden: Kinder, die die Markenkleidung, die gerade „in" ist, nicht tragen oder sich nicht an dem beteiligen, was gerade angesagt ist, werden isoliert und können tief greifende seelische Verletzungen erleiden.

Das Vorbild der Eltern und der Schutz der Familie spielen beim Erlernen geeigneter Strategien eine sehr bedeutsame Rolle, will man seinen Kindern beibringen, mit den Konsumreizen und dem Vergleichen umzugehen. Wichtig ist es auch, Raum und Vertrauen zu schaffen, damit Kinder über die Erfahrungen sprechen und sie verarbeiten können. Und natürlich sollte man sehr vorsichtig sein und nicht durch Kleidung oder Spielzeug selbst die Maßstäbe höher setzen und damit den Wettbewerb anheizen.

Einige Tipps:

- Kinder können lernen, mit Heften, Ordnern, Schreib- und Bastelmaterial sorgfältig und sparsam umzugehen. Die Anleitung zur Selbstkontrolle ist wichtiger als Schimpfen und kleinliches Kontrollieren.
- Gestalten Sie das Schulbrot abwechslungsreich. Es darf auch gelegentlich einmal ein Markenschokoriegel sein.
- Häufig gibt es Zuschüsse für das Fahrtgeld zur Schule. Falls Eltern die Fahrten übernehmen, können Fahrgemeinschaften die Kosten reduzieren.
- Falls Sie darüber nachdenken, Ihr Kind auf eine Privatschule zu schicken, sollten Sie das Schulgeld keinesfalls durch Kredite finanzieren.
- Kinder müssen lernen, dass man ihnen nicht alles finanzieren kann. Daher ist es wichtig, dass Sie Kindern auch in angemessenem Umfang Einblick in Ihre finanziellen Möglichkeiten und Grenzen geben. Auch sollten Kinder sich – je nach Alter – ein bisschen Geld selbst verdienen, um zu verstehen, dass es einen Zusammenhang zwischen Geld und Arbeit gibt.

70

AUSGABEN

Ausbildung/Hochschule

Wenn Sie die Ausbildung Ihrer Kinder finanziell unterstützen wollen, müssen Sie rechtzeitig mit diesbezüglichem Sparen beginnen. (Hier gibt es z. B. auch Ausbildungsversicherungen, die ausgezahlt werden, wenn Ihr Kind ein bestimmtes Alter erreicht.) Nutzen Sie den Zinseszinseffekt! Bereiten Sie Ihre Kinder rechtzeitig darauf vor, dass sie auch selbst etwas zur Finanzierung beitragen müssen, und fangen Sie spätestens ab der weiterführenden Schule an, entsprechende Rücklagen zu bilden. Setzen Sie sich zum Ziel, nach dem Hochschulabschluss keine Schulden mehr zu haben. Der Studierende sollte selbst einige Stunden pro Woche arbeiten, um Geld zur Ausbildungsfinanzierung beizutragen. Bitte beachten Sie jedoch die Verdienstgrenze für Schüler und Studenten. Wenn Ihr Kind darüber liegt, ist es versicherungspflichtig und Sie verlieren den Anspruch auf Kindergeld.

Machen Sie sich klar, dass es auch günstigere Alternativen geben kann als eine 4–5-jährige Hochschulausbildung. Besondere Vorsicht ist bei Darlehen zur Finanzierung von Ausbildungen geboten. Auch bei BaföG-Darlehen handelt es sich um Schulden!

71

Wir haben bereits darüber gesprochen, dass das preiswerteste Abonnement der Welt selbst dann kein gutes Geschäft ist, wenn wir einfach keine Zeit haben, alles zu lesen. Darüber hinaus sollten wir uns auch darüber Gedanken machen, ob der Inhalt gut für uns und unseren Geist ist:

„Richtet eure Gedanken auf das, was schon bei euren Mitmenschen als rechtschaffen, ehrbar und gerecht gilt, was rein, liebenswert und ansprechend ist, auf alles, was Tugend heißt und Lob verdient“ (Philipper 4,8).

Zusätzlich kann man noch die folgenden Einsparmöglichkeiten in Erwägung ziehen:

- Teilen Sie Abos mit einem Freund oder Nachbarn.
- Nutzen Sie die Vorteile von Bibliotheken, Buchleih-Organisationen oder Buchtausch-Möglichkeiten.
- Kaufen Sie Taschenbücher und keine gebundenen Bücher.
- Nutzen Sie das Internet, um Zugang zu schriftlichem Material zu bekommen, das in Zeitschriften oder Monatsmagazinen erscheint.

Ich möchte an dieser Stelle einen kurzen Exkurs zu einem Thema einfügen, das selten zur Sprache kommt – Pornografie. Diese stellt ein aggressives Krebsgeschwür in unserer Gesellschaft dar. Sie macht süchtig. Sie beeinflusst unser Verhalten. Und sie zerstört letztlich jede enge Beziehung, die Sie eingehen. Wenn Sie mit diesem Thema Probleme haben, sollten Sie sich fachkundigen Rat holen!

Spiele/Glücksspiele

Noch ein Wort zu Glücksspielen.

Auch wenn diese Unterkategorie nicht explizit auf Ihrem Budgetplan erscheint, sollte sie erwähnt werden, denn viele Menschen in unserer Gesellschaft haben damit große Probleme. Nach Angabe des Statistischen Bundesamtes flossen 2003 etwa 4,7 Mrd. Euro Einnahmen aus Glücksspielen in die öffentlichen Kassen. Seit 1970 haben sich diese Einnahmen damit mehr als versiebenfacht. Sie bestehen zum einen aus Steuereinnahmen (Lotterie- und Rennwettsteuer), zum anderen aus Gewinnablieferungen und anderen Abgaben von Lotto- und Totogesellschaften sowie der Spielbanken.

Wie stehen Sie dazu? Wenn Sie Ausgaben in diesem Bereich haben, dann tragen Sie diese in Ihrem Arbeitsblatt beispielsweise unter „Lotto“ (bei „8. Freizeit“) ein.

NOTIZEN

EINHEIT 4

Bücher/Zeitschriften

Wir haben bereits darüber gesprochen, dass das preiswerteste Abonnement der Welt selbst dann kein gutes Geschäft ist, wenn wir einfach keine Zeit haben, alles zu lesen. Darüber hinaus sollten wir uns auch darüber Gedanken machen, ob der Inhalt gut für uns und unseren Geist ist.

> *„Richtet eure Gedanken auf das, was schon bei euren Mitmenschen als rechtschaffen, ehrbar und gerecht gilt, was rein, liebenswert und ansprechend ist, auf alles, was Tugend heißt und Lob verdient."*
>
> Philipper 4,8

Zusätzlich kann man noch die folgenden Einsparmöglichkeiten in Erwägung ziehen:

- Teilen Sie Abos mit einem Freund oder Nachbarn.
- Nutzen Sie die Vorteile von Bibliotheken, Buchleih-Organisationen oder Buchtausch-Möglichkeiten.
- Kaufen Sie Taschenbücher und keine gebundenen Bücher.
- Nutzen Sie das Internet, um Zugang zu schriftlichem Material zu bekommen, das in Zeitschriften oder Monatsmagazinen erscheint.

Spiele/Glücksspiele

- Was verbirgt sich hinter dem Wunsch nach Spielen?
- Befassen Sie sich mit dem, was Gott dazu sagt:
  - Lukas 12,15
  - Sprüche 28,19–20

72

Ich möchte Sie darüber hinaus ermutigen, darüber nachzudenken, was sich hinter dem Wunsch nach Spielen verbirgt. Befassen Sie sich auch mit dem, was Gott dazu sagt: „Hütet euch vor jeder Art von Habgier! Denn der Mensch gewinnt sein Leben nicht aus seinem Besitz, auch wenn der noch so groß ist“ (Lukas 12,15). Und in Sprüche 28, Verse 19 und 20 heißt es: „Wer seine Felder bestellt, hat viel zu essen; wer sich mit windigen Geschäften abgibt, hat viel zu hungern. Zuverlässige Menschen haben Glück und Erfolg; aber wer um jeden Preis reich werden will, wird der Strafe nicht entgehen.“

Taschengeld

Teilnehmerhandbuch, Seite 73

Das Taschengeld kann ein sehr guter Lehrbereich für Kinder sein.

Hier eine erprobte Anregung, wie Sie das Thema „Taschengeld“ in Ihrer Familie handhaben könnten: Einmal im Monat gab der Vater seinen Kindern einen Euro, der in 10 Münzen à 10 Cent aufgeteilt war. Außerdem erhielt jedes Kind 10 Pappbecher, auf denen jeweils stand, für was sie genutzt werden sollten. Der Vater nahm das Geld und machte ein Türmchen mit je 10 10-Cent-Münzen. Die Kinder fanden das sehr spannend. Dann fragte er sie: „Habt ihr eure Aufgaben im Haushalt erledigt?“ Dann gab er ihnen Geld und sagte dabei: „Dies ist der erste Zehner – wo gehört der hin? Der gehört in den Becher mit der Aufschrift ‚Geschenk für Jesus‘. Wo gehört der zweite Zehner hin? In ‚Ersparnisse‘. Ihr braucht Ersparnisse! Und wo geht der Dritte hin? Nehmt ihn und legt ihn in den ‚Lebensmittel‘-Becher. Davon könnt ihr euch Süßigkeiten oder Kaugummi kaufen. Wo gehört der vierte Zehner hin? In ‚Wohnen‘ – ihr müsst doch ein Dach über dem Kopf haben. Aber solange ihr bei mir lebt, könnt ihr die Ausgaben fürs Wohnen sparen und sie direkt in den Spar-Becher tun. Die nächsten 3 Becher sind für Geschenke gedacht und mit den letzten 3 könnt ihr machen, was ihr wollt.“

Genau dieselben Kinder nutzten später dann ausgefeiltere Instrumente wie schriftliche Aufzeichnungen mit Kategorien wie „Schulmittagessen“ oder „Sportbekleidung“. Heute gehen sie aufs Gymnasium und sind dort die einzigen Kinder, die bereits das Softwareprogramm „Quicken“ benutzen.

Andere Familien haben ähnliche Ansätze ausprobiert und z. B. unterschiedliche Sparbücher für Spenden, Sparen und sonstige Ausgaben eingerichtet.

NOTIZEN

AUSGABEN

Taschengeld

Hier eine erprobte Anregung, wie Sie das Thema „Taschengeld" in Ihrer Familie handhaben könnten: Einmal im Monat gab der Vater seinen Kindern einen Euro, der in 10 Münzen à 10 Cent aufgeteilt war. Außerdem erhielt jedes Kind 10 Pappbecher, auf denen jeweils stand, für was sie genutzt werden sollten. Der Vater nahm das Geld und machte ein Türmchen mit je 10 10-Cent-Münzen. Die Kinder fanden das sehr spannend. Dann fragte er sie: „Habt ihr eure Aufgaben im Haushalt erledigt?" Dann gab er ihnen Geld und sagte dabei: „Dies ist der erste Zehner – wo gehört der hin? Der gehört in den Becher mit der Aufschrift ‚Geschenk für Jesus'. Wo gehört der zweite Zehner hin? In ‚Ersparnisse'. Ihr braucht Ersparnisse! Und wo geht der dritte hin? Nehmt ihn und legt ihn in den ‚Lebensmittel'-Becher. Davon könnt ihr euch Süßigkeiten oder Kaugummi kaufen. Wo gehört der vierte Zehner hin? In ‚Wohnen' – ihr müsst doch ein Dach über dem Kopf haben. Aber solange ihr bei mir lebt, könnt ihr die Ausgaben fürs Wohnen sparen und sie direkt in den Spar-Becher tun. Die nächsten 3 Becher sind für Geschenke gedacht und mit den letzten 3 könnt ihr machen, was ihr wollt."

Genau dieselben Kinder nutzten später dann ausgefeiltere Instrumente wie schriftliche Aufzeichnungen mit Kategorien wie „Schulmittagessen" oder „Sportbekleidung". Heute gehen sie aufs Gymnasium und sind dort die einzigen Kinder, die bereits das Softwareprogramm „Quicken" benutzen.

Andere Familien haben ähnliche Ansätze ausprobiert und z. B. unterschiedliche Sparbücher für Spenden, Sparen und sonstige Ausgaben eingerichtet.

Geschenke

Teilnehmerhandbuch, Seite 74

Ein weiterer nicht unerheblicher Ausgabenposten sind Geschenke.

Viele Menschen sind überrascht, wenn sie feststellen, wie viel sie eigentlich für Geschenke ausgeben. Wenn man eine Liste darüber erstellt, für wen man im Einzelnen ein Geschenk kauft und wie viel man üblicherweise für ein Geburtstags- oder Weihnachtsgeschenk oder als Mitbringsel bei Einladungen ausgibt, wird man merken, dass dieser Ausgabenposten relativ hoch sein kann. Und das Verrückte dabei ist, dass wir uns manchmal sehr viel Mühe machen, um Menschen etwas zu kaufen, die ohnehin schon so gut wie alles besitzen und manchmal noch mehr als das.

Es gibt eine ganze Reihe von Möglichkeiten, wie man die Ausgaben für Geschenke reduzieren kann:

- Backen oder basteln Sie etwas.
- Laden Sie Personen doch zu einem besonderen Essen ein.
- Wenn Sie dem Geburtstagskind einen kurzen Brief schreiben, in dem Sie ihm mitteilen, was Sie an ihm schätzen, wird dies ebenfalls gut ankommen.
- Spenden Sie im Namen der Person für einen guten Zweck. Das Geld geht dahin, wo es wirklich gebraucht wird. Die betreffende Person weiß auch, dass Sie an sie gedacht haben, und Sie können sogar noch etwas mehr schenken, wenn Sie die Steuergutschrift berücksichtigen.
- Schenken Sie Gutscheine, in denen Sie sich verpflichten, dem Beschenkten etwas Gutes zu tun (putzen, Kuchen backen usw.).
- Kaufen Sie preisgünstig ein.
- Vereinbaren Sie in größeren Familien, dass das Geschenk nicht über eine bestimmte Grenze hinausgehen soll und wer wann bis zu welchem Alter beschenkt werden soll.

Grundsätzlich gilt, dass das Geschenk kein Gradmesser für das Maß der Liebe ist, die Sie der anderen Person entgegenbringen.

„Die besten Dinge im Leben sind nicht die, für die man Geld bekommt. Die besten Dinge im Leben sind keine Dinge." (Albert Einstein)

Bei der folgenden Übung sollen Sie nun die heute besprochenen Haushaltsausgaben in Ihrem Budget berücksichtigen.

Schlagen Sie bitte Seite 75 in Ihrem Teilnehmerbuch auf.

NOTIZEN

EINHEIT 4

Geschenke

Viele Menschen sind überrascht, wenn sie feststellen, wie viel sie eigentlich für Geschenke ausgeben. Wenn man eine Liste darüber erstellt, für wen man im Einzelnen ein Geschenk kauft und wie viel man üblicherweise für ein Geburtstags- oder Weihnachtsgeschenk oder als Mitbringsel bei Einladungen ausgibt, wird man merken, dass dieser Ausgabenposten relativ hoch sein kann. Und das Verrückte dabei ist, dass wir uns manchmal sehr viel Mühe machen, um Menschen etwas zu kaufen, die ohnehin schon so gut wie alles besitzen und manchmal noch mehr als das.

Es gibt eine ganze Reihe von Möglichkeiten, wie man die Ausgaben für Geschenke reduzieren kann:

- Backen oder basteln Sie etwas.
- Laden Sie Personen doch zu einem besonderen Essen ein.
- Wenn Sie dem Geburtstagskind einen kurzen Brief schreiben, in dem Sie ihm mitteilen, was Sie an ihm schätzen, wird dies ebenfalls gut ankommen.
- Spenden Sie im Namen der Person für einen guten Zweck. Das Geld geht dahin, wo es wirklich gebraucht wird. Die betreffende Person weiß auch, dass Sie an sie gedacht haben, und Sie können sogar noch etwas mehr schenken, wenn Sie die Steuergutschrift berücksichtigen.
- Schenken Sie Gutscheine, in denen Sie sich verpflichten, dem Beschenkten etwas Gutes zu tun (putzen, Kuchen backen usw.).
- Kaufen Sie preisgünstig ein.
- Vereinbaren Sie in größeren Familien, dass das Geschenk nicht über eine bestimmte Grenze hinausgehen soll und wer wann bis zu welchem Alter beschenkt werden soll.

Grundsätzlich gilt, dass das Geschenk kein Gradmesser für das Maß der Liebe ist, die Sie der anderen Person entgegenbringen.

> *„Die besten Dinge im Leben sind nicht die, für die man Geld bekommt. Die besten Dinge im Leben sind keine Dinge."*
> Albert Einstein

74

15 MINUTEN

7. Einzelübung: Die Ausgaben für Haushalt/Persönliches

Teilnehmerhandbuch, Seite 75

Ziel: Die Teilnehmer sollen sich kurzfristige Ziele für die Kategorie „Haushalt/Persönliches" auf dem Budgetplan setzen und Ideen und Anwendungsbeispiele entwickeln.

Anleitung

1. Wie viel geben Sie zurzeit laut Ihres Vorbereitungsblattes für Lebensmittel, Bekleidung/Reinigung, Geschenke, Bücher/Zeitschriften, Abos, Taschengeld, persönliche Elektronik (PC, CD, Video, Film, Foto), Ausbildung aus?
2. Versuchen Sie bitte, Ihre Ausgaben realistisch zu schätzen, falls Sie die Vorbereitungsblätter nicht ausgefüllt haben. Die Prozentangaben auf dem Budgetplan werden Ihnen dabei helfen.
3. Welche drei Kategorien beinhalten das größte Sparpotenzial? Lesen Sie nochmals die Informationen auf den Seiten, die die gewählten Kategorien betreffen. Notieren Sie sich mindestens eine Idee, die Ihnen helfen kann, die Ausgaben in den Kategorien zu reduzieren, und setzen Sie sich ein kurzfristiges Ziel für das Budget.
4. Setzen Sie sich Ziele für die noch verbliebenen Bereiche innerhalb der Kategorie „Haushalt/Persönliches".
5. Falls Sie noch Zeit haben, können Sie sich noch die Hinweise für die nicht von Ihnen ausgewählten Bereiche durchlesen.
6. Beachten Sie auch die Tipps zum Thema „Taschengeld", falls Sie Kinder haben.

Sie haben nun 14 Minuten, um sich damit zu beschäftigen.

Rufen Sie die Gruppe nach 14 Minuten wieder zusammen.

1 MINUTE

Zusammenfassung

Welche Dinge sind Ihnen bewusst geworden? Welche Ideen haben Sie entwickelt?

Greifen Sie vier oder fünf Antworten aus der Gruppe auf und wiederholen Sie diese für jeden hörbar.

Mögliche Antworten:

- „Ich will unsere Mahlzeiten planen und nicht mehr ohne einen Einkaufszettel einkaufen gehen."
- „Wir werden unsere Ausgaben für Geschenke innerhalb der Familie begrenzen."
- „Wir werden nochmals unsere Finanzierungspläne für die Ausbildung unserer Kinder überdenken und frühzeitig eine Ausbildungsversicherung abschließen."

NOTIZEN

AUSGABEN

Einzelübung: Die Ausgaben für Haushalt/Persönliches

1. Wie viel geben Sie zurzeit laut Ihres Vorbereitungsblattes für Lebensmittel, Bekleidung/Reinigung, Geschenke, Bücher/Zeitschriften, Abos, Taschengeld, persönliche Elektronik (PC, CD, Video, Film, Foto), Ausbildung aus?
2. Versuchen Sie bitte, Ihre Ausgaben realistisch zu schätzen, falls Sie die Vorbereitungsblätter nicht ausgefüllt haben. Die Prozentangaben auf dem Budgetplan werden Ihnen dabei helfen.
3. Welche drei Kategorien beinhalten das größte Sparpotenzial? Lesen Sie nochmals die Informationen auf den Seiten, die die gewählten Kategorien betreffen. Notieren Sie sich mindestens eine Idee, die Ihnen helfen kann, die Ausgaben in den Kategorien zu reduzieren, und setzen Sie sich ein kurzfristiges Ziel für das Budget.
4. Setzen Sie sich Ziele für die noch verbliebenen Bereiche innerhalb der Kategorie „Haushalt/Persönliches“.

Notizen

5. Falls Sie noch Zeit haben, können Sie sich noch die Hinweise für die nicht von Ihnen ausgewählten Bereiche durchlesen.
6. Beachten Sie auch die Tipps zum Thema „Taschengeld“, falls Sie Kinder haben.

75

III. ZUSAMMENFASSUNG

Wir sind nun am Ende der Ausgaben-Kategorien „Wohnen“, „Fahrtkosten“, „Versicherungen“ und „Haushalt/Persönliches“ angelangt. In der nächsten Einheit werden wir den Budgetplan abschließen.

Pause bzw. Abschluss.

IHR BUDGET

UNTER DER LUPE

Zielsetzung

In Einheit 5 werden die Teilnehmer …

1. … die Ausgabenkategorien „Dienstleistungen“, „Freizeit“ und „Verschiedene Barausgaben“ auf ihrem Budgetplan vervollständigen.

2. … ihren Budgetplan abschließen.

Ablauf

I. Einleitung

II. Entdeckungsreise

A. Weitere Positionen im Bereich „Ausgaben“

1. Freizeit
2. Entgeltliche Dienstleistungen
3. Verschiedene Barausgaben
4. Einzelübung: Die Ausgaben für „Freizeit“, „Entgeltliche Dienstleistungen“ und „Verschiedene Barausgaben“
5. Einzelübung: Abschluss des Budgetplans
6. Anpassung des Budgetentwurfs
7. Einzelübung: Anpassung des Budgetentwurfs

III. Zusammenfassung

IHR BUDGET

ZEIT & MEDIEN

INHALT

I. EINLEITUNG

Teilnehmerhandbuch, Seite 77

In dieser Einheit werden wir die verbleibenden Kategorien auf dem Budget-Arbeitsblatt vervollständigen und dann unseren Budgetplan abschließen.

Schlagen Sie bitte Seite 78 in Ihrem Teilnehmerbuch auf.

II. ENTDECKUNGSREISE (50 Minuten)

A. Weitere Positionen im Bereich „Ausgaben"

1. Freizeit

Wir kommen nun kurz zur Kategorie „8. Freizeit" auf Ihrem Budgetplan.

Übersteigt der Mitgliedsbeitrag in Ihrem Fitnessclub vielleicht Ihre Ausgaben? Nutzen Sie Ihre Mitgliedschaft in einem Verein auch in angemessener Weise? Falls Sie einem teuren Hobby nachgehen: Könnten Sie auch etwas anderes tun?

NOTIZEN

EINHEIT 5

Weitere Positionen im Bereich „Ausgaben"

Freizeit

Übersteigt der Mitgliedsbeitrag in Ihrem Fitnessclub vielleicht Ihre Ausgaben? Nutzen Sie Ihre Mitgliedschaft in einem Verein auch in angemessener Weise? Falls Sie einem teuren Hobby nachgehen: Könnten Sie auch etwas anderes tun?

Entgeltliche Dienstleistungen

Kinderbetreuung:

- Hier sollten und müssen Sie sich trotz Sparzwangs um die beste Kinderbetreuung bemühen, die Sie sich leisten können. Gerade allein Erziehende sind mit dem Problem der Kinderbetreuung konfrontiert und müssen sie notwendigerweise in Anspruch nehmen.
- Wir möchten Ihnen empfehlen, dass verheiratete Paare zuallererst sorgfältig die finanziellen Kosten überschlagen und die Auswirkungen auf die familiären Beziehungen bedenken, die entstehen würden, wenn beide Elternteile erwerbstätig wären.

Andere:

- Verhalten Sie sich weise!

> *„Wer weise ist, der höre zu und wachse an Weisheit, und wer verständig ist, der lasse sich raten."*
> Sprüche 1,5; Luther

Verschiedene Barausgaben:

- Die täglichen Kleinigkeiten, die Sie bar bezahlen und für die Sie meist keine Quittung bekommen.
- Es sind häufig die täglichen Kleinigkeiten, die sich zu einem größeren Betrag summieren.

78

2 MINUTEN

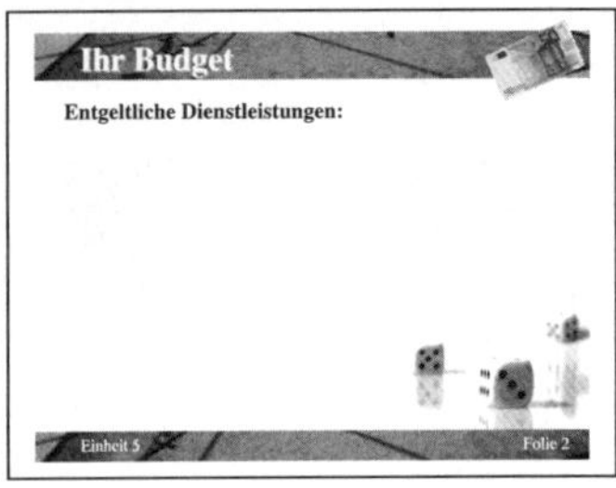

2. Entgeltliche Dienstleistungen

Teilnehmerhandbuch, Seite 78

Hier noch einige grundsätzliche Tipps zu Ihrem Ausgabenverhalten im Bereich „Entgeltliche Dienstleistungen“ (siehe „9. Entgeltliche Dienstleistungen“ auf Ihrem Budget-Arbeitsblatt).

Diese Kategorie umfasst neben Ausgaben für Arzt/Zahnarzt und Rezeptkosten/ Medikamente auch Rechtsberatung/andere Beratung sowie Ausgaben für Pflege- und Aufsichts- bzw. Betreuungsdienste (Babysitting).

Ich möchte an dieser Stelle nur zwei Ausgabenpositionen aufgreifen: „Kinderbetreuung“ und „Sonstiges“.

Zunächst ein Wort zur Kinderbetreuung.

Hier sollten und müssen Sie sich trotz Sparzwang um die beste Kinderbetreuung bemühen, die Sie sich leisten können. Gerade allein Erziehende sind mit dem Problem der Kinderbetreuung konfrontiert und müssen sie notwendigerweise in Anspruch nehmen.

Wir möchten Ihnen empfehlen, dass verheiratete Paare zuallererst sorgfältig die finanziellen Kosten überschlagen und die Auswirkungen auf die familiären Beziehungen bedenken, die entstehen würden, wenn beide Elternteile erwerbstätig wären.

Unter Umständen kann es sein, dass ein zweites Einkommen nicht das Opfer wert ist – nach Abzug sämtlicher Zusatzkosten wie Steuern, Benzin, Fahrtkosten, Kleidung und Mahlzeiten. In Bezug auf die familiären Beziehungen geht ein doppeltes Arbeitsverhältnis oft zu Lasten der gemeinsamen Zeit und bedeutet zusätzlichen Stress und wahrscheinlich Erschöpfung. Natürlich kann es aber auch sein, dass ein Einkommen alleine zu gering wäre, um alle Kosten der Familie zu tragen!

Wenn Sie sonstige Dienstleistungen in Anspruch nehmen müssen wie etwa Rechtsanwalt, Therapeut usw., sollten Sie ein kritischer Verbraucher sein. Verhalten Sie sich weise! In Sprüche 1, Vers 5 heißt es treffend: „Wer weise ist, der höre zu und wachse an Weisheit, und wer verständig ist, der lasse sich raten“ (Luther).

NOTIZEN

EINHEIT 5

Weitere Positionen im Bereich „Ausgaben“

Freizeit

Übersteigt der Mitgliedsbeitrag in Ihrem Fitnessclub vielleicht Ihre Ausgaben? Nutzen Sie Ihre Mitgliedschaft in einem Verein auch in angemessener Weise? Falls Sie einem teuren Hobby nachgehen: Könnten Sie auch etwas anderes tun?

Entgeltliche Dienstleistungen

Kinderbetreuung:

- Hier sollten und müssen Sie sich trotz Sparzwangs um die beste Kinderbetreuung bemühen, die Sie sich leisten können. Gerade allein Erziehende sind mit dem Problem der Kinderbetreuung konfrontiert und müssen sie notwendigerweise in Anspruch nehmen.
- Wir möchten Ihnen empfehlen, dass verheiratete Paare zuallererst sorgfältig die finanziellen Kosten überschlagen und die Auswirkungen auf die familiären Beziehungen bedenken, die entstehen würden, wenn beide Elternteile erwerbstätig wären.

Andere:

- Verhalten Sie sich weise!

> *„Wer weise ist, der höre zu und wachse an Weisheit, und wer verständig ist, der lasse sich raten.“*
>
> Sprüche 1,5; Luther

Verschiedene Barausgaben:

- Die täglichen Kleinigkeiten, die Sie bar bezahlen und für die Sie meist keine Quittung bekommen.
- Es sind häufig die täglichen Kleinigkeiten, die sich zu einem größeren Betrag summieren.

78

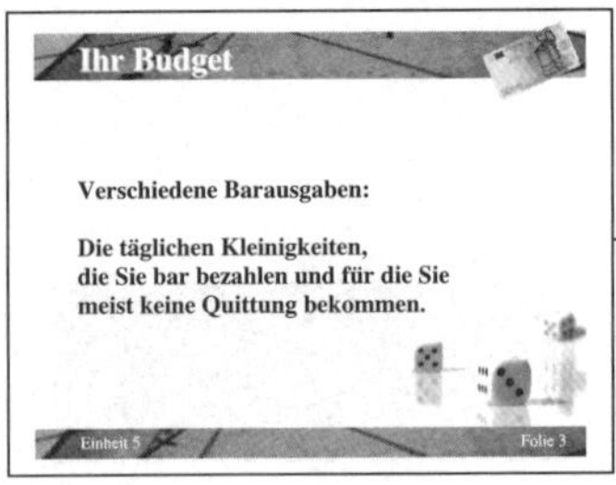

3. Verschiedene Barausgaben

Die letzte Kategorie auf Ihrem Budget-Ausgabenblatt ist die Kategorie: „10. Verschiedene Barausgaben". Hier geht es um die täglichen Kleinigkeiten, die Sie bar bezahlen und für die Sie meist keine Quittung bekommen. Es sind häufig die täglichen Kleinigkeiten, die sich zu einem größeren Betrag summieren.

In diese Rubrik können Sie alles Mögliche eintragen. Typischerweise gehören zu dieser Kategorie Ausgaben für Zeitungen, Zeitschriften, Getränke, Imbiss, Kaffee usw. Wir werden uns beim Thema „Aufschreibetechnik" noch über den Stellenwert dieser Kategorie unterhalten. An dieser Stelle geht es nur darum, dass wir auch diese Kategorie in unser Budget einbeziehen müssen.

18 MINUTEN

4. Einzelübung: Die Ausgaben für „Freizeit", „Entgeltliche Dienstleistungen" und „Verschiedene Barausgaben"

Teilnehmerhandbuch, Seite 79

Ziel: Die Teilnehmer sollen sich auf ihrem Arbeitsblatt kurzfristige Ziele für die Kategorien „Freizeit", „Entgeltliche Dienstleistungen" und „Verschiedene Barausgaben" setzen.

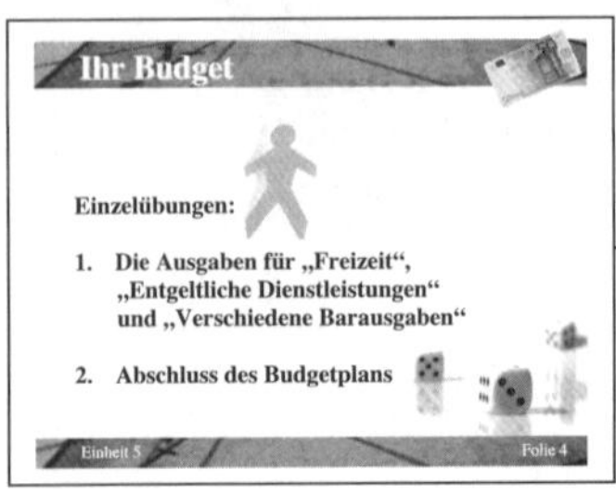

Anleitung

1. Schauen Sie auf Ihrem Budgetplan nach, was Sie zurzeit für Dienstleistungen, Freizeit und andere Kleinigkeiten ausgeben. Versuchen Sie eine realistische Einschätzung vorzunehmen, falls Sie das Vorbereitungs-Arbeitsblatt nicht ausgefüllt haben. Die Prozentangaben im Budgetplan können als eine grobe Hilfe dienen.
2. Lassen Sie sich nochmals einige der Sparideen durch den Kopf gehen, die für diese Kategorien genannt wurden. Schreiben Sie zumindest einen Schritt auf, den Sie in die Praxis umsetzen wollen.
3. Setzen Sie sich kurzfristige Ziele für Dienstleistungen, Freizeit und Kleinigkeiten und übertragen Sie die dazugehörenden Summen in den Ausgabenplan.

5. Einzelübung: Abschluss des Budgetplans

Anleitung

1. Übertragen Sie die Summe aus der Spalte „Gesamtsumme der Einnahmen" in das Kästchen unten rechts in die Zeile „monatliches Gesamteinkommen" auf Ihrem Budget-Arbeitsblatt.
2. Zählen Sie alle monatlichen Ausgaben auf Ihrem Budgetplan zusammen und notieren Sie die jeweiligen Beträge in den einzelnen Kategorien. Schreiben Sie die Gesamtsumme in die Zeile „abzgl. Gesamtausgaben" unten rechts auf Ihrem Budget-Arbeitsblatt.

NOTIZEN

EINHEIT 5

Weitere Positionen im Bereich „Ausgaben"

Freizeit

Übersteigt der Mitgliedsbeitrag in Ihrem Fitnessclub vielleicht Ihre Ausgaben? Nutzen Sie Ihre Mitgliedschaft in einem Verein auch in angemessener Weise? Falls Sie einem teuren Hobby nachgehen: Könnten Sie auch etwas anderes tun?

Entgeltliche Dienstleistungen

Kinderbetreuung:

- Hier sollten und müssen Sie sich trotz Sparzwangs um die beste Kinderbetreuung bemühen, die Sie sich leisten können. Gerade allein Erziehende sind mit dem Problem der Kinderbetreuung konfrontiert und müssen sie notwendigerweise in Anspruch nehmen.
- Wir möchten Ihnen empfehlen, dass verheiratete Paare zuallererst sorgfältig die finanziellen Kosten überschlagen und die Auswirkungen auf die familiären Beziehungen bedenken, die entstehen würden, wenn beide Elternteile erwerbstätig wären.

Andere:

- Verhalten Sie sich weise!

> *„Wer weise ist, der höre zu und wachse an Weisheit, und wer verständig ist, der lasse sich raten."*
> Sprüche 1,5; Luther

Verschiedene Barausgaben:

- Die täglichen Kleinigkeiten, die Sie bar bezahlen und für die Sie meist keine Quittung bekommen.
- Es sind häufig die täglichen Kleinigkeiten, die sich zu einem größeren Betrag summieren.

78

IHR BUDGET

Einzelübung: Die Ausgaben für „Freizeit", „Entgeltliche Dienstleistungen" und „Verschiedene Barausgaben"

1. Schauen Sie auf Ihrem Budgetplan nach, was Sie zurzeit für Dienstleistungen, Freizeit und andere Kleinigkeiten ausgeben. Versuchen Sie eine realistische Einschätzung vorzunehmen, falls Sie das Vorbereitungs-Arbeitsblatt nicht ausgefüllt haben. Die Prozentangaben im Budgetplan können als eine grobe Hilfe dienen.
2. Lassen Sie sich nochmals einige der Sparideen durch den Kopf gehen, die für diese Kategorien genannt wurden. Schreiben Sie zumindest einen Schritt auf, den Sie in die Praxis umsetzen wollen.

Schritte zur Umsetzung

3. Setzen Sie sich kurzfristige Ziele für Dienstleistungen, Freizeit und Kleinigkeiten und übertragen Sie die dazugehörenden Summen in den Ausgabenplan.

Einzelübung: Abschluss des Budgetplans

1. Übertragen Sie die Summe aus der Spalte „Gesamtsumme der Einnahmen" in das Kästchen unten rechts in die Zeile „monatliches Gesamteinkommen" auf Ihrem Budget-Arbeitsblatt.
2. Zählen Sie alle monatlichen Ausgaben auf Ihrem Budgetplan zusammen und notieren Sie die jeweiligen Beträge in den einzelnen Kategorien. Schreiben Sie die Gesamtsumme in die Zeile „abzgl. Gesamtausgaben" unten rechts auf Ihrem Budget-Arbeitsblatt.

79

Für diese Einzelübungen stehen Ihnen 17 Minuten zur Verfügung.

Rufen Sie die Gruppe nach 17 Minuten wieder zusammen.

Falls es zeitlich machbar ist, können Sie den Teilnehmern mehr Zeit dafür einräumen.

Schlagen Sie bitte Seite 80 in Ihrem Teilnehmerbuch auf.

3 MINUTEN

6. Anpassung des Budgetentwurfs

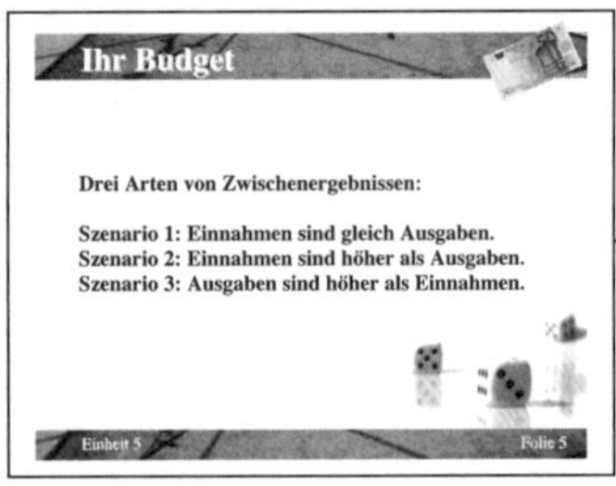

Teilnehmerhandbuch, Seite 80

Es sind drei Arten von Zwischenergebnissen möglich:

- Szenario 1: Einnahmen sind gleich Ausgaben (Ihr Budgetplan ist ausgeglichen).
- Szenario 2: Einnahmen sind höher als Ausgaben.
- Szenario 3: Ausgaben sind höher als Einnahmen (möglicherweise trifft dies auf viele der Anwesenden zu).

Wenn auf Sie Szenario 1 oder 2 zutrifft, sind Sie zu beglückwünschen. Trotzdem bedeutet dies nicht zwangsläufig, dass Sie nichts ändern müssen.

Trifft auf Sie Szenario 3 zu, sollten Sie zuerst einmal tief Luft holen. Denken Sie daran: Gott hat alles im Griff. Wenden Sie sich zuerst an ihn, und bitten Sie ihn um Hilfe, damit Sie Ihren Budgetentwurf in der nötigen Weise anpassen können. Geben Sie nicht auf! Sie können es schaffen!

Es gibt drei Möglichkeiten, wie Sie Ihr Budget anpassen können, wenn die Ausgaben höher sind als die Einnahmen.

NOTIZEN

IHR BUDGET

Einzelübung: Die Ausgaben für „Freizeit", „Entgeltliche Dienstleistungen" und „Verschiedene Barausgaben"

1. Schauen Sie auf Ihrem Budgetplan nach, was Sie zurzeit für Dienstleistungen, Freizeit und andere Kleinigkeiten ausgeben. Versuchen Sie eine realistische Einschätzung vorzunehmen, falls Sie das Vorbereitungs-Arbeitsblatt nicht ausgefüllt haben. Die Prozentangaben im Budgetplan können als eine grobe Hilfe dienen.
2. Lassen Sie sich nochmals einige der Sparideen durch den Kopf gehen, die für diese Kategorien genannt wurden. Schreiben Sie zumindest einen Schritt auf, den Sie in die Praxis umsetzen wollen.

Schritte zur Umsetzung

3. Setzen Sie sich kurzfristige Ziele für Dienstleistungen, Freizeit und Kleinigkeiten und übertragen Sie die dazugehörenden Summen in den Ausgabenplan.

Einzelübung: Abschluss des Budgetplans

1. Übertragen Sie die Summe aus der Spalte „Gesamtsumme der Einnahmen" in das Kästchen unten rechts in die Zeile „monatliches Gesamteinkommen" auf Ihrem Budget-Arbeitsblatt.
2. Zählen Sie alle monatlichen Ausgaben auf Ihrem Budgetplan zusammen und notieren Sie die jeweiligen Beträge in den einzelnen Kategorien. Schreiben Sie die Gesamtsumme in die Zeile „abzgl. Gesamtausgaben" unten rechts auf Ihrem Budget-Arbeitsblatt.

79

EINHEIT 5

Anpassung des Budgetentwurfs

Es sind drei Arten von Zwischenergebnissen möglich:

- Szenario 1: Einnahmen sind gleich Ausgaben.
- Szenario 2: Einnahmen sind höher als Ausgaben.
- Szenario 3: Ausgaben sind höher als Einnahmen.

Drei Möglichkeiten, wie Sie Ihr Budget anpassen können, wenn die Ausgaben höher sind als die Einnahmen:

- Möglichkeit 1: Einnahmen erhöhen
  - Einfach die Einnahmen erhöhen, packt unter Umständen das eigentliche Problem nicht an der Wurzel.
- Möglichkeit 2: Vermögens- und Wertgegenstände verkaufen
- Möglichkeit 3: Ausgaben reduzieren
  - „Gibt es vielleicht Ausgaben, die ich ganz streichen kann?"
  - „Gibt es vielleicht nichtfixe Ausgaben, die ich noch weiter kontrollieren und einschränken kann?"
  - „Ich könnte einmal meine festen und unveränderbaren Ausgaben durchforsten und eventuell überarbeiten."

Schlüsselfrage: Wie ernst ist es Ihnen wirklich?

80

Möglichkeit 1: Einnahmen erhöhen

In den meisten Fällen ist diese Lösung nicht unbedingt zu empfehlen. Einen Zweitjob anzunehmen oder ein weiteres Familienmitglied zum Arbeiten zu bewegen, kann zwar kurzfristig zu Extra-Einnahmen führen, es kann aber in einer ohnehin angespannten Situation auch zu einer zusätzlichen Belastung, zu Stress und Erschöpfung führen. Darüber hinaus müssten Sie mit diesem zweiten Einkommen einen relativ hohen zusätzlichen Betrag einbringen, um nach Abzug aller Steuern und zusätzlichen Ausgaben ein wenig mehr Nettoeinkommen zu haben.

Ich möchte Sie auch vor unseriösen Job-Anbietern warnen, die Ihnen hohe Gewinne versprechen – bei denen Sie zunächst jedoch gewisse Zahlungen leisten müssen, um überhaupt angestellt zu werden.

Einfach die Einnahmen erhöhen, packt unter Umständen das eigentliche Problem nicht an der Wurzel.

Zuerst muss die Frage geklärt werden, warum die Ausgaben die Einnahmen übersteigen. Sonst werden die zusätzlichen Einnahmen vermutlich nur zu noch mehr Ausgaben führen und nicht das Problem als solches lösen.

Möglichkeit 2: Vermögens- und Wertgegenstände verkaufen

Eine zweite Möglichkeit zur Anpassung des Budgetentwurfs besteht darin, Vermögens- und Wertgegenstände zu verkaufen, um Schulden abzubezahlen. Aber das kann man nur einmal tun!

Dies ist ein recht kurzfristiger Ansatz, der Ihnen eine kleine Starthilfe geben kann, um Ihr Budget auszugleichen, und es kann unter Umständen eine kluge Entscheidung sein, dies zu tun. Dennoch ist dies keine langfristige Lösung, denn es packt das Problem – warum die Ausgaben die Einnahmen übersteigen – nicht an der Wurzel an. Wenn sich daran nichts ändert, werden sich bald schon wieder die Schulden häufen.

Möglichkeit 3: Ausgaben reduzieren

Die dritte und letzte Möglichkeit – und diesen Ansatz möchten wir Ihnen empfehlen – besteht darin, die Ausgaben zu reduzieren.

Es ist von entscheidender Bedeutung, dass Sie innerhalb des verfügbaren Einkommensrahmens leben. Deshalb sollten Sie noch einmal jede Ausgabenkategorie auf Ihrem Budget-Arbeitsplan einzeln durchgehen und sich die folgenden Fragen stellen:

NOTIZEN

EINHEIT 5

Anpassung des Budgetentwurfs

Es sind drei Arten von Zwischenergebnissen möglich:

- Szenario 1: Einnahmen sind gleich Ausgaben.
- Szenario 2: Einnahmen sind höher als Ausgaben.
- Szenario 3: Ausgaben sind höher als Einnahmen.

Drei Möglichkeiten, wie Sie Ihr Budget anpassen können, wenn die Ausgaben höher sind als die Einnahmen:

- Möglichkeit 1: Einnahmen erhöhen
  - Einfach die Einnahmen erhöhen, packt unter Umständen das eigentliche Problem nicht an der Wurzel.
- Möglichkeit 2: Vermögens- und Wertgegenstände verkaufen
- Möglichkeit 3: Ausgaben reduzieren
  - „Gibt es vielleicht Ausgaben, die ich ganz streichen kann?"
  - „Gibt es vielleicht nichtfixe Ausgaben, die ich noch weiter kontrollieren und einschränken kann?"
  - „Ich könnte einmal meine festen und unveränderbaren Ausgaben durchforsten und eventuell überarbeiten."

Schlüsselfrage: Wie ernst ist es Ihnen wirklich?

80

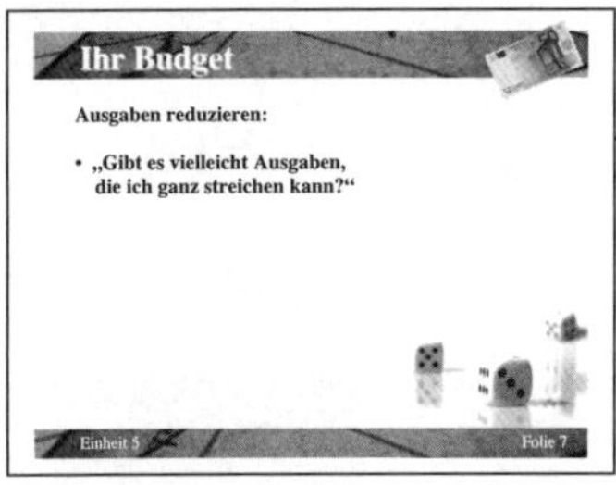

„Gibt es vielleicht Ausgaben, die ich ganz streichen kann?“

Gute Einsparmöglichkeiten bieten hier vor allem die Kategorien „Haushalt“, „Entgeltliche Dienstleistungen“ und „Freizeit“.

„Gibt es vielleicht nichtfixe Ausgaben, die ich noch weiter kontrollieren und einschränken kann?“

Nehmen Sie die Bereiche „Nebenkosten“, „Lebensmittel“, „Kleidung“ und „Verschiedenes“ (Haushalt) unter die Lupe.

„Ich könnte einmal meine festen und unveränderbaren Ausgaben durchforsten und eventuell überarbeiten.“

Ausgaben wie Darlehenstilgung, Miete oder Autoraten sind „fixe“ Kosten, aber nur solange wir dort wohnen bleiben, wo wir wohnen, und den Wagen fahren, den wir augenblicklich fahren. Möglicherweise müssen wir unsere Lebenssituation grundsätzlich neu überdenken und unsere Ansprüche entsprechend zurückschrauben oder z. B. ein Zimmer vermieten. Wäre es beispielsweise möglich, die Fixkosten von zwei Autos zu eliminieren und einen kreativen Weg zu finden, mit nur einem Wagen auszukommen? Oder könnten Sie die Möglichkeit des Car-Sharings nutzen?

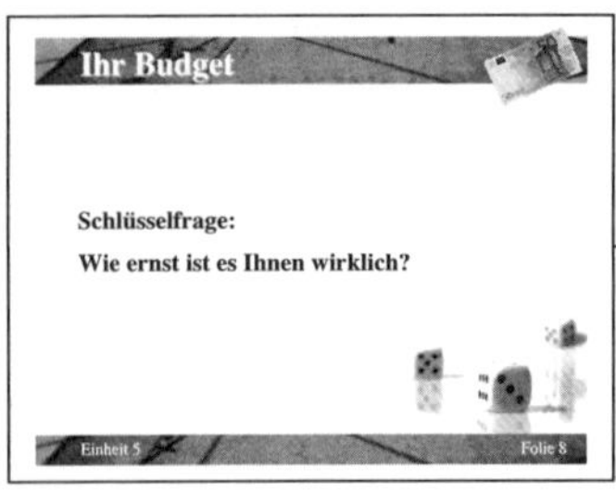

Die entscheidende Frage lautet: Wie ernst ist es Ihnen wirklich?

Wie viele Opfer sind Sie bereit zu bringen und für wie lange, bis Sie Ihre Ausgaben endlich auf Ihr Einkommen abgestimmt haben? Wenn Ihnen die zu erwartenden Opfer zu groß erscheinen, unterschätzen Sie vielleicht die langfristigen Sorgen und Konsequenzen, wenn Sie Ihre finanzielle Situation jetzt nicht in den Griff bekommen!

Vertrauen Sie Gott und folgen Sie seinen Prinzipien! Oftmals können wir nur staunen, wie er aus unserem vermeintlichen Opfer noch einen Segen entstehen lassen kann.

Wenn Sie ein Beispiel dafür kennen, dass Gott ein Opfer in Segen verwandelt hat – z. B. aus Ihrem eigenen Leben –, können Sie die unten stehende Geschichte auch durch Ihren eigenen Bericht ersetzen.

NOTIZEN

EINHEIT 5

Anpassung des Budgetentwurfs

Es sind drei Arten von Zwischenergebnissen möglich:

- Szenario 1: Einnahmen sind gleich Ausgaben.
- Szenario 2: Einnahmen sind höher als Ausgaben.
- Szenario 3: Ausgaben sind höher als Einnahmen.

Drei Möglichkeiten, wie Sie Ihr Budget anpassen können, wenn die Ausgaben höher sind als die Einnahmen:

- Möglichkeit 1: Einnahmen erhöhen
  - Einfach die Einnahmen erhöhen, packt unter Umständen das eigentliche Problem nicht an der Wurzel.
- Möglichkeit 2: Vermögens- und Wertgegenstände verkaufen
- Möglichkeit 3: Ausgaben reduzieren
  - „Gibt es vielleicht Ausgaben, die ich ganz streichen kann?“
  - „Gibt es vielleicht nichtfixe Ausgaben, die ich noch weiter kontrollieren und einschränken kann?“
  - „Ich könnte einmal meine festen und unveränderbaren Ausgaben durchforsten und eventuell überarbeiten.“

Schlüsselfrage: Wie ernst ist es Ihnen wirklich?

80

Die folgende wahre Begebenheit illustriert dies sehr gut:

Nach dem Besuch eines „Mit Gott rechnen"-Budgetkurses stellte Denise fest, dass sie in ernsthaften finanziellen Schwierigkeiten war und sich ihre teure Wohnung eigentlich gar nicht leisten konnte, es sei denn, sie würde ein Zimmer vermieten und jemanden in ihrer Wohnung aufnehmen. Es war ein langer, schmerzlicher Weg, bis sich diese Erkenntnis bei ihr durchsetzte, denn sie schätzte ihre Privatsphäre sehr und genoss es, alleine zu leben. Aber sie liebte auch ihre Wohnung und war nicht bereit, in eine günstigere umzuziehen. Zögernd nahm Denise eine Untermieterin bei sich auf. Innerhalb kürzester Zeit hatte sich zwischen den beiden eine tiefe Freundschaft entwickelt. Ihre neue Untermieterin war eine reife Christin, die einen guten Einfluss auf Denise's Glaubensleben hatte. Als Denise einige Jahre später heiratete, war ihre Untermieterin sogar ihre Trauzeugin.
Denise erkannte, dass Gott sie durch diese Freundschaft und den guten Einfluss, den sie auf ihr Glaubensleben gehabt hatte, gesegnet hatte.

Wir wollen uns an dieser Stelle etwas Zeit nehmen, um den Budgetentwurf anzupassen. Diejenigen unter Ihnen, deren Einnahmen den Ausgaben entsprechen oder höher sind als die Ausgaben, sollten mit Teil A der Aufgabe weitermachen. Diejenigen, deren Ausgaben die Einnahmen übersteigen, sollten sich mit Teil B beschäftigen.

27 MINUTEN

7. Einzelübung: Anpassung des Budgetentwurfs

Teilnehmerhandbuch, Seite 81

Ziel:

A) Wenn die *Einnahmen den Ausgaben entsprechen oder höher* sind, sollten die Teilnehmer alle Kategorien überprüfen, um herauszufinden, ob der Überschuss noch weiter vergrößert werden könnte. Danach sollen sie darüber nachdenken, wie dieser Überschuss am besten zur Erreichung ihrer Ziele beitragen kann. Die Teilnehmer sollen die entsprechende Anpassung in ihr Budget-Arbeitsblatt eintragen.
B) Wenn die *Ausgaben höher sind als die Einnahmen*, sollen die Teilnehmer alle Kategorien überprüfen, um herauszufinden, wie das Defizit beseitigt werden kann. Die Teilnehmer sollen die entsprechende Anpassung in ihr Budget-Arbeitsblatt eintragen.

Anleitung

A) Wenn die *Einnahmen den Ausgaben entsprechen oder höher* sind, überprüfen Sie bitte alle Kategorien, um herauszufinden, ob der Überschuss noch weiter vergrößert werden könnte. Denken Sie dann darüber nach, wie dieser Überschuss am besten zur Erreichung Ihrer Ziele beitragen kann. Notieren Sie mindestens einen konkreten Schritt, den Sie ausführen werden, und tragen Sie die entsprechende Anpassung in Ihr Budget-Arbeitsblatt ein.

NOTIZEN

IHR BUDGET

Einzelübung: Anpassung des Budgetentwurfs

A) Wenn die *Einnahmen den Ausgaben entsprechen oder höher* sind, überprüfen Sie bitte alle Kategorien, um herauszufinden, ob der Überschuss noch weiter vergrößert werden könnte. Denken Sie dann darüber nach, wie dieser Überschuss am besten zur Erreichung Ihrer Ziele beitragen kann. Notieren Sie mindestens einen konkreten Schritt, den Sie ausführen werden, und tragen Sie die entsprechende Anpassung in Ihr Budget-Arbeitsblatt ein.

Schritte zur Umsetzung

B) Wenn die *Ausgaben höher sind als die Einnahmen*, sollten Sie alle Kategorien überprüfen, um herauszufinden, wie das Defizit beseitigt werden kann. Notieren Sie mindestens einen konkreten Schritt, den Sie ausführen werden, und tragen Sie die entsprechende Anpassung in Ihr Budget-Arbeitsblatt ein.

Schritte zur Umsetzung

B) Wenn die *Ausgaben höher sind als die Einnahmen*, sollten Sie alle Kategorien überprüfen, um herauszufinden, wie das Defizit beseitigt werden kann. Notieren Sie mindestens einen konkreten Schritt, den Sie ausführen werden, und tragen Sie die entsprechende Anpassung in Ihr Budget-Arbeitsblatt ein.

Bevor Sie die eventuell notwendigen Anpassungen vornehmen können, benötigen einige von Ihnen vielleicht zuerst noch ein paar Angaben Ihres Ehepartners oder weitere Informationen, die Ihnen jetzt nicht zur Verfügung stehen. Ich möchte Sie dennoch ermutigen, die Zeit zu nutzen, um einige vorläufige Zahlen und konkrete Schritte aufzuschreiben.

Machen Sie sich grundsätzlich über drei Dinge Gedanken:

1. Schritte, die man kurzfristig unternehmen kann (z. B. Lebensmittel),
2. Schritte, die man mittelfristig unternehmen kann (z. B. Versicherungen),
3. Schritte, die man langfristig unternehmen kann (z. B. Wohnung).

Ihnen stehen für diese Übung 27 Minuten zur Verfügung.

Rufen Sie die Gruppe nach 27 Minuten wieder zusammen.

Einigen von Ihnen ist es vielleicht aus einer Vielzahl von Gründen nicht gelungen, Ihren Budgetentwurf abzuändern und anzupassen. Arbeiten Sie dennoch – auch nach Kursende – weiterhin daran. Wenn Sie an einer Stelle nicht weiterkommen, suchen Sie Unterstützung.

Nennen Sie hier kurz die Organisationen, Berater, Seelsorger oder anderen hilfreichen Möglichkeiten, die Ihre Gemeinde darüber hinaus für die Teilnehmer bereithält.

Verweisen Sie zudem auf die Schuldnerberatungsstellen (der Caritas o. ä.), auf die Verbraucherberatung usw. Es gibt Fälle, in denen wirklich nur noch ein Fachmann weiterhelfen kann!

Denjenigen unter Ihnen, die nun ein ausgeglichenes Budget erzielt haben, möchte ich an dieser Stelle ein großes Lob aussprechen.

NOTIZEN

Einzelübung: Anpassung des Budgetentwurfs

A) Wenn die *Einnahmen den Ausgaben entsprechen oder höher* sind, überprüfen Sie bitte alle Kategorien, um herauszufinden, ob der Überschuss noch weiter vergrößert werden könnte. Denken Sie dann darüber nach, wie dieser Überschuss am besten zur Erreichung Ihrer Ziele beitragen kann. Notieren Sie mindestens einen konkreten Schritt, den Sie ausführen werden, und tragen Sie die entsprechende Anpassung in Ihr Budget-Arbeitsblatt ein.

Schritte zur Umsetzung

B) Wenn die *Ausgaben höher sind als die Einnahmen*, sollten Sie alle Kategorien überprüfen, um herauszufinden, wie das Defizit beseitigt werden kann. Notieren Sie mindestens einen konkreten Schritt, den Sie ausführen werden, und tragen Sie die entsprechende Anpassung in Ihr Budget-Arbeitsblatt ein.

Schritte zur Umsetzung

81

III. ZUSAMMENFASSUNG

Wir haben nun die Bearbeitung des Budgetplans abgeschlossen. Der Ausgabenplan ist der erste und grundlegendste Schritt bei der persönlichen Ausgabenplanung. Es gibt jedoch, was den Budgetentwurf angeht, noch einen weiteren wichtigen Aspekt, und das ist die Buchführung.

In der nächsten Kurseinheit werden wir drei verschiedene Aufzeichnungssysteme besprechen, mit denen Sie Ihr Ausgabeverhalten nachvollziehen und überblicken können. Sie können dabei eine Aufschreibtechnik auswählen, einrichten und für sich selbst nutzen. Und hier noch die gute Nachricht zum Schluss: Die Aufschreibetechniken, die wir erlernen wollen, sind schnell und einfach anzuwenden.

Pause bzw. Abschluss.

AUFSCHREIBEN UND DRANBLEIBEN!

UNTER DER LUPE

Zielsetzung

In Einheit 6 werden die Teilnehmer …

1. … sich für ein eigenes Aufzeichnungssystem entscheiden.

2. … sich verpflichten, ein System einzuführen und regelmäßig ihre Ausgaben aufzuzeichnen.

3. … sich mit den Hindernissen vertraut machen, denen sie unweigerlich begegnen werden, wenn sie ihr neues Haushaltsbuch einführen und anwenden werden.

ABLAUF

Ablauf

I. Einleitung

II. Entdeckungsreise

A. Durchblicken – so geht's!

1. „Wo geht das ganze Geld bloß hin?" Der Vorteil einer eigenen Buchführung

2. Das Umschlag-System

3. Aufschreiben

4. Einzelübung: Ausgabentabelle

5. Das PC-System (Software)

6. Einzelübung: Richten Sie Ihr persönliches Aufzeichnungssystem ein

7. Fragen zur Umsetzung

8. Gruppenübung: Mögliche Schwierigkeiten

B. Rückblick

1. Video: Echte finanzielle Freiheit

2. Einzelübung: In finanziellen Dingen zuverlässig werden und echte finanzielle Freiheit erleben

3. Selbstverpflichtung und Abschluss

III. Zusammenfassung: Er vermag alles!

AUFSCHREIBEN UND DRANBLEIBEN!

ZEIT & MEDIEN

INHALT

I. EINLEITUNG

Teilnehmerhandbuch, Seite 83

In der letzten Einheit haben Sie Ihren Budgetplan abgeschlossen. Nun werden wir uns mit drei unterschiedlichen Aufzeichnungssystemen beschäftigen, die Sie verwenden könnten. Darüber hinaus werden wir auch über mögliche Hindernisse bei der Umsetzung Ihres Budgetplans nachdenken. Und zu guter Letzt werden Sie Zeit bekommen, um über Ihre Selbstverpflichtung nachzudenken und darüber, was es heißt, Ihren Budgetplan in die Praxis umzusetzen und Ihr neues Haushaltsbuch einzuführen.

Schlagen Sie bitte Seite 84 Ihres Teilnehmerbuches auf.

II. ENTDECKUNGSREISE (45 Minuten)

3 MINUTEN

A. Durchblicken – so geht's!

Teilnehmerhandbuch, Seite 84

In der vergangenen Einheit haben wir die letzten Kategorien Ihrer Finanzbereiche sowie die Vorbereitung Ihres Budgetplans abgeschlossen. Aber damit ist es noch nicht getan. Damit Sie Ihren Ausgabenplan auch in die Tat umsetzen können, brauchen Sie ein Instrument, mit dem Sie feststellen können, ob dieser Plan auch funktioniert – Sie brauchen ein Aufzeichnungssystem.

Was ist ein Aufzeichnungssystem bzw. wie kann man am besten ein Haushaltsbuch führen?

NOTIZEN

EINHEIT 6

Aufzeichnungssystem

Ein Aufzeichnungssystem ist …

- … ein Verfahren, das Ihnen dabei hilft, Ihr Ausgabeverhalten nachzuvollziehen und zu überblicken.

Der Vorteil einer eigenen Buchführung:

- Eine eigene Buchführung liefert aussagekräftige und stimmige Informationen.
- Eine eigene Buchführung verbessert die Kommunikation.
- Eine eigene Buchführung ermöglicht rechtzeitige Korrekturen.
- Eine eigene Buchführung liefert eine gute Grundlage für die nächste Planung. Sie stellt eine Möglichkeit der Rechenschaft dar.

Grundsätzlich gilt:

- Es ist wirklich viel einfacher, als es auf den ersten Blick erscheint.
- Es benötigt weniger Zeit, als Sie glauben.
- Man braucht keinen Doktor in Mathematik oder Wirtschaftswissenschaften – ehrlich!

Drei Aufzeichnungssysteme:

- Umschläge („Töpfe“)
- aufschreiben
- mit PC

84

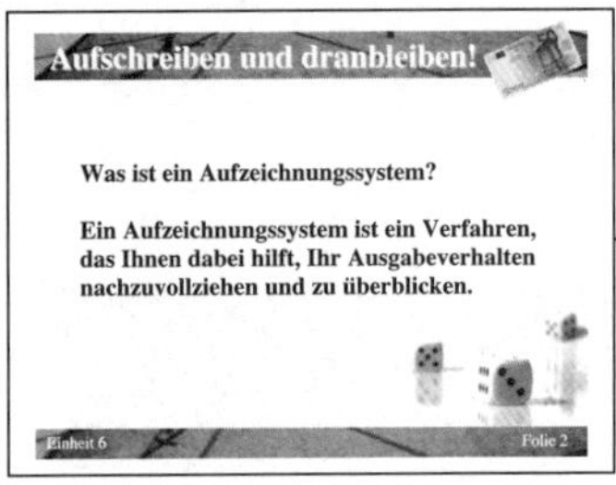

Im Grunde ist es ganz einfach: Ein Aufzeichnungssystem ist ein Verfahren, das Ihnen dabei hilft, Ihr Ausgabeverhalten nachzuvollziehen und zu überblicken.

Mit seiner Hilfe vergleichen Sie Ihren Budgetplan mit Ihren tatsächlichen Ausgaben.

Worin liegt der Vorteil einer eigenen Buchführung?

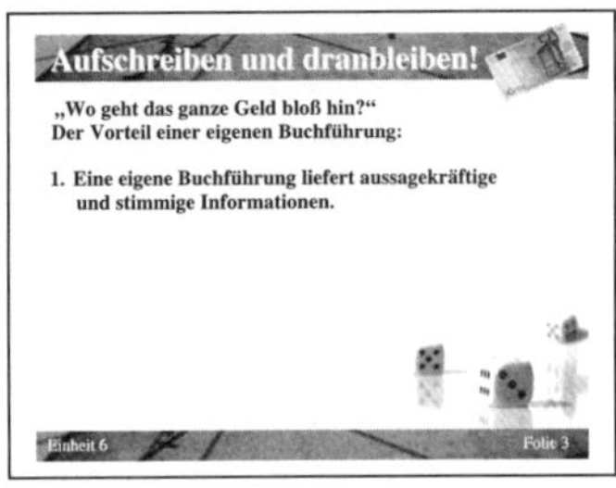

1. „Wo geht das ganze Geld bloß hin?“ Der Vorteil einer eigenen Buchführung

Erstens: Eine eigene Buchführung liefert aussagekräftige und stimmige Informationen.

Bislang haben wir lediglich einen theoretischen Plan aufgestellt. Einige der Zahlen spiegeln tatsächlich das wider, was wir ausgeben. Andere sind lediglich hypothetische Annahmen und spiegeln wider, was wir auszugeben glauben. Und wieder andere sind einfach nur Wunschziele. Aus diesem Grund benötigen wir exakte, aussagekräftige Informationen und Zahlen darüber, was wir *in Wirklichkeit* ausgeben.

Zweitens: Eine eigene Buchführung verbessert die Kommunikation.

Zum Beispiel stritten sich Dick (einer der Verfasser dieses Kurses) und seine ausgesprochen großzügige Frau zu Beginn ihrer Ehe – noch bevor sie ihr Ausgabeverhalten nachvollzogen – darüber, wie viel sie für Geschenke ausgeben wollten. Er beharrte darauf, dass sie einen bestimmten Betrag ausgaben, und sie ging von einem – viel niedrigeren – Betrag aus. Als sie schließlich ihre Ausgaben schriftlich festhielten, stellten sie fest, dass der tatsächliche Betrag irgendwo in der Mitte lag. Dadurch, dass sie nun konkrete Zahlen und Fakten besaßen, konnten sie ihre Gespräche auf tatsächliche Informationen gründen und nicht auf bloße hypothetische Anschuldigungen. Mit den konkreten Zahlen in der Hand konnten sie sich nun gemeinsam auf einen angemessenen Betrag einigen.

Drittens: Eine eigene Buchführung ermöglicht rechtzeitige Korrekturen.

Sind Ihre tatsächlichen Ausgaben in einigen Bereichen höher oder niedriger als Ihre geschätzten Ausgaben? Dann haben Sie die Möglichkeit, Ihren Budgetplan auf Grund dieser Informationen zu berichtigen.

Viertens: Eine eigene Buchführung liefert eine gute Grundlage für die nächste Planung. Sie stellt eine Möglichkeit der Rechenschaft dar.

NOTIZEN

EINHEIT 6

Aufzeichnungssystem

Ein Aufzeichnungssystem ist …

- … ein Verfahren, das Ihnen dabei hilft, Ihr Ausgabeverhalten nachzuvollziehen und zu überblicken.

Der Vorteil einer eigenen Buchführung:

- Eine eigene Buchführung liefert aussagekräftige und stimmige Informationen.
- Eine eigene Buchführung verbessert die Kommunikation.
- Eine eigene Buchführung ermöglicht rechtzeitige Korrekturen.
- Eine eigene Buchführung liefert eine gute Grundlage für die nächste Planung. Sie stellt eine Möglichkeit der Rechenschaft dar.

Grundsätzlich gilt:

- Es ist wirklich viel einfacher, als es auf den ersten Blick erscheint.
- Es benötigt weniger Zeit, als Sie glauben.
- Man braucht keinen Doktor in Mathematik oder Wirtschaftswissenschaften – ehrlich!

Drei Aufzeichnungssysteme:

- Umschläge („Töpfe“)
- aufschreiben
- mit PC

84

Unser Ausgabeverhalten ändert sich allein schon durch das Aufschreiben unserer Ausgaben dramatisch, denn das schriftliche Festhalten erinnert uns täglich neu an unsere Vorgaben, Ziele und unsere Verpflichtung und zeigt auf, wie gut wir uns daran halten.

Ich bin mir bewusst, dass es gerade das schriftliche Festhalten der Ausgaben ist, das viele überhaupt davon abhält, ein eigenes Budget aufzustellen. Vielleicht haben Sie es schon einmal versucht und es hat nicht geklappt, oder Sie haben das Gefühl, dass diese ganze Sache viel zu kompliziert ist, und versuchen es erst gar nicht – allein diese Gedanken und Erfahrungen schrecken Sie ab oder stellen ein unüberwindliches Hindernis dar.

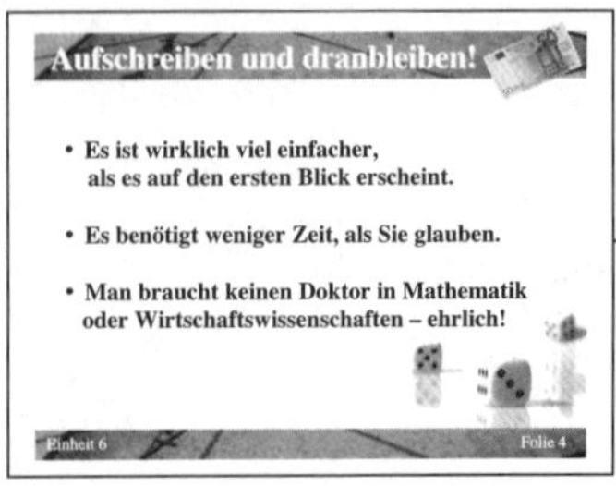

Wir wollen Ihnen jedoch verschiedene Ansätze bzw. Aufzeichnungssysteme für Ihre eigene Buchführung vorstellen, die Ihnen Folgendes vor Augen führen:

- Es ist wirklich viel einfacher, als es auf den ersten Blick erscheint.
- Es benötigt weniger Zeit, als Sie glauben.
- Man braucht keinen Doktor in Mathematik oder Wirtschaftswissenschaften – ehrlich!

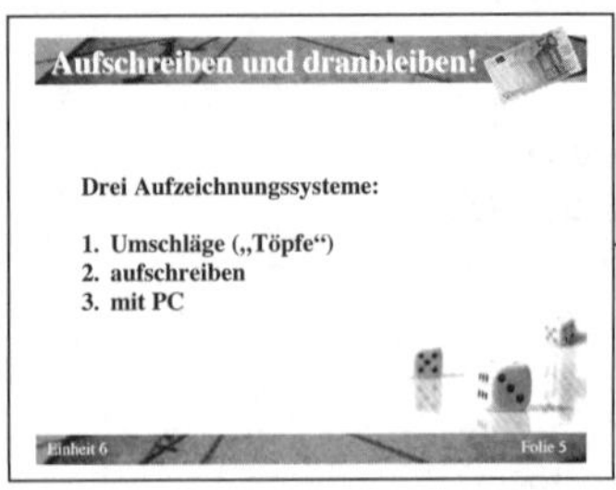

Wir werden uns mit drei Aufzeichnungssystemen beschäftigen:

- Umschläge („Töpfe"),
- aufschreiben,
- mit PC.

Ich möchte Sie bitten, sich bis zum Ende des Kurses für ein System zu entscheiden, mit dem Sie Ihren Budgetplan nachvollziehen können.

3 MINUTEN

2. Das Umschlag-System

Teilnehmerhandbuch, Seite 85

Wir fangen mit dem Umschlag-System an. Dieses System haben schon unsere Großeltern praktiziert. Sie hatten verschiedene Behältnisse – eine Kaffeebüchse da, eine Zuckerdose dort –, in denen sie Geld aufbewahrten. In einem Behälter war das Geld für die Lebensmitteleinkäufe, in dem anderen das für die Kleidung und so weiter. Wenn ein Kauf anstand, schauten sie zuerst in die entsprechende Dose und entschieden dann, was gekauft und was nicht gekauft werden konnte, je nachdem wie viel Geld sich darin befand.

NOTIZEN

EINHEIT 6

Aufzeichnungssystem

Ein Aufzeichnungssystem ist …

- … ein Verfahren, das Ihnen dabei hilft, Ihr Ausgabeverhalten nachzuvollziehen und zu überblicken.

Der Vorteil einer eigenen Buchführung:

- Eine eigene Buchführung liefert aussagekräftige und stimmige Informationen.
- Eine eigene Buchführung verbessert die Kommunikation.
- Eine eigene Buchführung ermöglicht rechtzeitige Korrekturen.
- Eine eigene Buchführung liefert eine gute Grundlage für die nächste Planung. Sie stellt eine Möglichkeit der Rechenschaft dar.

Grundsätzlich gilt:

- Es ist wirklich viel einfacher, als es auf den ersten Blick erscheint.
- Es benötigt weniger Zeit, als Sie glauben.
- Man braucht keinen Doktor in Mathematik oder Wirtschaftswissenschaften – ehrlich!

Drei Aufzeichnungssysteme:

- Umschläge („Töpfe")
- aufschreiben
- mit PC

84

AUFSCHREIBEN UND DRANBLEIBEN!

Das Umschlag-System

Das Umschlag-System …

- … macht Geld sichtbar und greifbar und ordnet es verschiedenen Ausgabeposten zu, ohne dass man überhaupt etwas aufschreiben muss.

Notizen

85

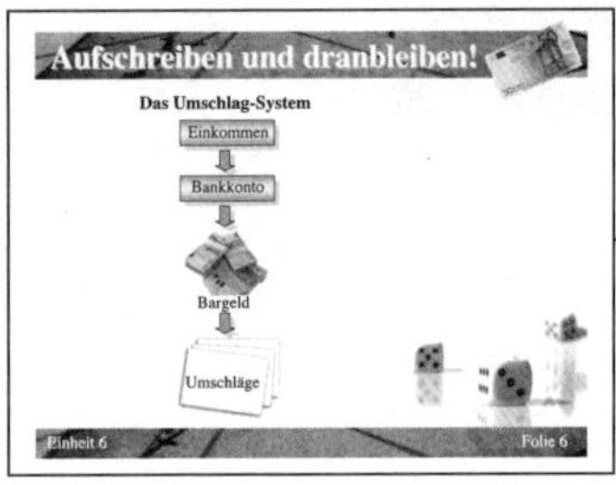

Das Umschlag-System funktioniert vom Prinzip her genauso.

Das Umschlag-System macht Geld sichtbar und greifbar und ordnet es verschiedenen Ausgabeposten zu, ohne dass man überhaupt etwas aufschreiben muss.

Und das Ganze funktioniert folgendermaßen: Grundsätzlich deponieren Sie alle Einnahmen auf einem Bankkonto (Girokonto). Nach jeder Lohnauszahlung heben Sie etwas Geld ab und verteilen das Bargeld auf beschriftete bzw. etikettierte Umschläge.

Normalerweise hätte man bei diesem System für jede der verschiedenen Ausgabe-Kategorien einen eigenen Umschlag, z. B. für Geben/Spenden, Sparen, Wohnung/Miete, Fahrtkosten und Haushaltsgegenstände. Dann schreibt man den jeweils monatlich dafür vorgesehenen Ausgabenbetrag auf einen Umschlag und steckt den entsprechenden Barbetrag hinein. Wenn dann ein Einkauf ansteht, schauen Sie in das entsprechende Kuvert, überprüfen, wie viel Geld Ihnen zur Verfügung steht, und tätigen dann mit dem Bargeld Ihren Einkauf.

Im Alltag ist dies sicherlich in dieser Weise nicht praktikabel, und es ist auch nicht weise, für jede Kategorie des Ausgabenplans einen eigenen Umschlag zu haben. Zweifellos möchten Sie auch zu Hause nicht so viel Bargeld herumliegen haben. Und mit Sicherheit wäre es auch etwas umständlich – wenn nicht sogar für die Bank inakzeptabel –, wollten Sie Ihre Hypothek mit Bargeld bezahlen. Einige der Kategorien werden daher normalerweise einfach ganz automatisch per Lastschrift oder Dauerauftrag von Ihrem Konto abgebucht.

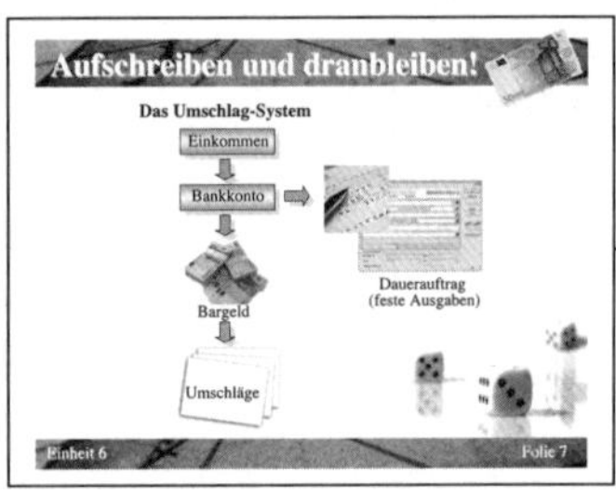

Wir wollen das Umschlag-System so umsetzen, dass wir damit die verschiedenen Zahlungsarten abdecken können und die Sache für uns umsetzbar wird.

Schlagen Sie bitte Seite 86 Ihres Teilnehmerbuches auf.

Teilnehmerhandbuch, Seite 86

NOTIZEN

EINHEIT 6

Umschlag-System

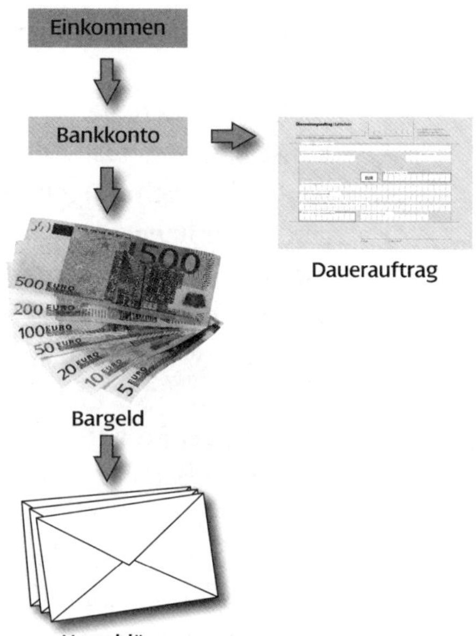

Notizen

Aufschreiben

„Ausgabentabelle“ mit „Täglich anfallenden variablen Ausgaben“, siehe Seite 87

86

In der Praxis sieht das Ganze dann folgendermaßen aus: Ihre gesamten Einnahmen gehen auf ein Girokonto. Zunächst gibt es dann keine Umschläge für die immer wiederkehrenden regelmäßigen monatlichen Ausgaben. Diese werden meist ohnehin automatisch von Ihrem Konto abgebucht oder per Dauerauftrag überwiesen – als da wären: Hypothek/Tilgung oder Miete, Nebenkosten wie Strom/Gas/Wasser, Autorate usw. Diese Ausgaben sind zumeist feststehende, regelmäßige monatliche Beträge. Es ist kein Problem, diese im Auge zu behalten. Zweifellos geben Sie bei der Miete usw. nicht zu viel aus. Die anderen variablen Kategorien sind jedoch schon schwieriger im Griff zu behalten. Aus diesem Grund werden Sie dann für Lebensmittel, Kleidung, Freizeit, Haushalt und Sonstiges Umschläge haben.

Mehr brauchen Sie für den Anfang noch nicht zu wissen. Ein Vorteil des Umschlag-Systems besteht darin, dass Sie sich nicht um irgendwelche schriftlichen Aufzeichnungen kümmern müssen. Die Umschläge und Ihre regelmäßigen monatlichen Ausgaben vom Konto sind Ihr Buchhaltungssystem. Nach jedem Zahltag stecken Sie den für den Monat veranschlagten Bar-Betrag in die betreffenden Umschläge. Aus dem, was am Monatsende übrig bleibt, ersehen Sie dann, wie viel Sie ausgegeben haben.

Ein weiterer großer Vorteil dieses Systems ist, dass Sie jedes Mal, wenn Sie dem Umschlag Bargeld entnehmen, an Ihren aktuellen Stand erinnert werden und gleich wissen, wie viel Ihnen noch zur Verfügung steht. Diese ständige Erinnerung stellt eine gute Kontrollfunktion für Ihr Ausgabeverhalten dar. Erfahrungsgemäß reduziert man seine Ausgaben bereits dadurch, dass man dieses System überhaupt anwendet.

Wenn Sie noch nie einen Haushaltsplan erstellt haben oder wenn Sie es versucht haben und es nicht geklappt hat, ist diese Methode vielleicht für Sie am besten geeignet. Aber sie ist nicht nur für Anfänger geeignet. Es gibt viele, die andere Systeme ausprobiert haben, aber schon viele Jahre mit diesem System arbeiten, weil es so einfach ist und so gut funktioniert.

Wir kommen zur zweiten Art der Ausgabenerfassung, nämlich zur schriftlichen Aufzeichnung.

8 MINUTEN

3. Aufschreiben

Bitte nehmen Sie sich Ihren Budgetplan vor und schlagen Sie dann Seite 87 Ihres Teilnehmerbuches auf. Dort finden Sie ein Beispiel für eine „Ausgabentabelle“ mit „variablen Ausgaben“.

Teilnehmerhandbuch, Seite 87

NOTIZEN

EINHEIT 6

Umschlag-System

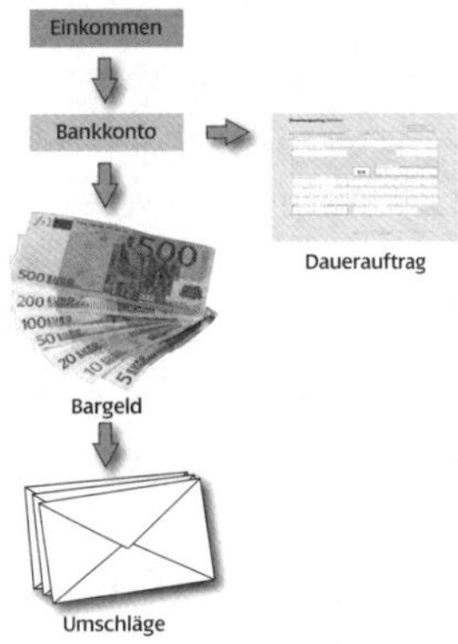

Notizen

Aufschreiben

„Ausgabentabelle“ mit „Täglich anfallenden variablen Ausgaben“, siehe Seite 87

86

AUFSCHREIBEN UND DRANBLEIBEN!

Ausgabentabelle

Täglich anfallende variable Ausgaben

	Fahrtkosten		Haushalt								Entgeltl. Dienste	Freizeit		
	Benzin/ Reparat.	ÖPNV	Lebens-mittel	Kleidung	Geschenke	Haushalt (diverses)	Persön-liches	Kinder	Elektr. Geräte	Sonstiges		Restau-rant/Kino	Reise/ Urlaub	Sonstiges
(1) geplante Summe (Budget)	80	40	320	60	80	50			75			100	70	40
(2) gesamt														
(3) (mehr)/weniger														
(4) Saldo vom Vormonat														
(5) Jahressumme														

1	2	3	4	5	6	7	8	9	10	11	12	13	14	15	16	17	18	19	20	21	22	23	24	25	26	27	28	29	30	31

- Verwenden Sie diese Tabelle, um Ausgaben zu notieren, die täglich anfallen und variabel sind – sie sind häufig am schwierigsten in den Griff zu bekommen.
- Sammeln Sie Quittungen und Belege und schreiben Sie dann jeden Abend Ihre Ausgaben auf.
- Addieren Sie jede Kategorie am Ende des Monats (Zeile „[2]“) und vergleichen Sie das Ergebnis mit dem Budgetwert für diesen Monat.
- Um sicher zu sein, dass Sie auch jeden Tag berücksichtigt haben, können Sie unten die Zahl abstreichen, die dem Kalendertag entspricht.
- Eine Möglichkeit: Falls Sie die Entwicklung über das Jahr verfolgen möchten, können Sie die „aufgelaufenen“ Summen ebenfalls mitführen.

87

Die Überschriften bezeichnen die Kategorien, für die Sie bei dem Umschlag-System, das ich Ihnen gerade beschrieben habe, einzelne Umschläge haben müssten. Das sind die Kategorien, die sich von Monat zu Monat ändern, bei denen mehrere Ausgaben anfallen und die am schwersten zu kontrollieren sind.

Ich möchte Ihnen gerne anhand eines Beispiels erläutern, wie das Formblatt ausgefüllt wird.

In die Zeile „(1) geplante Summe" tragen Sie den Betrag ein, der auch auf Ihrem Budget-Arbeitsblatt steht.

Die Kategorien in Zeile 2 decken sich mit den durchnummerierten Ausgabeposten auf Ihrem Budget-Arbeitsblatt. Diese Kategorien fassen eine Reihe von Unterkategorien zusammen, die Sie wiederum in Zeile 3 der Tabelle finden. Unter „Freizeit" fallen bei den Ausgaben beispielsweise Restaurant- und Kinobesuche, Veranstaltungen und Babysitting usw. Der Einfachheit halber und aus Platzgründen werden hier nicht alle möglichen Ausgabenarten aufgeführt.

Nehmen wir für unser Beispiel einmal an, dass der Haushaltsplan 80 Euro für die Unterkategorie „Benzin/Reparatur" vorsehen würde, für „ÖPNV" 40 Euro, für „Lebensmittel" 320 Euro, für „Kleidung" 60 Euro, für „Geschenke" 80 Euro, für „Elektr. Geräte" 75 Euro, für „Körperpflege" 50 Euro, für „Restaurant/Kino" 100 Euro, für „Reise/Urlaub" 70 Euro und für „Sonstiges" unter „Freizeit" 40 Euro.

Tragen Sie Ihre Ausgaben in die einzelnen Felder ein. Dazu müssen Sie einfach im Verlauf des Tages alle Belege sammeln, die Sie bei Ihren Einkäufen erhalten. Am besten bewahrt man diese immer am selben leicht zugänglichen Ort auf. Das kann Ihre Hosentasche sein oder ein Fach in Ihrem Portemonnaie oder ein spezieller Umschlag, den Sie mit „Quittungen" beschriftet haben.

Am Ende eines Tages tragen Sie dann den Betrag jedes einzelnen Beleges in die betreffende Spalte ein.

Im Laufe eines Monats können auf diese Weise z. B. fünf Ausgabenposten für „Benzin", einer für „Reparatur", sieben für „Ernährung" anfallen und so weiter und so fort.

NOTIZEN

AUFSCHREIBEN UND DRANBLEIBEN!

Ausgabentabelle

Täglich anfallende variable Ausgaben	Fahrtkosten		Haushalt								Entgeltl. Dienste	Freizeit		
	Benzin/ Reparat.	ÖPNV	Lebens-mittel	Kleidung	Geschenke	Haushalt (diverses)	Persön-liches	Kinder	Elektr. Geräte	Sonstiges		Restau-rant/Kino	Reise/ Urlaub	Sonstiges
(1) geplante Summe (Budget)	80	40	320	60	80	50			75			100	70	40
(2) gesamt														
(3) (mehr)/weniger														
(4) Saldo vom Vormonat														
(5) Jahressumme														

1	2	3	4	5	6	7	8	9	10	11	12	13	14	15	16	17	18	19	20	21	22	23	24	25	26	27	28	29	30	31

- Verwenden Sie diese Tabelle, um Ausgaben zu notieren, die täglich anfallen und variabel sind – sie sind häufig am schwierigsten in den Griff zu bekommen.
- Sammeln Sie Quittungen und Belege und schreiben Sie dann jeden Abend Ihre Ausgaben auf.
- Addieren Sie jede Kategorie am Ende des Monats (Zeile „[2]") und vergleichen Sie das Ergebnis mit dem Budgetwert für diesen Monat.
- Um sicher zu sein, dass Sie auch jeden Tag berücksichtigt haben, können Sie unten die Zahl abstreichen, die dem Kalendertag entspricht.
- Eine Möglichkeit: Falls Sie die Entwicklung über das Jahr verfolgen möchten, können Sie die „aufgelaufenen" Summen ebenfalls mitführen.

87

Am unteren Ende der Tabelle stehen die Zahlen von 1 bis 31. Wenn Sie Ihre Aufzeichnungen für einen Tag beendet haben, streichen Sie einfach das entsprechende Datum durch. Auf diese Weise wissen Sie immer, dass Sie keinen Tag vergessen haben.

Am unteren Ende der ersten Spalte steht in einem Feld „(2) gesamt". Am Ende eines Monats rechnen Sie dann einfach Ihre Ausgaben in der jeweiligen (Unter-) Kategorie zusammen und halten das Ergebnis in dieser Zeile fest.

Legen Sie eine kurze Pause ein, um dies gegebenenfalls anhand eines Zahlenbeispiels zu erläutern.

In der Zeile darunter – „(3) (mehr)/weniger" – errechnen Sie, inwieweit Sie über oder unter der veranschlagten Summe für den betreffenden Monat liegen. Dies ist die Differenz zwischen dem Feld „(1) geplante Summe" und „(2) gesamt". (Ausgaben, die darüber liegen, werden in Klammern gesetzt.) Es muss nicht unbedingt schlimm sein, wenn Sie in einem Monat in einer Kategorie zu viel ausgeben. Der Haushaltsplan stellt ja lediglich einen Mittelwert für die Monate dar. Da es bekanntlich nie exakt einen Durchschnitts-Monat geben wird, können einige Kategorien durchaus etwas über oder unter dem Plan für einen bestimmten Monat liegen.

Nehmen wir einmal an, eine Familie gibt 95 Euro für Kleidung aus, hat aber 60 Euro im Budgetplan veranschlagt. Das betreffende Feld „(3) (mehr)/weniger" zeigt dann an, dass sie in diesem Monat mit 35 Euro über dem Budgetplan für diese Kategorie liegt. Das ist noch akzeptabel, wenn sich die Familie darum bemüht, in den nächsten Monaten wieder weniger auszugeben. Sie könnte beispielsweise im nächsten Monat vom Winterschlussverkauf profitieren und weniger als das Veranschlagte ausgeben. Wichtig ist nur, dass man sich über einige Monate hinweg innerhalb der sicheren Grenzen des Haushaltsplans bewegt.

NOTIZEN

AUFSCHREIBEN UND DRANBLEIBEN!

Ausgabentabelle

Täglich anfallende variable Ausgaben

	Fahrtkosten		Haushalt								Entgeltl. Dienste	Freizeit		
	Benzin/ Reparat.	ÖPNV	Lebens-mittel	Kleidung	Geschenke	Haushalt (diverses)	Persön-liches	Kinder	Elektr. Geräte	Sonstiges		Restau-rant/Kino	Reise/ Urlaub	Sonstiges
(1) geplante Summe (Budget)	80	40	320	60	80	50			75			100	70	40
(2) gesamt														
(3) (mehr)/weniger														
(4) Saldo vom Vormonat														
(5) Jahressumme														

1	2	3	4	5	6	7	8	9	10	11	12	13	14	15	16	17	18	19	20	21	22	23	24	25	26	27	28	29	30	31

- Verwenden Sie diese Tabelle, um Ausgaben zu notieren, die täglich anfallen und variabel sind – sie sind häufig am schwierigsten in den Griff zu bekommen.
- Sammeln Sie Quittungen und Belege und schreiben Sie dann jeden Abend Ihre Ausgaben auf.
- Addieren Sie jede Kategorie am Ende des Monats (Zeile „[2]“) und vergleichen Sie das Ergebnis mit dem Budgetwert für diesen Monat.
- Um sicher zu sein, dass Sie auch jeden Tag berücksichtigt haben, können Sie unten die Zahl abstreichen, die dem Kalendertag entspricht.
- Eine Möglichkeit: Falls Sie die Entwicklung über das Jahr verfolgen möchten, können Sie die „aufgelaufenen“ Summen ebenfalls mitführen.

87

Im unteren Teil der ersten Spalte gibt es noch zwei weitere Felder: „(4) Saldo vom Vormonat“ und „(5) Jahressumme“. Falls Sie die Entwicklung über das Jahr verfolgen möchten, haben Sie hier die Möglichkeit, die „aufgelaufenen“ Summen ebenfalls aufzuzeichnen.

Wenn Ihnen Letzteres zunächst zu schwierig erscheint, können Sie diese Rubrik in den ersten Monaten einfach ignorieren. Wenn Sie sich an die monatliche Routine gewöhnt haben, lassen sich dann immer noch die „aufgelaufenen“ Summen mitführen (also die Summen, die nicht ausgegeben wurden). Wem dies immer noch unklar sein sollte, kann gerne nochmals nachfragen oder jemanden ansprechen.

Schlagen Sie jetzt Seite 88 in Ihrem Teilnehmerhandbuch auf.

Teilnehmerhandbuch, Seite 88

Auf der Rückseite dieses Ausgabenverzeichnisses finden Sie noch eine zweite Ausgabentabelle für „regelmäßige monatliche Ausgaben“. Diese beziehen sich auf jene Ausgaben, die bei Ihrem Umschlag-System automatisch abgebucht oder überwiesen würden. Werfen Sie einen Blick auf die Kategorien im oberen Teil der Tabelle. Dazu gehören „Spenden“, „Sparen“, „Schulden“, „Wohnen“, „Fahrtkosten“, „Versicherung“, und „Verschiedene Barausgaben“. Auf dieser Seite können Sie die monatlichen Ausgaben notieren, für die Sie typischerweise eine Abbuchung (oder auch zwei; z. B. bei Tilgung mit Bank- und KfW-Darlehen), Daueraufträge oder Überweisungen pro Monat haben (oder nur quartalsweise oder jährlich). Eine Ausnahme könnte hier das „Spenden“ bilden. Diese können Sie auch wöchentlich einzahlen.

Die Eintragungen sollten dann gemacht werden, wenn sie vom Bankkonto ausgeführt werden. Natürlich kann man auch den letzten Kontoauszug zu Hilfe nehmen.

Nutzen Sie auch den Abschnitt „Monatsbewertung“ auf S. 143 im Teilnehmerbuch, um sich selbst daran zu erinnern, was Sie tun müssen, um „auf Kurs“ zu bleiben. Hier können Sie unerwartete Ausgaben eintragen, die nicht auf dem Plan vorgesehen waren. Notieren Sie die Monate, die Sie verstärkt im Auge behalten sollten, und diejenigen, die sehr gut laufen. Das könnte für Sie eine Hilfe sein.

Sie haben nun eine Minute Zeit, um sich die Verzeichnisse genauer anzuschauen.

Legen Sie eine kurze Pause ein, damit sich die Teilnehmer das Beispiel für eine Ausgabentabelle anschauen können.

NOTIZEN

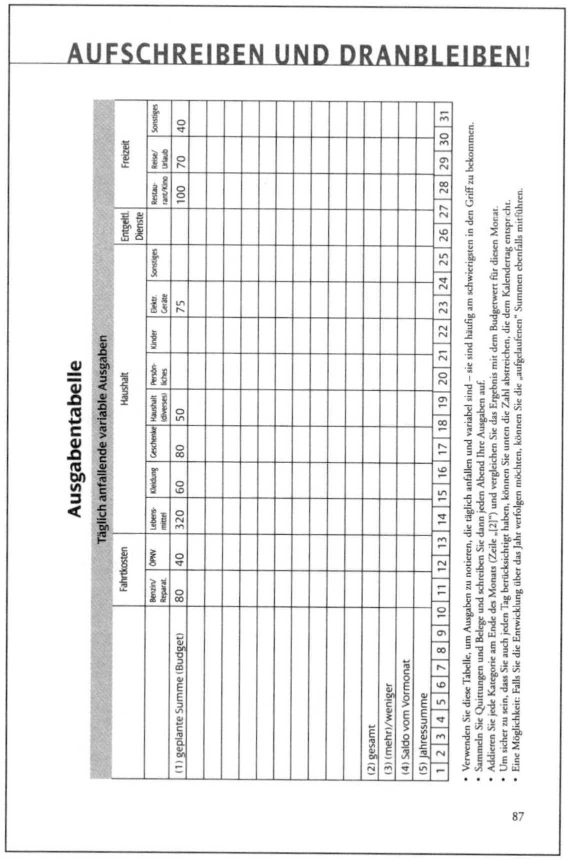

Ausgabentabelle

Täglich anfallende variable Ausgaben

	Fahrtkosten		Haushalt								Entgeltl. Dienste	Freizeit		
	Benzin/ Reparat.	ÖPNV	Lebensmittel	Kleidung	Geschenke	Haushalt (diverses)	Persönliches	Kinder	Elektr. Geräte	Sonstiges		Restaurant/Kino	Reise/ Urlaub	Sonstiges
(1) geplante Summe (Budget)	80	40	320	60	80	50			75			100	70	40
(2) gesamt														
(3) (mehr)/weniger														
(4) Saldo vom Vormonat														
(5) Jahressumme														

1 2 3 4 5 6 7 8 9 10 11 12 13 14 15 16 17 18 19 20 21 22 23 24 25 26 27 28 29 30 31

- Verwenden Sie diese Tabelle, um Ausgaben zu notieren, die täglich anfallen und variabel sind – sie sind häufig am schwierigsten in den Griff zu bekommen.
- Sammeln Sie Quittungen und Belege und schreiben Sie dann jeden Abend Ihre Ausgaben auf.
- Addieren Sie jede Kategorie am Ende des Monats (Zeile „[2]") und vergleichen Sie das Ergebnis mit dem Budgetwert für diesen Monat.
- Um sicher zu sein, dass Sie auch jeden Tag berücksichtigt haben, können Sie unten die Zahl abstreichen, die dem Kalendertag entspricht.
- Eine Möglichkeit: Falls Sie die Entwicklung über das Jahr verfolgen möchten, können Sie die „aufgelaufenen" Summen ebenfalls mitführen.

87

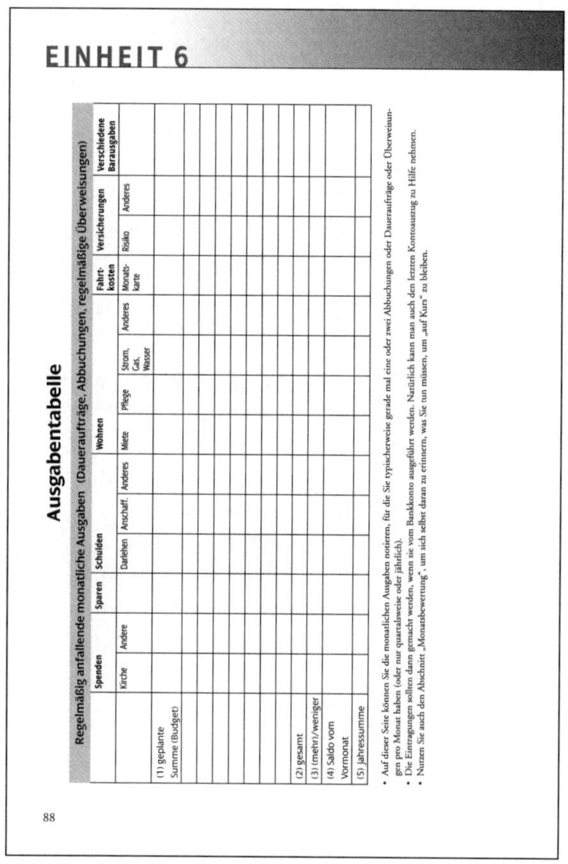

EINHEIT 6

Ausgabentabelle

Regelmäßig anfallende monatliche Ausgaben (Daueraufträge, Abbuchungen, regelmäßige Überweisungen)

	Spenden		Sparen	Schulden			Wohnen				Fahrtkosten	Versicherungen		Verschiedene Barausgaben
	Kirche	Andere		Darlehen	Anschaff.	Anderes	Miete	Pflege	Strom, Gas, Wasser	Anderes	Monatskarte	Risiko	Anderes	
(1) geplante Summe (Budget)														
(2) gesamt														
(3) (mehr)/weniger														
(4) Saldo vom Vormonat														
(5) Jahressumme														

- Auf dieser Seite können Sie die monatlichen Ausgaben notieren, für die Sie typischerweise gerade mal eine oder zwei Abbuchungen oder Daueraufträge oder Überweisungen pro Monat haben (oder nur quartalsweise oder jährlich).
- Die Eintragungen sollten dann gemacht werden, wenn sie vom Bankkonto ausgeführt werden. Natürlich kann man auch den letzten Kontoauszug zu Hilfe nehmen.
- Nutzen Sie auch den Abschnitt „Monatsbewertung", um sich selbst daran zu erinnern, was Sie tun müssen, um „auf Kurs" zu bleiben.

88

Teilnehmerhandbuch, Seite 90

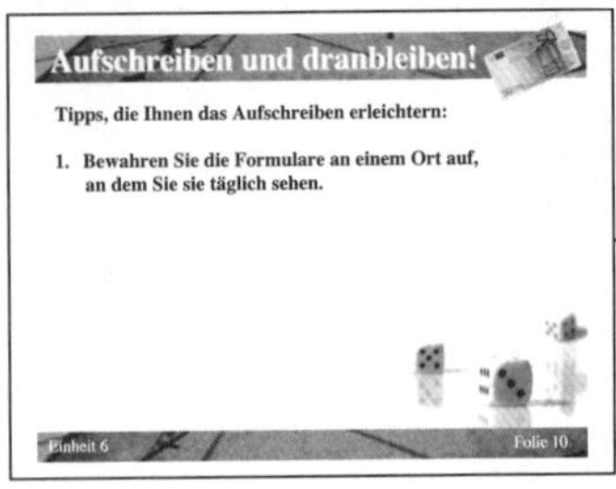

Diese Form der Buchführung kann einfacher sein, als Sie denken. Hier ein paar Tipps, die Ihnen das Aufschreiben erleichtern werden.

Erstens: Bewahren Sie die Formulare an einem Ort auf, an dem Sie sie täglich sehen.

Wenn Sie verheiratet sind, könnten Sie das Formular beispielsweise auf der Kommode im Schlafzimmer aufbewahren. Dies ist ein Ort, an dem Sie und Ihr Partner täglich vorbeikommen. Schließen Sie das Verzeichnis auf keinen Fall in irgendeiner Schublade weg!

Zweitens: Runden Sie auf den nächsten Euro auf oder ab.

Ein Beleg über 12,88 Euro wird als 13 Euro eingetragen, einer über 12,25 Euro auf 12 Euro, sodass Sie am Ende des Monats weniger Stellen hinter dem Komma zusammenrechnen müssen.

Drittens: Legen Sie die Kategorien zusammen.

Wie bereits erwähnt, wurden auf dem Budget-Arbeitsblatt bereits einige Kategorien zusammengefasst. Sie können nach Ihrem eigenen Ermessen und Belieben weitere Kategorien bündeln, um sich die Sache zu vereinfachen.

Viertens: Versuchen Sie, die Gesamtsumme regelmäßiger monatlicher Zahlungen bereits anzusparen.

Versuchen Sie, Teilsummen der halbjährlich oder jährlich fälligen Versicherungsbeiträge monatlich kurzfristig auf ein Sparkonto zu zahlen, um starke Ausgabenschwankungen zu umgehen. Das Gleiche gilt für Ihre Grundbesitzabgaben (Wasser, Kanal) usw. Dadurch vereinfacht sich Ihre Buchhaltung und Sie werden in allen Monaten etwa dieselben finanziellen Belastungen haben.

Fünftens: Verwenden Sie einen Umschlag für „Verschiedene Barausgaben“.

NOTIZEN

EINHEIT 6

Tipps, die Ihnen das Aufschreiben erleichtern werden:

- Bewahren Sie die Formulare an einem Ort auf, an dem Sie sie täglich sehen.
- Runden Sie auf den nächsten Euro auf oder ab.
- Legen Sie die Kategorien zusammen.
- Versuchen Sie, die Gesamtsumme regelmäßiger monatlicher Zahlungen bereits anzusparen.
- Verwenden Sie einen Umschlag für „Verschiedene Barausgaben“.

Einzelübung: Ausgabentabelle

Nehmen Sie an, es ist Abend und Sie haben im Laufe des Tages einige Einkäufe getätigt. Die Beispielsausgaben finden Sie auf den Belegen auf Seite 93 in Ihrem Teilnehmerbuch. Füllen Sie auf ihrer Grundlage die Ausgabentabelle auf der Folgeseite aus.

Einige von Ihnen denken jetzt vielleicht: *Das ist ja schön und gut und in der Theorie hört sich das wunderbar an. Aber das artet doch in Stress aus, wenn ich jedes Mal aufschreiben muss, dass ich eine Zeitung, ein Getränk oder eine andere Kleinigkeit gekauft oder hier oder da ein paar Cents ausgegeben habe!* Da muss ich Ihnen völlig Recht geben.

Sie müssen all diese Kleinbeträge nicht aufschreiben, wenn Sie zunächst überschlagen, wie viel dabei pro Monat durchschnittlich bei Ihnen zusammenkommt. Sie können diesen Ausgabenposten dann unter „Verschiedene Barausgaben" zusammenfassen.

Stecken Sie diesen Bar-Betrag dann einfach in ein separates Fach in Ihrer Geldbörse oder in ein zweites Portemonnaie und verwenden Sie es nur für diese Kleineinkäufe. Wenn sich diese Einkäufe z. B. auf 40 Euro im Monat belaufen und jeweils 75 Cent betragen würden, hätten Sie sich möglicherweise über 50 Eintragungen auf Ihrem Ausgabenverzeichnis gespart.

Noch eine Warnung: Wenn Sie beispielsweise in Ihrem Ausgabenverzeichnis 40 Euro im Monat für Kleinbeträge veranschlagen, die Sie bar bezahlen, aber schon nach 10 Tagen feststellen, dass Sie fast den gesamten Umschlag aufgebraucht haben, was bedeutet das dann für Sie? Dass sich die zahlreichen einzelnen Bareinkäufe zu sehr viel mehr aufsummieren, als Sie dachten. Wie das Sprichwort so schön sagt: „Kleinvieh macht auch Mist." Da sind es dann nicht mehr nur 40 Euro im Monat, sondern plötzlich vielleicht sogar 120 Euro.

An diesem Punkt müssen Sie eine Entscheidung treffen. Sie können den Betrag für Ihre verschiedenen kleineren Ausgaben auf 120 Euro im Monat erhöhen oder aber herausfinden, wofür Sie sie ausgeben, und entsprechende Kürzungen vornehmen. Z. B. können Sie eine Kiste Wasser kaufen, statt sich jeden Tag eine kleine Flasche am Automaten zu ziehen. Zwei Getränkeflaschen am Tag zu jeweils 50 Cent ergeben schon 30 Euro im Monat! Sie könnten sich eine Thermoskanne Kaffee mit auf die Reise nehmen, statt auf der Raststätte teuren Kaffee zu kaufen. Oder Sie bringen Ihren eigenen Kaffee mit ins Büro, statt ihn für teures Geld am Automaten zu ziehen. Und hören Sie sich die Nachrichten im Radio an oder lesen Sie sie im Internet, statt eine Zeitung zu kaufen. Wenn Sie sich dann noch an einigen Tagen in der Woche Ihr Frühstücksbrot oder Mittagessen mit ins Büro nehmen, werden Sie schon bald die ersten 100 Euro für Ihre vorgezogene Schuldenrückzahlung (Sie erinnern sich an Abschnitt 3!?) locker gemacht haben.

Nun wollen wir zum praktischen Teil kommen: Wie füllen Sie Ihre Ausgabentabelle aus?

NOTIZEN

EINHEIT 6

Tipps, die Ihnen das Aufschreiben erleichtern werden:

- Bewahren Sie die Formulare an einem Ort auf, an dem Sie sie täglich sehen.
- Runden Sie auf den nächsten Euro auf oder ab.
- Legen Sie die Kategorien zusammen.
- Versuchen Sie, die Gesamtsumme regelmäßiger monatlicher Zahlungen bereits anzusparen.
- Verwenden Sie einen Umschlag für „Verschiedene Barausgaben“.

Einzelübung: Ausgabentabelle

Nehmen Sie an, es ist Abend und Sie haben im Laufe des Tages einige Einkäufe getätigt. Die Beispielsausgaben finden Sie auf den Belegen auf Seite 93 in Ihrem Teilnehmerbuch. Füllen Sie auf ihrer Grundlage die Ausgabentabelle auf der Folgeseite aus.

6 MINUTEN

4. Einzelübung: Ausgabentabelle

Ziel: Die Teilnehmer sollen das schriftliche Aufzeichnungs-System in der Praxis anwenden.

Anleitung

Nehmen Sie an, es ist Abend und Sie haben im Laufe des Tages einige Einkäufe getätigt. Die Beispielausgaben finden Sie auf den Belegen auf Seite 93 in Ihrem Teilnehmerbuch. Füllen Sie auf ihrer Grundlage die Ausgabentabelle auf der Folgeseite aus.

Rufen Sie die Gruppe nach ca. 2 Minuten wieder zusammen. Notieren Sie sich, wie lange die Teilnehmer tatsächlich für die Übung brauchen, denn Sie werden gleich darauf Bezug nehmen müssen. Tragen Sie die Zeit hier ein: _____ Minuten und in das freie Feld auf der nächsten Seite.

4 MINUTEN

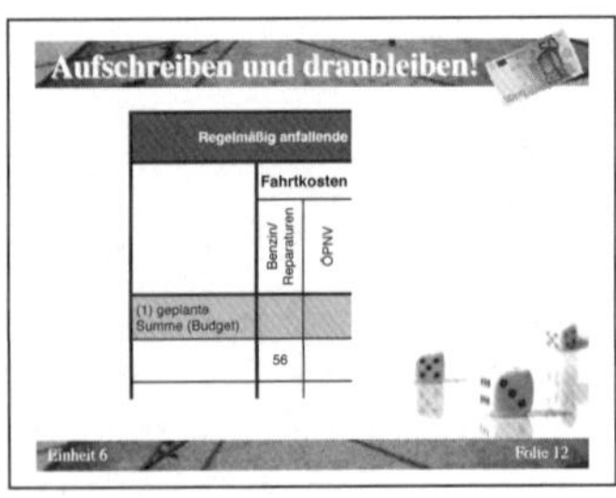

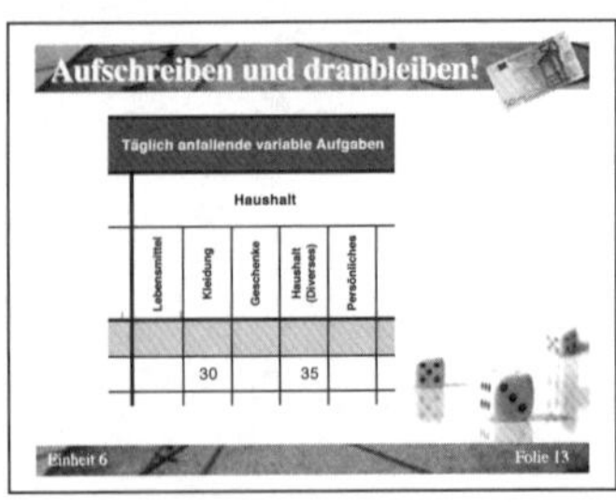

Zusammenfassung

Dann wollen wir uns Ihre Eintragungen mal anschauen.

In welches Feld haben Sie die Fahrtkosten fürs Auto eingetragen?

Legen Sie eine kurze Pause ein, um die Antworten der Teilnehmer entgegenzunehmen.

Fahrtkosten/Benzin, 55,95 Euro. Runden Sie ruhig auf 56 Euro auf.

Unter welche Rubrik gehören die Ausgaben für Abklebeband und Pinsel?

Legen Sie eine kurze Pause ein, um die Antworten der Teilnehmer entgegenzunehmen.

Unter „Haushalt“. Sie können den Betrag ruhig auf 35 Euro aufrunden.

Der Lebensmitteleinkauf im Supermarkt fällt unter die Rubrik „Lebensmittel“. Runden Sie den Betrag einfach auf 14 Euro auf.

Wo haben Sie den Beleg für die Ausgaben im Kaufhaus untergebracht?

Legen Sie eine kurze Pause ein, um die Antworten der Teilnehmer entgegenzunehmen.

NOTIZEN

EINHEIT 6

Tipps, die Ihnen das Aufschreiben erleichtern werden:

- Bewahren Sie die Formulare an einem Ort auf, an dem Sie sie täglich sehen.
- Runden Sie auf den nächsten Euro auf oder ab.
- Legen Sie die Kategorien zusammen.
- Versuchen Sie, die Gesamtsumme regelmäßiger monatlicher Zahlungen bereits anzusparen.
- Verwenden Sie einen Umschlag für „Verschiedene Barausgaben".

Einzelübung: Ausgabentabelle

Nehmen Sie an, es ist Abend und Sie haben im Laufe des Tages einige Einkäufe getätigt. Die Beispielsausgaben finden Sie auf den Belegen auf Seite 93 in Ihrem Teilnehmerbuch. Füllen Sie auf ihrer Grundlage die Ausgabentabelle auf der Folgeseite aus.

Einkaufsquittungen

SHELL STATION
Fränzke GmbH
Frankfurter Straße 1
60594 Frankfurt
Obj.-Nr.: 0000000941 Tel. 069/3275
Fax 069/9120

Steuer-Nr. Station: 2023360493
Steuer-Nr. Gesellschaft: DE 81127597
Beleg-Nr. 3479/004/00001 15.11.2005 17:06

Kreditverkauf
000005 DIESEL 55,95 EUR A
*Zp 07 49,11 1 1,119 EUR/l *

Gesamtbetrag 55,95 EUR

80 Cent Müsli Riegel (bar)

WAL-MART
SUPERCENTER
DARMSTÄDTER STR. 27
60594 FRANKFURT
TEL.: 069-60010
USTID NR. DE143588697

ABKLEBEBAND	3,95
PINSEL	31,95
ZWISCHENSUMME	34,90
SUMME	34,90
RÜCKGELD	5,10

% MWST	O. MWST	MWST
16,00	29,316	5,584

#ARTIKEL VERKAUFT 2
17.11.05 20:05:46

KUNDENKOPIE

** EINS A Einkaufszentrum **
** Frankfurt **

HAGELZUCKER	B	1,19
KOKOSRASPELN	B	0,35
KOKOSRASPELN	B	0,35
KOKOSRASPELN	B	0,35
SCHAELTOMATEN	B	0,25
BACKOBLATEN RD.	B	0,69
PFLANZENMARGARI.	B	0,40
MANDELN	B	1,69
MANDELN GEMAHLEN	B	1,89
MANDELN GEMAHLEN	B	1,89
NUSSKERNE GEMAHL	B	1,69
MANDELN GESTIFT.	B	0,99
NUSSKERNE GEMAHL	B	1,69
SUMME	EUR	13,51
GEGEBEN	BAR	50,00
RÜCKGELD	EUR	36,49

UST %-Satz	Brutto	Netto	UST
B = 7,00%	13,51	12,63	0,88
SUMME MWST		EUR	0,88

Fil	Bonnr	Zeit	Datum	Kas	Bed	M
6313	1543	17:33	06.12.2005	4	6	0

****** VIELEN DANK ******
****** FÜR IHREN EINKAUF ******
Wir sind für Sie da:
Mo. – Fr. von 07.00 bis 20.00 Uhr
Samstag von 07.00 bis 20.00 Uhr
Telefon: 069 / 807020
Steuernummer: 020 232 10143

Kaufhaus
Berliner Str. 4
60594 Frankfurt

Verkäufer#	5968	EUR
Bettwäsche		50,00
Sweatshirt		40,00
MWST-Anteil: 16,00 %		14,40
Summe		90,00
Gegeben	90,00 Zurück	0,00

05.12.2005 11:33 1 207 1 52

* Umtausch und Reklamation nur gegen Bon *
* Bei Umtausch Verrechnung mit Gutschein *

Der Beleg für diese Dinge gehört in die Spalte „Haushalt“ und „Kleidung“.

Aber unter welche Rubrik fallen die 80 Cent für den Müsli-Riegel?

Legen Sie eine kurze Pause ein, um die Antworten der Teilnehmer entgegenzunehmen.

Mögliche Antworten:

- „Freizeit – Sonstige“,
- „Verschiedene Barausgaben“.

Eigentlich führen wir Süßigkeiten für „zwischendurch“ gar nicht im Erfassungs-Formular auf, denn es gehört zu den verschiedenen kleineren Barausgaben. Und dieser monatliche Betrag ist bereits in Ihrem Ausgabenverzeichnis unter „(1) geplante Summe“ ausgewiesen. Sie entnehmen das Geld für den Riegel Ihrem monatlichen Umschlag für die verschiedenen Barausgaben.

Ich möchte Sie hier noch auf etwas Wichtiges aufmerksam machen. Ich habe mir mal notiert, wie viel Zeit die meisten für die Eintragungen gebraucht haben. Und es waren nur ________ Minuten.

Diejenigen, die nicht damit fertig wurden, möchte ich ermutigen. Es ist nur eine Sache der Übung, bis Sie diese tägliche Aufgabe mit Leichtigkeit erledigen können. Ich bin sicher, dass Sie Ihre Eintragungen schon nach ein- oder zwei weiteren Versuchen innerhalb von weniger als zwei Minuten geschafft haben.

Schlagen Sie bitte Seite 91 Ihres Teilnehmerbuches auf.

Teilnehmerhandbuch, Seite 91

NOTIZEN

EINHEIT 6

Tipps, die Ihnen das Aufschreiben erleichtern werden:

- Bewahren Sie die Formulare an einem Ort auf, an dem Sie sie täglich sehen.
- Runden Sie auf den nächsten Euro auf oder ab.
- Legen Sie die Kategorien zusammen.
- Versuchen Sie, die Gesamtsumme regelmäßiger monatlicher Zahlungen bereits anzusparen.
- Verwenden Sie einen Umschlag für „Verschiedene Barausgaben".

Einzelübung: Ausgabentabelle

Nehmen Sie an, es ist Abend und Sie haben im Laufe des Tages einige Einkäufe getätigt. Die Beispielsausgaben finden Sie auf den Belegen auf Seite 93 in Ihrem Teilnehmerbuch. Füllen Sie auf ihrer Grundlage die Ausgabentabelle auf der Folgeseite aus.

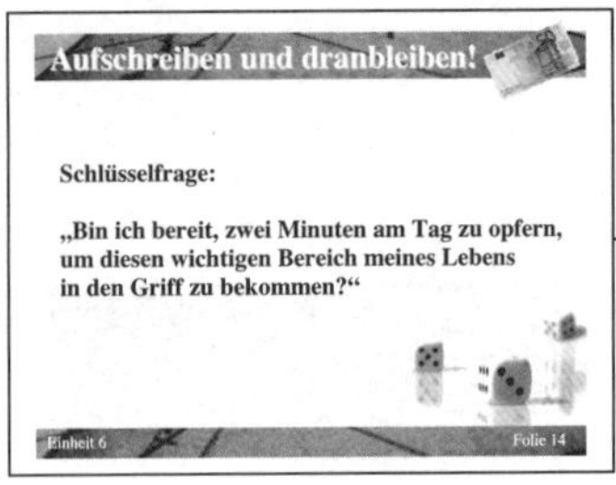

Bei alledem müssen Sie sich die entscheidende Frage stellen: „Bin ich bereit, zwei Minuten am Tag zu opfern, um diesen wichtigen Bereich meines Lebens in den Griff zu bekommen?“

Pause.

Hier geht es um eine entscheidende Frage. Geben Sie den Teilnehmern ausreichend Zeit, um sich darüber klar zu werden, dass ein schriftliches Aufzeichnungssystem in nur wenigen Minuten am Tag erledigt werden kann.

Vorteile des Aufschreibens

- Man bekommt ausreichend Daten und Informationen für künftige finanzielle Entscheidungen.
- Es wirkt sich auf Ihr Ausgabeverhalten aus. Sie werden bewusster, überlegter mit Ihrem Geld umgehen.
- Man erhält täglich Rückmeldung, ob man noch „auf Kurs“ ist.
- Das System ist eine Quelle der Ermutigung und der Korrektur.

Also: Alles halb so wild!

5. Das PC-System (Software)

Diese Methode ist für den Anfänger nur bedingt zu empfehlen – wenn überhaupt. Manche werden vielleicht denken: *Warum macht der hier nur bloß einen solchen Wirbel um Uralt-Methoden wie Umschläge oder Aufschreiben, wo es doch so tolle Software-Programme gibt? Das Programm addiert doch die Posten automatisch zusammen oder subtrahiert sie. Mit einer simplen Excel-Tabelle wäre es auch schon getan. Man könnte sich sogar eine Grafik anzeigen oder die Liste als Formularsatz ausdrucken lassen. Daneben hätte die Software alle möglichen hilfreichen Zusatzfunktionen.*

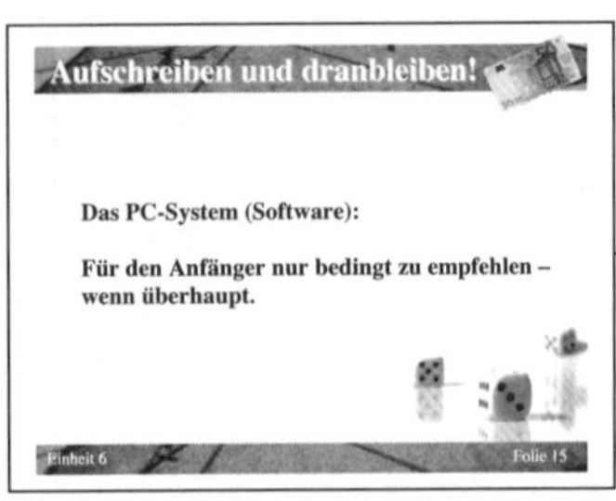

Natürlich besitzt ein solches Computerprogramm zahlreiche Vorteile. Wenn es Ihnen jedoch in der jüngsten Vergangenheit schwer gefallen sein sollte, Ihre Ausgaben festzuhalten oder Sie es noch nie versucht haben, ist dieses System für den Anfänger nur mit Vorsicht zu genießen.

NOTIZEN

AUFSCHREIBEN UND DRANBLEIBEN!

Schlüsselfrage: „Bin ich bereit, zwei Minuten am Tag zu opfern, um diesen wichtigen Bereich meines Lebens in den Griff zu bekommen?“

Das PC-System (Software)

Dieses System ist für den Anfänger nur mit Vorsicht zu genießen.

Einzelübung: Richten Sie Ihr persönliches Aufzeichnungssystem ein

1. Entscheiden Sie sich für ein Aufzeichnungssystem: Briefumschlag-System, Aufschreibetechnik, PC (Software).
2. Falls Sie die Aufschreibetechnik oder das PC-System verwenden wollen, übertragen Sie jetzt die Summen aus Ihrem Budgetplan in Zeile 4 („(1) geplante Summe“) auf dem Ausgabenformular. Sie finden es auf den Seiten 141 und 142 Ihres Teilnehmerbuches.
3. Falls Sie lieber das Umschlagsystem verwenden möchten, beschriften Sie jetzt die Etiketten für jeden einzelnen Umschlag. Sie finden sie auf Seite 129 Ihres Teilnehmerbuches. Geben Sie darauf die Ausgaben-Kategorie sowie den Euro-Betrag aus dem Budgetplan an. Auf Seite 142 sollten Sie alle Abbuchungen, Überweisungen und Daueraufträge notieren, die monatlich, quartalsweise oder jährlich anfallen.

Dabei gibt es einige Fallen: Der Computer ist möglicherweise nicht immer frei zugänglich oder gerade von jemand anderem belegt. Er steht vielleicht in irgendeiner Ecke des Hauses oder unten im Keller. Sie vergessen womöglich, sich jeden Tag an den Rechner zu setzen, oder es dauert Ihnen zu lange, bis das Programm hochgefahren ist. Sehr schnell vergeht dabei eine Woche und Sie haben Ihre Belege verlegt. Unvollständige Aufzeichnungen führen aber dazu, dass Sie nicht die Daten und Informationen bekommen, die Sie brauchen.

Wenn Sie ein Anfänger in Sachen Budgetplanung sind oder es in der Vergangenheit schon einmal aufgegeben haben, sollten Sie zunächst mit dem Umschlag- oder schriftlichen Aufzeichnungssystem anfangen. Wenn Sie sich dann daran gewöhnt haben, Ihre Ausgaben regelmäßig festzuhalten, wenn Sie die Vorteile entdeckt haben und sicher sind, dass Sie auch weiterhin Ihre Ausgaben verfolgen werden, können Sie sich an eine elektronische Aufzeichnung begeben. Aber trotzdem ist das System mit Vorsicht zu genießen!

Ich möchte Ihnen jetzt etwas Zeit geben, sich für eines der drei Systeme zu entscheiden und es, soweit möglich, mit den entsprechenden Daten zu füllen.

5 MINUTEN

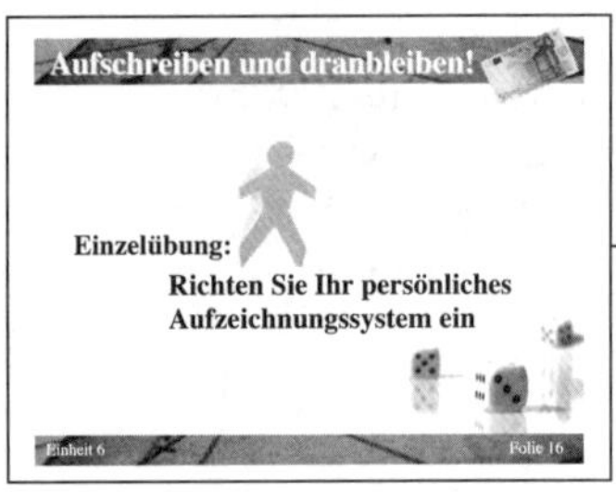

6. Einzelübung: Richten Sie Ihr persönliches Aufzeichnungssystem ein

Ziel: Die Teilnehmer sollen Ihr persönliches Aufzeichnungssystem auswählen und einrichten.

Anleitung

1. Entscheiden Sie sich für ein Aufzeichnungssystem: Briefumschlag-System, Aufschreibetechnik, PC (Software).
2. Falls Sie die Aufschreibetechnik oder das PC-System verwenden wollen, übertragen Sie jetzt die Summen aus Ihrem Budgetplan in Zeile 4 („(1) geplante Summe“) auf dem Ausgabenformular. Sie finden es auf den Seiten 141 und 142 Ihres Teilnehmerbuches.
3. Falls Sie lieber das Umschlagsystem verwenden möchten, beschriften Sie jetzt die Etiketten für jeden einzelnen Umschlag. Sie finden sie auf Seite 129 Ihres Teilnehmerbuches. Geben Sie darauf die Ausgaben-Kategorie sowie den Euro-Betrag aus dem Budgetplan an. Auf Seite 142 sollten Sie alle Abbuchungen, Überweisungen und Daueraufträge notieren, die monatlich, quartalsweise oder jährlich anfallen.

Hierfür stehen Ihnen 5 Minuten Zeit zur Verfügung.

NOTIZEN

AUFSCHREIBEN UND DRANBLEIBEN!

Schlüsselfrage: „Bin ich bereit, zwei Minuten am Tag zu opfern, um diesen wichtigen Bereich meines Lebens in den Griff zu bekommen?“

Das PC-System (Software)

Dieses System ist für den Anfänger nur mit Vorsicht zu genießen.

Einzelübung: Richten Sie Ihr persönliches Aufzeichnungssystem ein

1. Entscheiden Sie sich für ein Aufzeichnungssystem: Briefumschlag-System, Aufschreibetechnik, PC (Software).
2. Falls Sie die Aufschreibetechnik oder das PC-System verwenden wollen, übertragen Sie jetzt die Summen aus Ihrem Budgetplan in Zeile 4 („(1) geplante Summe“) auf dem Ausgabenformular. Sie finden es auf den Seiten 141 und 142 Ihres Teilnehmerbuches.
3. Falls Sie lieber das Umschlagsystem verwenden möchten, beschriften Sie jetzt die Etiketten für jeden einzelnen Umschlag. Sie finden sie auf Seite 129 Ihres Teilnehmerbuches. Geben Sie darauf die Ausgaben-Kategorie sowie den Euro-Betrag aus dem Budgetplan an. Auf Seite 142 sollten Sie alle Abbuchungen, Überweisungen und Daueraufträge notieren, die monatlich, quartalsweise oder jährlich anfallen.

91

2 MINUTEN

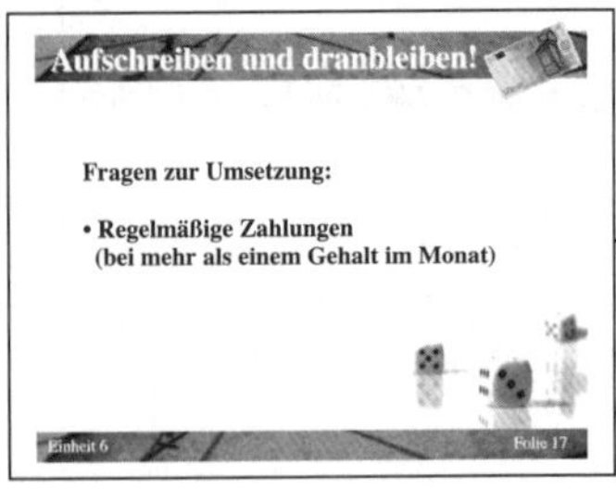

7. Fragen zur Umsetzung

Teilnehmerbuch, Seite 94

Ich möchte Sie noch auf einige Punkte hinweisen, auf die Sie womöglich bei der Umsetzung Ihres Budgetplans und der Einrichtung Ihres persönlichen Aufzeichnungssystems stoßen werden.

Regelmäßige Zahlungen (bei mehr als einem Gehalt im Monat)

Erstens: Sie haben mehr als einen Zahlungseingang pro Monat.

Die Zahlungseingänge sind möglicherweise zu unterschiedlichen Zeiten bzw. unregelmäßig. Das trifft dann zu, wenn beide Partner arbeiten gehen oder wenn einer der beiden selbstständig/freiberuflich tätig ist.

Erstellen Sie in diesem Fall eine Liste über „regelmäßige Zahlungseingänge", ihre Häufigkeit (an jedem 1./30. d. Monats usw.) und darüber, wie die Ausgaben auf die beiden eingehenden Gehaltszahlungen aufgeteilt werden sollen. Sie benötigen zu Beginn vermutlich etwas Zeit, um diesen Plan zu erstellen. Wenn die Aufstellung erst einmal steht, vermeiden Sie dadurch weitere Fragen, Ängste und Unsicherheiten darüber, wohin Ihr Gehalt jeden Monat verschwindet. Eine Anregung dazu, wie dies in der Praxis aussehen kann, finden Sie auf Seite 120 im Anhang Ihres Teilnehmerbuches.

Kurzfristige Ersparnisse ansammeln

Zweitens: Es werden sich unter Umständen kurzfristig Ersparnisse ansammeln.

Wenn Sie das Umschlagsystem verwenden und weniger Geld herausnehmen, als Sie hineinstecken, werden Sie feststellen, dass sich in einigen Umschlägen Bargeld ansammelt. Wenn Sie zum Beispiel einmal pro Jahr in Urlaub fahren, wird sich das Geld in dem für den Urlaub vorgesehenen Umschlag in den elf Monaten zuvor ansammeln. Das birgt zwei Risiken: Zum einen könnten Sie versucht sein, sich das Geld für andere Dinge „auszuborgen". Zum anderen wäre es etwas leichtsinnig, einen größeren Geldbetrag zu Hause herumliegen zu lassen. Das Gleiche gilt für das Aufzeichnungssystem. Auf Ihrem Girokonto wird sich ein Guthaben ansammeln, das Sie möglicherweise dazu verleitet, das zusätzliche Geld gleich wieder auszugeben.

NOTIZEN

EINHEIT 6

Fragen zur Umsetzung

- Regelmäßige Zahlungen (bei mehr als einem Gehalt im Monat)
- Kurzfristige Ersparnisse ansammeln

Gruppenübung: Mögliche Schwierigkeiten

Sprechen Sie darüber, auf welches Hindernis Sie wohl bei der Einführung des Budgetplans und des Aufzeichnungssystems treffen könnten.

Notizen

94

Um diese Fallen zu vermeiden, sollte das Geld für größere Ausgaben kurzfristig auf einem Sparkonto gesammelt werden. Zu empfehlen ist hier ein monatlicher Dauerauftrag, sodass das Geld direkt auf das Sparkonto wandert. Nutzen Sie dabei das gleiche Konto, auf dem Sie auch Ihre Ersparnisse für Notfälle deponieren. Ein Beispiel für ein einfaches Formular, mit dem Sie Ihre regelmäßigen Kontobewegungen auf dem Sparkonto verfolgen können, finden Sie auf Seite 124 im Anhang Ihres Teilnehmerbuches.

6 MINUTEN

8. Gruppenübung: Mögliche Schwierigkeiten

Nachdem wir gerade ein paar Punkte angesprochen haben, mit denen Sie rechnen sollten, wenn Sie einen Budgetplan und das Aufzeichnungssystem einführen werden, haben Sie nun ein paar Minuten Zeit, um über die möglichen Schwierigkeiten nachzudenken, mit denen Sie unter Umständen konfrontiert werden.

Ziel: Die Teilnehmer sollen sich darüber austauschen, welches Hindernis sie ihrer Ansicht nach davon abhalten bzw. es ihnen erschweren könnte, den Budgetplan und das Aufzeichnungssystem einzuführen.

Bilden Sie bitte mit zwei anderen Personen eine kleine Gesprächsrunde.

Anleitung
Sprechen Sie darüber, auf welches Hindernis Sie wohl bei der Einführung des Budgetplans und des Aufzeichnungssystems treffen könnten.

Sie haben nun ein paar Minuten Zeit für diese Gruppenarbeit.

2 MINUTEN

Zusammenfassung
Über welche möglichen Hindernisse haben Sie sich in Ihrer Gesprächsrunde ausgetauscht?

NOTIZEN

EINHEIT 6

Fragen zur Umsetzung

- Regelmäßige Zahlungen (bei mehr als einem Gehalt im Monat)
- Kurzfristige Ersparnisse ansammeln

Gruppenübung: Mögliche Schwierigkeiten

Sprechen Sie darüber, auf welches Hindernis Sie wohl bei der Einführung des Budgetplans und des Aufzeichnungssystems treffen könnten.

Notizen

Greifen Sie drei oder vier Antworten aus der Gruppe auf und wiederholen Sie sie für jeden hörbar.

Mögliche Antworten:

- fehlende Disziplin,
- der Ehepartner muss überredet werden, dieses System ebenfalls zu verwenden,
- Entmutigung – insbesondere bei unvorhergesehenen Ausgaben.

Über Ihre Selbstverpflichtung werden wir noch am Ende der Kurseinheit sprechen. Doch zuvor möchte ich Sie noch auf eines der größten Hindernisse aufmerksam machen, auf das Anfänger stoßen werden. Sie verfügen zum einen vermutlich nicht über ein Sparkonto für kurzfristige Ersparnisse, und zum anderen haben sie oftmals auch keinen Notgroschen, auf den sie zurückgreifen könnten.

Nehmen wir einmal an, Sie legen jeden Monat 60 Euro für Autoreparaturen zur Seite – das sind 720 Euro im Jahr. Und nehmen wir einmal an, dass dieser Betrag so ziemlich genau dem Betrag entspricht, den Sie tatsächlich im Laufe des Jahres für diesen Bereich aufwenden müssen. Aber unglücklicherweise gehen Ihnen bereits im zweiten Monat Ihres Ansparplans die Bremsen Ihres Wagens kaputt, die mit 400 Euro zu Buche schlagen.

Was bedeutet das dann für Sie? Es heißt auf keinen Fall: „Ich geb auf. Das Ganze funktioniert einfach nicht. Schließlich kann ich ja nicht ohne Bremsen in der Gegend herumfahren. Ich brauch mein Auto, um zur Arbeit zu fahren. Ich hab aber bis jetzt nur 60 Euro gespart und weitere 60 Euro kommen in diesem Monat noch hinzu. Also bleibt mir wohl nichts anderes übrig, als meinen Dispokredit in Anspruch zu nehmen und die Bremsen reparieren zu lassen.“ *Nein! Tun Sie das nicht!* Sie sind eine Verpflichtung eingegangen, und die besagt, dass Sie keine weiteren Schulden anhäufen werden!

Aber welche Alternative hätten Sie denn noch? Nehmen Sie jeden anderen Bereich Ihres Haushaltsplans für diesen Monat unter die Lupe und sagen Sie sich: „Alles klar! Jetzt werde ich wohl für kurze Zeit in den sauren Apfel beißen und einen spartanischen Lebensstil führen müssen. Ich werde wohl kurzfristig meine Freizeitaktivitäten einschränken müssen. Ich werde in diesem Monat keine neuen Klamotten kaufen. Und ich werde so viel wie möglich im Bereich ‚Lebensmittel‘ sparen.“

NOTIZEN

EINHEIT 6

Fragen zur Umsetzung

- Regelmäßige Zahlungen (bei mehr als einem Gehalt im Monat)
- Kurzfristige Ersparnisse ansammeln

Gruppenübung: Mögliche Schwierigkeiten

Sprechen Sie darüber, auf welches Hindernis Sie wohl bei der Einführung des Budgetplans und des Aufzeichnungssystems treffen könnten.

Notizen

94

Nehmen Sie jede Gelegenheit wahr, um Ihre Ausgaben in diesem Monat so niedrig wie nur möglich zu halten. Und investieren Sie dieses Geld in die Reparatur Ihrer Bremsen. Wenn Sie danach immer noch nicht genug Geld zusammen haben, sollten Sie kreativer werden: „Nun, ich kann das Auto zwar nicht ohne Bremsen fahren, aber brauche ich es wirklich? Ich muss eigentlich nur zur Arbeit und zurückkommen. Bedeutet das, dass ich das Auto *jetzt* reparieren lassen muss? Nicht unbedingt. Ich könnte mir auch eine Mitfahrgelegenheit suchen! Oder den Bus nehmen! Oder einen anderen Weg finden, um kurzfristig zur Arbeit zu kommen!“ Vielleicht können Sie sich auch das Auto von einem guten Freund leihen? Oder Ihre Gemeinde in dieser kurzfristigen Notlage um Hilfe bitten?

Es geht mir darum, dass Sie manchmal einfach kreative Lösungsansätze finden und gegebenenfalls persönliche Opfer bringen müssen, um Ihrer Selbstverpflichtung treu zu bleiben, Ihre Schulden „einzufrieren“ bzw. keine neuen mehr zu machen. Erzählen Sie Gott und anderen von Ihrer Notlage. Überziehen Sie auf keinen Fall Ihr Konto!

Schlagen Sie bitte Seite 95 in Ihrem Teilnehmerbuch auf.

1 MINUTE

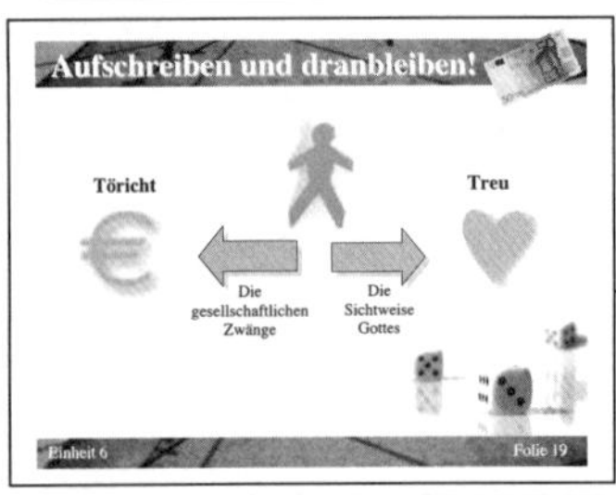

B. Rückblick

Wir sind fast am Ende des Kurses angelangt. Lassen Sie uns kurz die einzelnen Themen wiederholen.

Zunächst haben wir uns das Dilemma bewusst gemacht, in dem wir stecken: Die gesellschaftlichen Zwänge unserer Zeit konkurrieren mit der Sichtweise Gottes. Wir sprachen über die Entscheidungen, die wir täglich zu treffen haben – bei denen wir uns entweder dem Zeitgeist oder der Sichtweise Gottes anschließen können.

Wir haben auch gesehen, dass wir, wenn wir uns an Gott orientieren, immer mehr zu dem werden, was die Bibel uns vor Augen hält:

- ein zuverlässiger Verdiener,
- ein großzügiger Spender,
- ein weiser Sparer,
- ein vorsichtiger Schuldner
- und ein vernünftiger Verbraucher.

NOTIZEN

AUFSCHREIBEN UND DRANBLEIBEN!

Rückblick

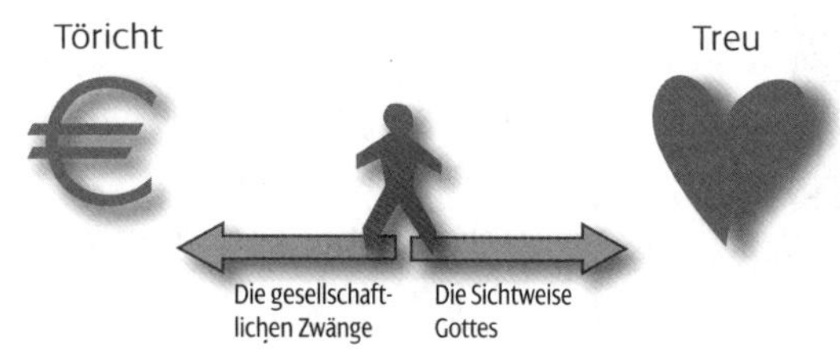

Wir werden:

- zuverlässiger Verdiener
- großzügiger Spender
- weiser Sparer
- vorsichtiger Schuldner
- vernünftiger Verbraucher

95

An diesem Punkt erleben Sie dann zunehmend echte finanzielle Freiheit – damit ist die Zufriedenheit gemeint, die Sie erleben, wenn Sie treu Ihre finanziellen Angelegenheiten entsprechend den Maßstäben und Zielsetzungen Gottes regeln. Je zuverlässiger Sie in finanziellen Dingen werden, desto stärker erleben Sie finanzielle Freiheit.

5 MINUTEN

1. *Video: Echte finanzielle Freiheit*

Wir sehen uns jetzt einen Videoausschnitt an. Darin geht es um Menschen, die ihre Lebensweise geändert haben.

Zeigen Sie den Videoausschnitt: Echte finanzielle Freiheit

Ich möchte Ihnen jetzt etwas Zeit geben, um über den Film nachzudenken.

4 MINUTEN

2. *Einzelübung: In finanziellen Dingen zuverlässig werden und echte finanzielle Freiheit erleben*

Teilnehmerhandbuch, Seite 96

Ziel: Die Teilnehmer sollen sich vorstellen, wie es wäre, einen finanziell treuen und freien Lebensstil zu führen.

Anleitung

Bitte schreiben Sie für sich die Antwort zu folgender Frage auf: „Wie würde mein Leben aussehen, wenn ich in finanziellen Dingen wirklich zuverlässig wäre und echte finanzielle Freiheit erleben würde?“

Sie haben für diese Aufgabe 3 Minuten Zeit.

Rufen Sie die Gruppe nach 3 Minuten wieder zusammen.

1 MINUTE

Zusammenfassung

Nennen Sie einige Antworten, die Sie aufgeschrieben haben.

NOTIZEN

EINHEIT 6

Video: Echte finanzielle Freiheit

Notizen

Einzelübung: In finanziellen Dingen zuverlässig werden und echte finanzielle Freiheit erleben

Bitte schreiben Sie für sich die Antwort zu folgender Frage auf: „Wie würde mein Leben aussehen, wenn ich in finanziellen Dingen wirklich zuverlässig wäre und echte finanzielle Freiheit erleben würde?“

96

Greifen Sie drei oder vier Kommentare auf und wiederholen Sie diese für jeden hörbar.

Mögliche Antworten:

- „Ich hätte weniger Angst/Stress in meinem Leben, weil ich dann keine Schulden mehr hätte."
- „Bei mir zu Hause würde es friedlicher zugehen, weil wir uns nicht mehr so oft wegen des Geldes zoffen würden."

Sie haben jetzt einen kleinen Eindruck davon bekommen, wie es aussehen könnte, wenn Sie die Grundsätze dieses Kurses in Ihrem Alltag umsetzen würden. Darüber hinaus haben Sie einen Budgetplan und ein Aufzeichnungssystem zur Hand, um Ihre Fortschritte zu verfolgen.

Schlagen Sie bitte Seite 97 in Ihrem Teilnehmerbuch auf.

2 MINUTEN

3. Selbstverpflichtung und Abschluss

Teilnehmerhandbuch, Seite 97

Wir kommen nun zu Ihrer Selbstverpflichtung. Wenn Sie diesen Abschnitt in Ihrem Teilnehmerbuch ausfüllen – und auch umsetzen –, gehen Sie damit einen entscheidenden Schritt, um die Hindernisse zu überwinden, die Sie gerade bei sich entdeckt und schriftlich festgehalten haben.

Persönliche Ziele für echte finanzielle Freiheit

Ihr erstes Ziel lautet: Ich werde ab (Monat/Jahr) ________________ meinen Budgetplan verwenden und damit beginnen, täglich meine Ausgaben festzuhalten.

Nehmen Sie sich einen Moment Zeit und setzen Sie hier ein Datum ein.

Warten Sie kurz ab.

Das nächste Ziel besagt: Mein Partner, dem ich darüber Rechenschaft ablegen werde, ist: ______________________.

Sie haben jetzt Zeit, den Namen der Person einzutragen, der Sie sich verantwortlich zeigen werden.

Warten Sie kurz ab.

NOTIZEN

AUFSCHREIBEN UND DRANBLEIBEN!

Selbstverpflichtung

1. Ich werde ab (Monat/Jahr) _______________ meinen Budgetplan verwenden und damit beginnen, täglich meine Ausgaben festzuhalten.

2. Mein Partner, dem ich darüber Rechenschaft ablegen werde, ist: ____________________________.

3. Ich werde täglich um Gottes Führung und Hilfe bei diesem Vorhaben bitten.

Hier noch einige Tipps, damit Sie Ihre Ziele auch erreichen:

- Verpflichten Sie sich, Ihren Budgetplan sowie Ihr Aufzeichnungssystem 90 Tage lang zu verwenden.
- Lassen Sie sich nicht sofort entmutigen.
- Scheuen Sie sich nicht, um Rat und Hilfe zu bitten.
- Beten Sie jeden Tag um Gottes Führung und Weisheit.

Zusammenfassung: Er vermag alles!

> *„Allem bin ich gewachsen durch den, der mich stark macht."*
>
> Philipper 4,13

97

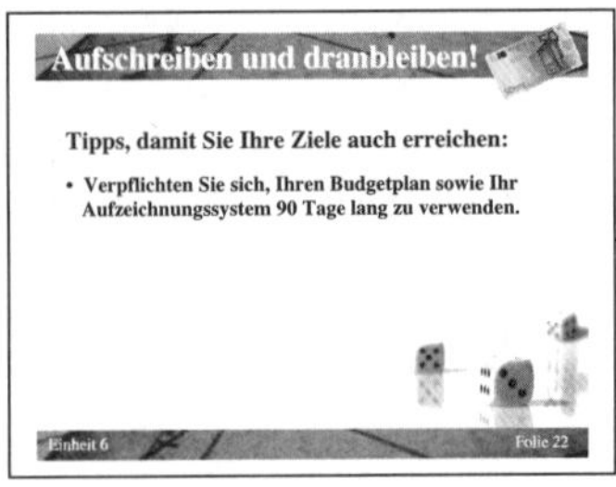

Das dritte Ziel, das Sie erreichen wollen, lautet: Ich werde täglich um Gottes Führung und Hilfe bei diesem Vorhaben bitten.

Wir haben eingangs gesehen, dass wir dies nicht aus eigener Kraft erreichen können, sondern die Unterstützung des Heiligen Geistes brauchen, damit wir unseren Umgang mit den Finanzen ändern können. Wenn Sie Gott täglich um seine Hilfe bitten, öffnen Sie damit dem Heiligen Geist die Tür, um diese Veränderung in Ihnen zu bewirken.

Hier noch einige Tipps, damit Sie Ihre Ziele auch erreichen.

Verpflichten Sie sich, Ihren Budgetplan sowie Ihr Aufzeichnungssystem 90 Tage lang zu verwenden.

Dadurch haben Sie genug Zeit, um neue Gewohnheiten zu entwickeln und die ersten Früchte Ihrer Bemühungen zu ernten.

Lassen Sie sich nicht sofort entmutigen.

Die ersten Daten zeigen Ihnen vielleicht nur grob, ob die geschätzten Zahlen auf Ihrem Haushaltsplan realistische Schätzungen waren. Es kann drei oder vier Monate dauern, bis Sie exakte Zahlen für Ihre Kategorien ermittelt haben. Einige der Daten, die Sie bekommen werden, sind vielleicht erfreulich für Sie, insbesondere wenn Sie merken, dass Ihre Ausgaben niedriger sind als die ursprünglichen Annahmen.

Wenn Sie Ihre tatsächlichen Zahlen ermittelt haben, müssen Sie Ihren Ausgabenplan eventuell korrigieren. Bevor Ihr Ausgabenplan endgültig feststeht und Ihre tatsächliche Situation widerspiegelt, sind womöglich weitere Änderungen nötig. Das ist ganz normal. Denken Sie daran: Ein Monat ist noch nicht repräsentativ. Genaueres lässt sich erst im Laufe mehrerer Monate sagen.

Sie könnten die Bemühungen der Teilnehmer beispielsweise dadurch unterstützen, dass Sie 90 Tage nach Kursende ein Nachgespräch (eventuell in einem feierlichen Rahmen) einplanen. Falls Sie dies tun möchten, ist jetzt der richtige Zeitpunkt, um die Teilnehmer darüber zu informieren.

Scheuen Sie sich nicht, um Rat und Hilfe zu bitten.

NOTIZEN

AUFSCHREIBEN UND DRANBLEIBEN!

Selbstverpflichtung

1. Ich werde ab (Monat/Jahr) ________________ meinen Budgetplan verwenden und damit beginnen, täglich meine Ausgaben festzuhalten.

2. Mein Partner, dem ich darüber Rechenschaft ablegen werde, ist: ____________________________.

3. Ich werde täglich um Gottes Führung und Hilfe bei diesem Vorhaben bitten.

Hier noch einige Tipps, damit Sie Ihre Ziele auch erreichen:

- Verpflichten Sie sich, Ihren Budgetplan sowie Ihr Aufzeichnungssystem 90 Tage lang zu verwenden.
- Lassen Sie sich nicht sofort entmutigen.
- Scheuen Sie sich nicht, um Rat und Hilfe zu bitten.
- Beten Sie jeden Tag um Gottes Führung und Weisheit.

Zusammenfassung: Er vermag alles!

„Allem bin ich gewachsen durch den, der mich stark macht."

Philipper 4,13

97

Erwähnen Sie hier kurz mögliche Hilfs- und Beratungsangebote seitens der Gemeinde oder anderer Organisationen.

Bitten Sie jeden Tag um Gottes Führung und Weisheit.

Kein Fall ist hoffnungslos, egal, wie aussichtslos Ihre Situation auch sein mag. Über eine Sache haben wir jedoch noch nicht gesprochen. Man könnte sie „Gottes höhere Mathematik" nennen. Es ist erstaunlich zu erleben, wie vielfältig Gott wirkt, wenn wir seine Prinzipien anwenden. Häufig sieht es so aus, als würde jemand Jahre benötigen, um seinen Umgang mit Geld wieder zu verändern, selbst wenn er alle Prinzipien befolgt, die wir besprochen haben.

Aber immer wieder kommen die Dinge auch schneller ins Rollen, als wir gedacht haben. Nach 18 Monaten war ein Mann seinem Budget meilenweit voraus, weil seine alte Rostlaube ihm noch länger gute Dienste erwies als erwartet. Ein anderes Mal erhielt eine Frau einen Scheck von einer entfernten Verwandten.

Wir können nicht voraussagen, wie Gott handeln wird. Was wir jedoch wissen, ist, dass er Gefallen daran hat und geehrt wird, wenn wir uns ihm verpflichten und seinen Grundsätzen folgen wollen.

5 MINUTEN

III. ZUSAMMENFASSUNG: ER VERMAG ALLES!

Unser Kurs begann mit der Ermutigung aus Philipper 4, Vers 13, dass wir alles durch den tun können, der uns Kraft und Stärke gibt – Jesus Christus: „Allem bin ich gewachsen durch den, der mich stark macht."

Wir haben in der Zwischenzeit einiges erarbeitet. Sie haben neue Hoffnung bekommen. Vielleicht nagen aber auch Zweifel an Ihnen, ob Sie das Gehörte wirklich umsetzen und schaffen können.

An dieser Stelle möchte ich deshalb den Bogen schließen und die Ermutigung bekräftigen. Seien Sie zuversichtlich: Mit Gottes Hilfe können Sie es schaffen! Sie können Ihre finanziellen Angelegenheiten nach den biblischen Finanzprinzipien regeln und echte finanzielle Freiheit erfahren.

NOTIZEN

AUFSCHREIBEN UND DRANBLEIBEN!

Selbstverpflichtung

1. Ich werde ab (Monat/Jahr) ________________ meinen Budgetplan verwenden und damit beginnen, täglich meine Ausgaben festzuhalten.

2. Mein Partner, dem ich darüber Rechenschaft ablegen werde, ist: ___________________________.

3. Ich werde täglich um Gottes Führung und Hilfe bei diesem Vorhaben bitten.

Hier noch einige Tipps, damit Sie Ihre Ziele auch erreichen:

- Verpflichten Sie sich, Ihren Budgetplan sowie Ihr Aufzeichnungssystem 90 Tage lang zu verwenden.
- Lassen Sie sich nicht sofort entmutigen.
- Scheuen Sie sich nicht, um Rat und Hilfe zu bitten.
- Beten Sie jeden Tag um Gottes Führung und Weisheit.

Zusammenfassung: Er vermag alles!

> *„Allem bin ich gewachsen durch den, der mich stark macht."*
>
> Philipper 4,13

97

In der Bibel heißt es oft: „Gott ist nichts unmöglich." Diese Worte vermitteln uns die Hoffnung, dass diese Zusicherung auch uns gilt. Dass Gott alles vermag, dass er Ihre Stärke sein will und dass Sie es mit Gottes Hilfe schaffen können. Ich möchte Sie ermutigen, diese Verheißung für sich in Anspruch zu nehmen, mutige Schritte zu unternehmen und zuversichtlich zu sein – Sie können sicher sein, dass Gott mit Ihnen unterwegs ist.

Lassen Sie uns den Kurs mit einem Gebet abschließen:

Himmlischer Vater,
wir wissen, dass du alle Macht der Welt hast und dass du unwahrscheinliche Dinge in unserem Leben tun kannst und uns von innen heraus veränderst und jeden Einzelnen von uns zu einem neuen Menschen machst. Hilf uns dabei, unser Denken zu ändern, in einer neuen Art zu leben und gute Treuhänder der Gaben zu sein, die du uns anvertraut hast. Befähige du uns, demütig und treu zu leben und mit dir zu rechnen. Wir sehnen uns danach, deine bestätigenden, lobenden Worte zu hören: „Gut gemacht, mein treuer und zuverlässiger Knecht … mein treuer und guter Haushalter." Im Namen Jesu. Amen.

ANHANG

Inhalt

Vorbereitungsunterlagen (für die Kursteilnehmer)

VORBEREITUNGSUNTERLAGEN

(für die Kursteilnehmer)

Wichtig: Bitte lesen Sie die folgenden Seiten unbedingt vor der Teilnahme am Kurs und füllen Sie, wenn möglich, die Formulare aus.

Lieber Kursteilnehmer!

Wir freuen uns, dass Sie am Kurs „Mit Gott rechnen" teilnehmen möchten! Ganz egal, wie Ihre finanzielle Situation aussieht: Ein Budgetplan ist eine enorm hilfreiche Methode, um ganz neu die Kontrolle über Ihre Einnahmen und Ausgaben zu bekommen! Im Gegensatz zur allgemeinen Meinung ist ein Budgetplan keineswegs einengend, sondern im Gegenteil ausgesprochen befreiend! Wir glauben, dass dieser Kurs Ihnen das zeigen wird.

Kursziel

Wir möchten Sie mit diesem Kurs dazu einladen, einen Budgetplan aufzustellen. Am Ende des Kurses werden Sie alle dazu nötigen Informationen in Händen halten – und hoffentlich den Wunsch haben, sie auch anzuwenden. Wir werden Ihnen die entsprechenden Prinzipien, praktischen Schritte und individuellen Hilfsmittel an die Hand geben, die Sie dazu brauchen.

Vorarbeit

Damit der Kurs Ihnen möglichst viel bringt, ist es wichtig, dass Sie schon im Vorfeld einiges tun. Wir haben hier für Sie einige Formulare und Listen zusammengestellt, die Sie vor Kursbeginn ausfüllen sollten (was einige Stunden in Anspruch nehmen wird). Aus diesem Grund sollten Sie sich dazu ausreichend Zeit nehmen – beginnen Sie doch gleich nach Erhalt der Materialien damit. Die Informationen, die Sie vorab zusammenstellen sollen, werden natürlich vollkommen vertraulich behandelt; niemand bekommt sie zu sehen. Während des Kurses werden Sie immer wieder auf die bereits gesammelten Informationen zurückgreifen können, um Ihren Budgetplan möglichst effektiv zu erstellen.

Sonstiges

Bringen Sie bitte außer Ihren möglichst kompletten Unterlagen 1 Bleistift, 2 bis 3 andere Stifte, einen Radiergummi und einen Taschenrechner mit.

Gebet

Bitten Sie Gott darum, dass dieser Kurs Ihr Wissen (und natürlich auch das der anderen Kursteilnehmer) über den biblischen Umgang mit Geld erweitern wird und Sie das Ganze dann praktisch anwenden können.

Wir freuen uns auf Sie!
Ihr Team von „Mit Gott rechnen"

Hinweise zu den Vorbereitungsunterlagen

Die Vorbereitungsunterlagen enthalten *sechs* Arbeitsblätter, die Ihnen die Vorbereitung auf den Kurs „Mit Gott rechnen" erleichtern sollen. Wir empfehlen Ihnen, sich viel Zeit für die Vorarbeit zu lassen, um die entsprechenden Informationen zusammenzutragen und alle Formulare vor Kursbeginn auszufüllen. Hinweise und Tipps zum Ausfüllen der jeweiligen Unterlagen werden im Folgenden aufgeführt.

Ziele für dieses Jahr

Denken Sie über Ihre finanziellen Ziele nach. Wenn Sie verheiratet sind, sollten Sie diese Ziele mit Ihrem Ehepartner besprechen. Sie bilden die Grundlage für die Erstellung Ihres Budgets und vermitteln Ihnen die entsprechende Motivation, um in den kommenden Monaten an Ihrer Entscheidung festzuhalten.

Was ich schuldig bin

Tragen Sie in die zweite Spalte zu jeder Position den entsprechenden Gesamtbetrag ein, der fällig ist.

Was ich besitze

Diese Angaben sind freiwillig, aber wir möchten Sie ermutigen, sie auszufüllen, damit Sie mit Ihrem Nettoeinkommen rechnen können. Berücksichtigen Sie dabei, dass der Wert der Dinge, die Sie besitzen, dem Betrag entsprechen sollte, die Sie bei einem möglichen Verkauf voraussichtlich erzielen würden.

Geschenkeliste

Hier haben wir es mit einem häufig übersehenen bzw. unterschätzten Teil der Ausgabenposten zu tun. Notieren Sie die Namen aller Personen, für die Sie im kommenden Jahr Geschenke kaufen werden. Denken Sie auch an Glückwunschkarten, Portokosten für Weihnachtspakete, Feiern und ähnliches. Außerdem sollten Sie etwas Geld für unvorhergesehene Ereignisse (Hochzeiten, Jubiläen usw.) einplanen.

Ausgaben

Sammeln Sie so viele Informationen wie möglich, um einen monatlichen Durchschnittswert für die Ausgaben in jeder Kategorie zu ermitteln. Hilfreich ist dabei ein Blick auf Ihre Kontoauszüge und Ihre Kreditkartenabrechnungen des Vorjahres. Stellen Sie sicher, dass Sie auch Beträge berücksichtigen, die quartalsweise, halbjährlich oder jährlich zu zahlen sind, wie Autoversicherung, Steuern usw. Wenn Sie hierzu bislang noch keine Aufzeichnungen vorgenommen haben, fällt die Schätzung für manche Kategorien vielleicht schwer. Versuchen Sie trotzdem, so gut es geht, einen annähernden Wert zu ermitteln, auch wenn Ihnen Aufzeichnungen zu den Ausgaben in einzelnen Kategorien fehlen. Bedenken Sie dabei, dass der Betrag vermutlich weitaus höher liegen könnte, als Sie denken!

Die (monatlichen) Einnahmen bzw. netto verfügbaren Einnahmen (d. h. der Netto-Auszahlungsbetrag Ihres Arbeitgebers) gleich oben auf dem Arbeitsblatt „Budget-/Haushaltsplan" sollten Lohn/Gehalt/Rente abzüglich Steuern und Sozialabgaben, die vom Arbeitgeber abgeführt werden, sein. Notieren Sie sich weitere Abzüge (Bausparverträge, Altersvorsorge, Krankenkasse, Solidarbeiträge usw.). Wenn diese Ausgaben an anderer Stelle noch einmal auftauchen, schreiben Sie „siehe Gehaltsabrechnung" daneben. Wenn Ihr Einkommen von Monat zu Monat variiert, sollten Sie eine vorsichtige monatliche Schätzung durchführen, die auf den Einnahmen der vergangenen zwei bis drei Jahre basiert. Hier ist z. B. die Einkommenssteuererklärung ein wichtiges Indiz zur Bestimmung des etwaigen Einkommens. Denken Sie daran, dass Lohn/Gehalt/Rente abzüglich Steuern und Sozialabgaben (Netto-Auszahlungsbetrag Ihres Arbeitgebers) maßgeblich ist!

Geld-Motivations-Quiz

Dieser Fragenkatalog ist eine freiwillige Aufgabe, die Ihnen Aufschluss über Ihre Einstellung zum Geld gibt. Eine Auswertung der Ergebnisse zu den Fragen findet sich auf einem separaten Blatt. Bitte gehen Sie das „Lösungsblatt" erst nach Beantwortung der Fragen durch!

Ziele für dieses Jahr

Bitte nehmen Sie sich ausreichend Zeit, um gründlich über Ihre finanziellen Ziele nachzudenken. Nachvollziehbare, realistische Ziele – die dem entspringen, was Ihnen wirklich wichtig ist – sind starke Motivationshilfen. Diese Motivation wird Sie sehr darin bestärken, konsequent die notwendigen Schritte bis zum Erreichen Ihrer Ziele zu verfolgen.

Übergeordnetes Ziel

Mit der Teilnahme an diesem Kurs verfolge ich vor allem folgendes Ziel:

____

____

Spezifische Ziele

Kreuzen Sie die entsprechenden Kästchen zu den speziellen Zielen an, die Sie erreichen möchten, und vermerken Sie weitere Einzelheiten auf den dafür vorgesehenen Linien rechts neben der jeweiligen Position.

- ❑ beschleunigte Schuldentilgung: ____________________
- ❑ für größere Anschaffung sparen (Haus, Auto, anderes): ____________________
- ❑ für Traumurlaub sparen: ____________________
- ❑ für Gebrauchsgegenstände sparen, die evtl. erneuert werden müssen (Haushaltsgeräte, Auto, Reparaturen am Haus o. Ä.): ____________________
- ❑ für Ausbildung (der Kinder)/Fortbildung sparen: ____________________
- ❑ Geld für das Rentenalter zurücklegen: ____________________
- ❑ zusätzliches Geld für meine Gemeinde: ____________________
- ❑ weitere Spenden: ____________________
- ❑ weiteres: ____________________
- ❑ weiteres: ____________________
- ❑ weiteres: ____________________

Was ich schuldig bin		
Schulden	Summe	Mindestrückzahlung/ Zinssatz Monat
Hypotheken (aktueller Stand)		
Kredittilgung Haus		
Leasing/Kredit Auto		
Ausbildungskredite		
Familie/Freunde		
Sonstiges		
Gesamt-Schulden		

Was ich besitze	
Besitz	Summe
Girokonto	
Sparkonto	
Andere Ersparnisse	
Lebensversicherung (Rückkaufwert)	
Altersvorsorge	
Immobilien (aktueller Marktwert)	
Auto (aktueller Marktwert)	
Andere Besitztümer (Schätzwert)	
Schulden, die andere bei mir haben	
Sonstiges	
Sonstiges	
Gesamtsumme	

Nettoeinkommen

Gesamtschulden – Gesamtbesitz = mein Nettowert*

____________ – ____________ = ______________________________

*Anmerkung: Bitte verwechseln Sie niemals Ihren „Nettowert“ mit Ihrem tatsächlichen Selbstwert. In Gottes Augen ist jeder Mensch unendlich wertvoll!

Geschenkeliste

Schreiben Sie hier die Namen der Personen auf, denen Sie etwas zum Geburtstag, zu Weihnachten usw. schenken, sowie die Summe, die Sie gewöhnlich dafür ausgeben.*

Name	Geburtstag	Weihnachten	besondere Anlässe	Sonstiges
1.				
2.				
3.				
4.				
5.				
6.				
7.				
8.				
9.				
10.				
11.				
12.				
13.				
14.				
15.				
16.				
17.				
18.				
19.				
20.				
Gesamtbetrag				

Gesamtbetrag (aller Spalten) (Euro) ____________
Monatlicher Durchschnittsbetrag
(Gesamtbetrag : 2) = ________ €

* Hier könnten Sie auch die voraussichtlichen Kosten für Partydekorationen, Weihnachtsschmuck usw. einkalkulieren.

Ausgabenplan

(Einnahmen-/Ausgabenplanung pro Monat)

Verdienst/Einnahmen pro Monat	jeweilige Summe
1. Gehalt (Netto-Auszahlung Arbeitgeber)	______
2. Gehalt (Netto-Auszahlung Arbeitgeber)	______
Kindergeld, Rente, Sozialhilfen	______
Nicht regelmäßige Einnahmen (Zinsen ...)	______
A. Netto verfügbare Einnahmen	______

1. Spende/Opfer (10 %+)	
Gemeinde	______
Andere Organisationen	______
Gesamte Spenden	______

2. Sparen (5–10 %)	
für Notfälle/Unvorhergesehenes	______
für Ersatzanschaffungen	______
für langfristige Ziele	______
Monatlicher Sparbetrag	______

3. Schuldentilgung (jeweils Zins + Tilgung; 0–10 %)	
Kreditkartenkonto	______
Dispokredite	______
Ratenkredite	______
Ausbildungskredite	______
Versandhäuser	______
weitere Kredite	______
Familie/Freunde	______
Summe Schuldentilgung	______

4. Ausgaben fürs Wohnen (25–38 %)	
Miete/Kapitaldienst (Zins + Tilgung)	______
Hausversicherungen (Brand, Hausrat)	______
Pflege/Wartung/Unterhalt/Reparaturen	______
Strom/Gas/Wasser	______
Telefon/Handy/Internet	______
Summe Wohnen	______

5. Fahrtkosten (12–15 %)	jeweilige Summe
Benzin/Öl/Reinigung	______
Parkgebühren	______
Wartung/Reparatur (auch Zweirad)	______
Bus/Zug/Taxi	______
Kfz-Steuer (Durchschnitt/Monat)	______
Summe Fahrtkosten	______

6. Versicherungen (5 %)	
Kfz-Versicherung (Durchschnitt/Monat)	______
Risikoleben	______
Berufsunfähigkeit	______
Haftpflicht	______
Lebensversicherung	______
Sonstige (Reisegepäck, Unfall, Gebäude ...)	______
Summe Versicherungen	______

7. Haushalt (15–25 %)	
Lebensmittel	______
Elektronische Geräte (PC, PDA, Hifi)	______
Haushaltsgegenstände	______
Dekoration (Garten, Blumen)	______
Kleidung/Schuhe	______
Wäsche/Reinigung	______
Körperpflege/Kosmetik/Friseur	______
Lernen/Informieren (Kurse/Bücher)	______
Kinder (Taschengeld, Schule)	______
Geschenke	______
Haustiere	______
Sonstige Ausgaben	______
Summe Haushalt	______

	jeweilige Summe
8. Entgeltliche Dienstleistungen (5–15 %)	
Arzt/Zahnarzt	____________
Rezeptkosten/Medikamente	____________
Rechtsberater/andere Beratung	____________
Pflege- und Aufsichtsdienste, Babysitting	____________
Sonstige Dienstleistungen	____________
Summe Dienstleistung	____________
9. Freizeit (5–10 %)	
Restaurantbesuche	____________
Kino/Theater/Konzert/Eintritte	____________
Ferien/Urlaub (Durchschnitt/Monat)	____________
TV/Radio (GEZ, Kabel, Premiere)	____________
Sport (Mitgliedsbeiträge, Ausrüstung)	____________
Hobbys/Lotto/Video/CD	____________
Sonstige Freizeitaktivitäten	____________
Summe Freizeit	____________

	jeweilige Summe
10. Verschiedene Barausgaben	____________
B. Summe Ausgaben (1. + 2. + ... + 10.)	____________
Monatsabschluss	
A. Netto verfügbare Einnahmen	____________
B. Summe Ausgaben	____________
C. A. minus B. = ÜBERSCHUSS/(DEFIZIT)	____________

Die Prozentangaben sind nur Vorschläge, wie viel vom Nettoeinkommen für jede Kategorie ausgegeben werden sollte. Je nach persönlicher Familiensituation können sich die Prozentzahlen etwas verschieben. Dafür sollten jedoch gute Gründe vorliegen.

Geld-Motivations-Quiz

So geht's:
Kreuzen Sie den jeweiligen Buchstaben a, b, c oder d der folgenden 15 Fragen an, der am besten Ihre Einstellung zum Geld beschreibt.

1. Geld ist wichtig, weil es mir ermöglicht …
   a) … das zu tun, was ich tun will.
   b) … eine gewisse Sicherheit zu empfinden.
   c) … im Leben voranzukommen.
   d) … anderen eine Freude zu machen.

2. Ich denke, dass Geld …
   a) … mir mehr Zeit schenkt.
   b) … meine Probleme lösen kann.
   c) … ein Mittel zum Zweck ist.
   d) … dabei hilft, Beziehungen besser zu gestalten.

3. Was das Thema „Sparen" angeht …
   a) … habe ich keinen Plan und lege auch nichts zurück.
   b) … habe ich einen Plan und halte mich auch daran.
   c) … habe ich keinen Plan, lege aber trotzdem etwas zurück.
   d) … verdiene ich einfach nicht genug, um etwas sparen zu können.

4. Wenn mich jemand nach meinen Finanzen fragt …
   a) … gehe ich in die Defensive.
   b) … wird mir deutlich, dass ich mich mehr damit befassen müsste.
   c) … habe ich damit kein Problem.
   d) … würde ich lieber das Thema wechseln.

5. Wenn ich eine größere Anschaffung plane, dann …
   a) … folge ich meiner Intuition.
   b) … informiere ich mich vor dem Kauf umfassend.
   c) … fühle ich mich gut – schließlich ist es mein/unser Geld.
   d) … frage ich zuerst Freunde und/oder Familie nach ihrer Meinung.

6. Wenn ich am Ende des Monats Geld übrig habe …
   a) … lasse ich es mir mal so richtig gut gehen.
   b) … lege ich das Geld auf mein Sparkonto.
   c) … sehe ich mich nach einer lohnenden Investition um.
   d) … kaufe ich jemandem ein schönes Geschenk.

7. Wenn ich mitbekomme, dass ich mehr Geld für etwas bezahlt habe als ein Freund …
   a) … ist mir das herzlich egal.
   b) … ist das in Ordnung, weil ich ab und zu auch tolle Schnäppchen mache.
   c) … gehe ich davon aus, dass der Freund länger danach gesucht hat als ich, und Zeit ist bekanntlich Geld.
   d) … bin ich irgendwie sauer und wütend auf mich selbst.

8. Wenn Rechnungen bezahlt werden müssen …
   a) … schiebe ich das vor mir her und vergesse es auch oft.
   b) … bezahle ich sie auf den letzten Drücker.
   c) … erledige ich das, wenn ich dazu komme, mag aber keinen Stress.
   d) … mache ich mir Sorgen, dass ich eine Mahnung erhalten könnte, und zahle daher pünktlich.

9. Wenn ich Geld leihen muss …
   a) … möchte ich einfach niemandem etwas schuldig sein.
   b) … wäre das für mich nur die allerletzte Möglichkeit.
   c) … würde ich es lieber von einer Bank oder Ähnlichem leihen als von Freunden.
   d) … hätte ich kein Problem damit, Freunde oder Familie zu bitten, weil sie wissen, dass ich das Geliehene absolut zuverlässig zurückzahle.

10. Wenn ich mit Freunden essen gehe …
   a) … teile ich die Rechnung gern anteilig.
   b) … bitte ich um getrennte Rechnungen.
   c) … nehme ich alles auf meine EC-Karte und lasse es mir von den anderen in bar geben.
   d) … bezahle ich alles, weil ich meine Freunde gern einlade.

11. Zum Thema „Trinkgeld“ stehe ich folgendermaßen:
   a) Manchmal gebe ich welches, manchmal nicht.
   b) Man nennt mich einen Geizkragen.
   c) Ich gebe es ungern, aber immer so viel wie angemessen.
   d) Ich bin großzügig, denn ich möchte, dass man eine gute Meinung von mir hat.

12. Wenn ich plötzlich zu viel Geld kommen würde …
   a) … würde ich sofort aufhören zu arbeiten!
   b) … müsste ich mir keine Sorgen mehr um die Zukunft machen.
   c) … könnte ich mir endlich meinen größten Wunsch erfüllen.
   d) … würde ich meine Freunde und Familie beschenken und mich mit ihnen zusammen freuen.

13. Wenn ich mich bezüglich einer Anschaffung nicht entscheiden kann, sage ich mir:
   a) „Es ist doch nur Geld.“
   b) „Es ist ein Superschnäppchen!“
   c) „Es ist eine gute Investition.“
   d) „Er/Sie wird sich unheimlich darüber freuen!“

14. In unserer Familie …
   a) … ist alles, was mit Geld zu tun hat, meine Angelegenheit.
   b) … regelt mein Partner die finanziellen Dinge.
   c) … kümmere ich mich um meine Rechnungen und mein Partner um seine/ihre.
   d) … setzen wir uns immer zusammen, um finanzielle Dinge zu besprechen.

15. Zusatzfrage: Denken Sie darüber nach, wie in Ihrer Ursprungsfamilie mit Geld umgegangen wurde. Wer managte die Familienfinanzen? War der Betreffende ein Geber oder Sparer? Was sind Sie?

Auswertung:
Zählen Sie Ihre Antworten auf die Fragen 1–14 entsprechend der Buchstaben der Antworten zusammen:

a. __________ b. __________ c. __________ d. __________

Auswertung siehe nächste Seite.

Auswertung Ihres Geld-Motivations-Quiz

Geld bedeutet unterschiedlichen Menschen unterschiedlich viel oder wenig – dabei spielen viele Faktoren eine Rolle, wie zum Beispiel das individuelle Temperament, die Lebenserfahrungen und die Ursprungsfamilie. Oft ist die Bedeutung, die Geld für uns hat, nicht so offensichtlich, sondern mehr unterschwellig und unbewusst.

Dieser einfache Fragebogen soll Ihnen einige Hinweise darauf geben, wie stark Sie von den folgenden Motivationsfaktoren beeinflusst werden, die mit Geld assoziiert werden: Freiheit, Sicherheit, Macht, Liebe. Keiner davon ist an sich gut oder schlecht, obwohl jeder seine Schattenseite in sich birgt.

Der Schlüssel zu unserer Einstellung zum Geld spiegelt sich in der relativen Anzahl der a)-, b)-, c)- oder d)-Antworten wider.

a)-Antworten weisen darauf hin, dass Sie Geld mit **Freiheit** assoziieren. Für Sie bedeutet Geld die Freiheit, das zu tun, was Sie tun möchten.

b)-Antworten weisen darauf hin, dass Sie Geld mit **Sicherheit** verbinden. Sie wünschen sich die Stabilität und den Schutz, den Geld manchmal bieten kann.

c)-Antworten weisen darauf hin, dass Sie Geld mit **Macht** assoziieren. Persönlicher Erfolg und Kontrolle sind für Sie wichtig, und Sie schätzen es, dass Geld Ihnen beides zu einem gewissen Maß ermöglicht.

d)-Antworten weisen darauf hin, dass Sie Geld mit **Liebe** verbinden. Geld gibt Ihnen die Mittel, um anderen gegenüber Ihre Liebe zum Ausdruck zu bringen und Beziehungen zu pflegen.

Einer der Schlüssel zu einem klugen Umgang mit Geld besteht darin, Ihre eigene Beziehung zum Geld zu durchschauen. Wir hoffen, dass Ihnen unser Quiz einige hilfreiche Einsichten vermittelt hat. Sie können Ihre Ergebnisse mit einem Freund oder Ihrem Partner besprechen und gemeinsam überlegen, inwieweit sich sein Verständnis von Ihrer Geld-Motivation mit Ihrem Ergebnis deckt.

Verdienen

Durchschnittsverdienst bei variablem Einkommen

Der Schlüssel zur Budgetplanung bei einem variablen Einkommen (zum Beispiel bei Freiberuflern, Vertretern, die auf Kommissionsbasis arbeiten, Prämienzahlungen usw.) liegt darin, eine konservative Schätzung des Nettoeinkommens für das kommende Jahr aufzustellen. Wenn möglich, sollte dies auf Grundlage der letzten Jahre geschehen. „Konservativ" bedeutet, dass man seine Schätzungen nicht von einem besonders guten Jahr verfälschen lässt.

Wenn Sie zum Beispiel in den letzten Jahren ein Nettoeinkommen von 30.000, 35.000 und 43.000 Euro hatten, das letzte Jahr also außergewöhnlich gut gelaufen ist, würde eine konservative Schätzsumme fürs kommende Jahr eher 38.000 oder 40.000 und nicht 46.000 Euro betragen. Dabei geht man von der Annahme aus, dass das Folgejahr nicht so ausnehmend gut läuft wie das vergangene.

In diesem Beispiel würde ein monatliches Budget ein Zwölftel der 38.000 Euro zugrunde legen, was dann 3.167 Euro entspräche. In den Monaten, in denen das Einkommen diesen Betrag übersteigt, wird der Überschuss auf ein Sparkonto überwiesen, auf das Sie jederzeit problemlos zugreifen können. Sie können dann in den Monaten davon zehren, in denen weniger hereinkommt als die angenommenen 3.167 Euro.

Eine kluge Verfahrensweise bei variablem Einkommen schließt auch die Vorausplanung mit ein, was mit einem möglichen Überschuss zu tun ist, falls das Jahreseinkommen durch Gottes Segen doch höher liegt als in der konservativen Schätzung angenommen. Wenn Sie sich bereits im Vorfeld darüber Gedanken machen, schützt Sie dies vor impulsiven Entscheidungen und kann Ihnen viel Kummer ersparen.

Was geschieht mit Gehaltserhöhungen?

Meist verschwindet das zusätzliche Geld, das wir durch Gehaltserhöhungen bekommen, „irgendwie", und wir wissen nicht einmal, wohin. Dabei kann selbst eine bescheidene Gehaltserhöhung in wenigen Jahren zu einem hübschen Betrag anwachsen.

Beispiel:
Gehaltserhöhung von 4 % bei einem Jahresverdienst von 30.000 Euro

	1. Jahr	2. Jahr	3. Jahr
4 % Gehaltserhöhung	31.200	32.448	33.745
Grundgehalt	30.000	30.000	30.000
Zusätzliches Einkommen	1.200	2.448	3.745
Zusätzliches Gesamteinkommen in 3 Jahren: 7.393 Euro			

Dieses Beispiel geht von einem guten Grundgehalt und einer moderaten Erhöhung aus. Trotzdem liegt das zusätzliche Einkommen nach drei Jahren bereits bei 7.393 Euro, was fast einem Viertel des ursprünglichen Grundgehalts entspricht! Und das waren nur drei Jahre! Natürlich muss hier noch der steuerliche Abzug eingerechnet werden, sofern Sie dieses Geld nicht gespendet haben. Ganz zu schweigen von „normalen" Steuererhöhungen oder einer steigenden Inflationsrate. Doch selbst danach bleibt noch eine ansehnliche Summe übrig.

Wenn man langfristig plant, was man mit Gehaltserhöhungen anfangen will, können sie sich zu einem wichtigen Teil Ihrer Strategie entwickeln, wenn Sie Ihre finanziellen Ziele erreichen wollen!

Sparen

Der Ansammlungseffekt kleiner Dinge über einen längeren Zeitraum

Ein tropfender Wasserhahn kann innerhalb weniger Stunden einen ganzen Eimer füllen. Auf dieselbe Art und Weise kann ein beständiges „Tröpfeln" kleiner Geldbeträge mit der Zeit finanzielle Reservoirs bis zum Überfließen füllen – oder vollkommen austrocknen. Da alles, was wir besitzen, letztlich ohnehin Gott gehört, kann jeder finanzielle „Spritzer", den wir machen, Konsequenzen für die Ewigkeit haben. Um nicht ein Opfer solcher Ausgaben zu werden, müssen wir den kumulativen Effekt kleiner Dinge über längere Zeiträume verstehen lernen.

Lesen Sie sich einmal die folgenden Bibelstellen und Beispiele durch, um ein klareres Bild dieses wichtigen Prinzips zu bekommen. Die Bibel hat nämlich so einiges darüber zu sagen, wie kleine finanzielle Entscheidungen sich summieren.

Was die Bibel dazu sagt

- *„Sieh dir die Ameise an, du Faulpelz! Nimm dir ein Beispiel an ihr, damit du weise wirst! Sie hat keinen Aufseher und keinen Antreiber. Und doch sorgt sie im Sommer für ihre Nahrung und sammelt zur Erntezeit ihre Vorräte."* Sprichwörter 6,6–8
- *„Wenn ihr also im Umgang mit dem leidigen Geld nicht zuverlässig seid, wird euch niemand das wirklich Wertvolle anvertrauen."* Lukas 16,11
- *„Alle, die an einem Wettkampf teilnehmen wollen, nehmen harte Einschränkungen auf sich. Sie tun es für einen Siegeskranz, der vergeht. Aber auf uns wartet ein Siegeskranz, der unvergänglich ist."*
  1. Korinther 9,25

Nur einen Euro am Tag

Der Ansammlungseffekt kleiner Dinge über einen längeren Zeitraum ist sehr groß – wenn Sie zum Beispiel nur einen Euro am Tag ansparen, wird sich über einen Zeitraum von 45 Jahren ein ausgewachsenes Vermögen ansammeln! Und andersherum kann es einen echten Aderlass bedeuten, wenn Sie diesen Euro täglich ausgeben oder gar Ihren bestehenden Schulden hinzufügen.

Die unten stehende Tabelle vergleicht verschiedene Sparmodelle von Sparschwein bis zum Investmentfonds und gibt auch einen Einblick darin, was geschieht, wenn man einen Kredit aufnehmen muss.

Jahre	Sparschwein	Investmentfonds mit 10 % Rendite	Kreditkarte mit 20 % Zins
5	1.825	2.329	- 2.957
10	3.650	6.080	- 10.316
15	5.475	12.121	- 28.626
20	7.300	21.849	- 74.190
25	9.125	37.518	- 187.566
30	10.950	62.752	- 469.681
35	12.775	103.391	- 1.171.674
40	14.600	168.842	- 2.918.457
45	16.425	274.250	- 7.265.012

Größere Anschaffungen

Der Ansammlungseffekt hat große Bedeutung für größere Anschaffungen. Ein Produkt im Wert von 20.000 Euro – beispielsweise ein Auto – kann effektiv 17.000 oder 25.500 kosten – je nachdem, ob wir den Ansammlungseffekt für uns arbeiten lassen, indem wir im Voraus Geld ansparen, oder gegen uns, indem wir einen Kredit aufnehmen, um die Anschaffung sofort tätigen zu können. Nehmen wir folgendes Beispiel:

Um 20.000 Euro anzusparen
in 5 Jahren
bei 5 % Zinsen,
muss man monatlich
an sich selbst
295 Euro zahlen,
wobei die Gesamtsumme
bei 60 Monaten
17.700 Euro beträgt.

Um 20.000 Euro aufzunehmen
für 5 Jahre
bei 10 % Zinsen,
muss man monatlich
an die Bank/Kreditgesellschaft
425 Euro zahlen,
wobei die Gesamtsumme
bei 60 Monaten
25.500 Euro beträgt.

Beginnen Sie früh

Obwohl junge Erwachsene und Studenten vielleicht nicht das Gefühl haben, vermögend zu sein, besitzen sie doch ein ganz großes Vermögen – in Form von Zeit!

100 Euro im Monat sparen
über einen Zeitraum von 15 Jahren,
dann nichts mehr dazuzahlen
über die nächsten 25 Jahre
mit 10 % Zinsen,
ergibt eine Summe von
431.702 Euro.

Nichts sparen
über einen Zeitraum von 15 Jahren,
dann 100 Euro monatlich ansparen
über die nächsten 25 Jahre
mit 10 % Zinsen,
ergibt eine Summe von
123.332 Euro.

Es ist nie zu spät

Es ist tatsächlich nie zu spät, um einen zusätzlichen Sparvertrag anzufangen. Zum Beispiel würde ein Bausparkredit von 100.000 Euro über einen Abzahlungszeitraum von 30 Jahren bei 7 % Zinsen monatliche Zahlungen von 665 Euro erfordern, und so würde der Kredit Sie letztlich beinahe das Doppelte von dem kosten, was Sie eigentlich benötigt haben. Wenn Sie jeden Monat nur ein bisschen mehr zurückzahlen könnten, würde dies die Gesamtkosten dramatisch reduzieren.

Extra-Zahlung/Monat	Schuldenfreiheit in	Gesamtsumme
0 Euro	30 Jahren	139.511
25 Euro	< 27 Jahren	121.296
50 Euro	< 24 Jahren	107.856
100 Euro	< 21 Jahren	89.003

Schulden

Einen Schuldentilgungsplan aufstellen

1. Stellen Sie auf der Grundlage eines zeitweise spartanischen Lebensstils einen Ausgabenplan auf. Dies ordnet jeden verfügbaren Euro der Top-Priorität „Schuldenfreiheit" unter.
2. Überlegen Sie, ob es irgendwelche nicht existenziell wichtigen Dinge gibt, die Sie verkaufen könnten. Bargeld aus Privatverkäufen kann wahre Wunder vollbringen, um den Schuldentilgungsprozess voranzubringen, und die Initialzündung zum Erfolg darstellen.
3. Listen Sie Ihre Schuldensummen von der geringsten bis zur größten auf. Der Zinssatz ist hierbei nicht zu berücksichtigen.
4. Leisten Sie die minimal erforderlichen Summen bei allen Rückzahlungsbeträgen und die höchstmögliche zusätzliche Zahlung bei der kleinsten Summe. Das Ziel besteht darin, kleinere Schuldbeträge zuerst abzutragen. Das gibt Ihnen einerseits ein Gefühl der Befriedigung, und außerdem vereinfacht es den Gesamtprozess, weil die Menge der unterschiedlichen Schuldner abnimmt. Obwohl man argumentieren könnte, dass es klüger wäre, die größte Summe zuerst zu verringern, ist der psychologische Effekt nicht zu unterschätzen, der eintritt, wenn man eine Schuld schnell und komplett tilgen kann – ungeachtet der paar Euro Zinsen, die man auf die andere Weise sparen würde. Wenn nur noch ungefähr gleich hohe Schuldensummen übrig sind, leisten Sie Ihre Zusatzzahlungen zuerst bei dem Kredit mit dem höchsten Zinssatz.
5. Wenn eine Schuldensumme getilgt ist, nehmen Sie den Betrag, den Sie bisher dafür aufgewendet haben, und fügen Sie ihn den normalen Zahlungen für den nächsthöheren Kredit hinzu.
6. Fahren Sie mit dieser Strategie fort, bis alle Kredite getilgt sind. Reduzieren Sie den Gesamtbetrag Ihrer Rückzahlungen nicht, wenn ein Kredit abgelöst ist! Nutzen Sie den „Schneeballeffekt", der eintritt, wenn Sie die Summen, die Sie für die kleineren Kredite gebraucht haben, auf die nächsthöheren Kredite übertragen, denn erst dies verleiht dem System seine Durchschlagskraft!
7. Nehmen Sie keine neuen Kredite auf. Punkt! Hier müssen Sie sich einfach disziplinieren. Sie können keine Fortschritte machen, wenn Sie neue Schulden machen, um alte abzubezahlen. Seien Sie kreativ! Suchen Sie sich Menschen, denen Sie Rechenschaft über Ihr finanzielles Tun ablegen. Bitten Sie Gott um Hilfe.
8. Werden Sie Ihre Kreditkarten los! Weg mit den Dingern! Wenn Sie eine Karte für Reisen oder Notfälle behalten müssen, dann belassen Sie es bei dieser einen und tragen Sie sie nicht ständig bei sich!
9. Belohnen Sie sich gelegentlich selbst. Wenn Sie einen Meilenstein in der Schuldentilgung erreicht haben, gönnen Sie sich etwas Schönes (natürlich immer in vernünftigen Maßen)! Für manche Personen ist allerdings allein die Tilgung eines Kredits schon Belohnung genug!

Die folgenden Seiten illustrieren einen Schuldentilgungsplan. Bei den Formularen auf Seite 321 finden Sie eine Vorlage für Ihren eigenen Schuldentilgungsplan.

Beispiel für einen Schuldenrückzahlungsplan

Posten	Schulden in Euro	Zinssatz in %	Monatl. Mindest-rate in Euro	Zusätzliche Zahlung 150 Euro	3 Monate	6 Monate	15 Monate	22 Monate	26 Monate
Bank	372	18	15	165	Bezahlt!				
Arzt	550	0	20	20	185	Bezahlt!			
Visa	1.980	19	40	40	40	225	Bezahlt!		
Master	2.369	16,9	50	50	50	50	275	Bezahlt!	
Auto	7.200	6,9	259	259	259	259	259	534	Bezahlt!
Gesamt	12.471		384	534	534	534	534	534	0

- Die erste und zweite Spalte zeigt, wem welche Summe geschuldet wird. Dabei wird mit der kleinsten Summe begonnen.
- Die dritte Spalte gibt Aufschluss über den Zinssatz, die vierte über die monatliche Mindestrate, die gezahlt werden muss.
- Die fünfte Spalte weist den Betrag aus, den Sie durch bessere Haushaltsführung und Einsparmaßnahmen zusätzlich aufbringen können. Dieser Betrag ist der „Turbo“ bei der Schuldenrückzahlung. Er wird zunächst dafür verwendet, um die kleinste Summe schneller zurückzuzahlen. Dann wird der frei werdende Betrag (Rate vom ersten Darlehen und zusätzliche Zahlung) verwendet, um das zweite Darlehen schneller zurückzuzahlen usw. In den folgenden Spalten sehen Sie, nach welcher Gesamtlaufzeit das jeweilige Darlehen zurückgezahlt ist.
- Da in jeder Phase die frei werdenden Mittel nicht anderweitig verbraucht, sondern genutzt werden, um die Schulden schneller zurückzuzahlen, beschleunigt sich der Vorgang erheblich.
- Dieser Plan motiviert, da absehbar ist, wann die Schuldenfreiheit erreicht wird. Es fällt dann leichter, auf bestimmte Dinge zu verzichten, wenn man die positiven Folgen so deutlich ablesen kann.

Ausgeben

Wann ist genug genug?

Die Bibel gibt keine absoluten Richtlinien dafür aus, wann genug genug ist, doch die folgenden acht Prinzipien können eine Leitlinie für weise finanzielle Entscheidungen bieten, zum Beispiel bei dem Wunsch nach einer größeren Anschaffung.

1. Gehen Sie von der richtigen Einstellung aus: Alles, was Sie haben, gehört ohnehin Gott und sollte daher auch grundsätzlich für seine Ziele eingesetzt werden.
2. Wenn Ihr Wunsch von dem Schmerz über die Not anderer Menschen motiviert ist, ist er vermutlich vom Heiligen Geist eingegeben und entspricht Gottes Sichtweise.
3. Wenn der Wunsch dem Wohlergehen von Kindern dient, ist er auch meist gerechtfertigt.
4. Wenn es bei dem Wunsch vorrangig darum geht, Ihre Lebensumstände oder Ihren Lebensstil zu verbessern, sollten Sie nicht automatisch davon ausgehen, dass er deshalb falsch sein muss.
5. Überlegen Sie, ob dieser Wunsch etwas mit einem Ungleichgewicht in Ihrer Beziehung zu Gott zu tun haben könnte. Versuchen Sie, eine Leere in Ihrem Herzen mit dieser Anschaffung auszufüllen?
6. Überlegen Sie, ob die Ressourcen von Gottes Schöpfung ausreichen, um allen seinen Kindern das zu bieten, was Sie sich für sich selbst wünschen.
7. Stellen Sie fest, wie wichtig dieser Wunsch im Hinblick auf Ihre eigene Sterblichkeit ist. Fragen Sie sich: „Wie wichtig wird mir diese Anschaffung sein, wenn ich auf meinem Sterbebett liege?“
8. Fragen Sie sich: „Was würde Jesus in meiner Situation tun?“

„Kaufen Sie jetzt, zahlen Sie später!"

Dave Ramsey

Oft bieten Unternehmen Kunden schier unglaubliche Finanzierungsmodelle. Haben Sie auch schon einmal Angebote bekommen wie: „Null-Leasing", „Kaufen Sie jetzt, zahlen Sie erst in 100 Tagen" oder Ähnliches? Ist Ihnen dabei schon einmal der Gedanke gekommen, dass ein Unternehmen wohl innerhalb kürzester Zeit bankrott wäre, wenn es heutzutage zinslose Darlehen anbieten würde?

In Wirklichkeit funktioniert das Ganze folgendermaßen: Zunächst einmal wird der Preis des Produktes so hoch angesetzt, dass die Kosten einer zinslosen Finanzierung abgedeckt sind. Tatsächlich sparen Sie also gar nichts.

Zweitens, und das ist noch wichtiger: Wenn der Kunde für den Erwerb des Produktes einen Kredit aufnehmen muss, dann zahlt er dafür hohe Zinsen! In unserem Land zahlt der Käufer in über 70 % der Fälle den Kredit nicht in der vereinbarten Zeit zurück. Dann bietet ihm das Kreditunternehmen nur zu gern einen längerfristigen Rückzahlungsplan an. Wenn das passiert, zahlt der Käufer letztlich meist über 24 % Zinsen, und der Vertrag wird außerdem so abgeschlossen, dass er nur mit hohen Zusatzkosten vorzeitig abgelöst werden kann. Außerdem wird die Kreditfirma nachträglich noch einen Zinssatz für die vorher vereinbarte und nicht eingehaltene Zahlungsfrist aufschlagen, weil der Vertrag nur zinslos ist, wenn er genau eingehalten wird.

So hat sich der schöne „Null-Leasing"-Plan in eine der schlechtesten Finanzentscheidungen verwandelt, die der Käufer je getroffen hat, denn die letztendlichen Gesamtkosten der Anschaffung sind exorbitant gestiegen. Wenn Sie auf diese Weise zum Beispiel ein Sofa für 1.000 Dollar anschaffen, kann es gut sein, dass Sie am Ende mit Zinsen und Zinseszinsen in drei Jahren gut das Doppelte dafür bezahlt haben.

(aus: Dave Ramsey: *Financial Peace*, New York 1992/1997, Seite 39/40)

„Wie erreiche ich in kurzer Zeit möglichst viel?"

Frage: Ich bin fest entschlossen, die finanziellen Ressourcen, die Gott mir zur Verfügung gestellt hat, besser zu verwalten. Für mich wäre es sehr ermutigend, wenn ich etwas tun könnte, das in kurzer Zeit viel bewirkt. Haben Sie da einen Vorschlag?

Antwort: Abgesehen von Miet- oder Wohneigentumszahlungen (die man meist nur schwer verändern kann) sind Autoleasingraten meist der größte Posten auf der Ausgabenseite. Der Durchschnittspreis für einen Neuwagen in Deutschland liegt bei 22.360 Euro. Obwohl die meisten Autos über einen Zeitraum von 10 Jahren und/oder bei einer Laufleistung von 250.000 km gut nutzbar und zuverlässig sind, neigen die meisten Menschen dazu, einen Wagen nur durchschnittlich 4,5 Jahre oder 80.000 km zu fahren. Wenn Sie also Ihren alten Wagen noch eine Weile fahren oder einen guten gebrauchten statt eines Neuwagens anschaffen würden, könnten Sie eine Menge Geld sparen, das Sie dann für „höhere" Ziele verwenden können.

Hier ein paar Fakten, die Sie in Ihre Überlegungen bezüglich der Neuanschaffung eines Autos mit einbeziehen sollten:

- Ein Auto verliert den größten Teil seines Wiederverkaufswerts in den ersten vier Jahren. Wenn Sie es nach vier Jahren oder weniger gegen ein neues Modell eintauschen, bezahlen Sie einen sehr hohen Preis für weniger als die Hälfte der nutzbaren Lebenszeit des Autos. Wenn Sie dagegen ein gutes gebrauchtes Auto kaufen, können Sie es vermutlich länger als die Hälfte seiner Lebenszeit nutzen und zahlen dafür weitaus weniger.
- Wir gehen automatisch davon aus, dass Neuwagen zuverlässiger und pannenfreier sind als gebrauchte. Doch amerikanische Statistiken zeigen, dass Autos, die weniger als ein Jahr alt sind, genauso häufig Pannen haben wie 4 oder 5 Jahre alte Autos. Die zuverlässigste Phase haben Autos meist im zweiten und dritten Jahr ihrer Nutzung.
- Wenn Sie ein neues Auto kaufen, müssen Sie sich auf die Versprechen des Herstellers bezüglich Verbrauch, Leistung usw. verlassen, während Sie diese Daten bei gebrauchten Autos bereits überprüfen können (Statistiken hierzu erhalten Sie z. B. beim ADAC oder auch bei diversen Auto-Zeitschriften).
- Wenn ein Auto in die Jahre kommt, steigt zwar der Kraftstoffverbrauch und eventuell fallen Reparaturen an, gleichzeitig sinken aber die Beiträge für die Kaskoversicherung und eventuelle Diebstahlversicherung.
- Autohändler behalten normalerweise die besten in Zahlung genommenen Gebrauchtwagen und bieten sie selbst zum Verkauf an. Diese Autos sind meist komplett überprüft und oft mit einer Gebrauchtwagengarantie versehen.
- In letzter Zeit ist Leasing immer beliebter geworden und wird von den Autohändlern auch stark gefördert. Kein Wunder – es ist ja auch ein sehr gutes Geschäft für sie! Kunden werden oft von den relativ niedrigen Monatsraten angezogen, doch das täuscht nur darüber hinweg, dass man am Ende gar nichts besitzt, es sei denn, man kauft das Auto! Die gute Seite für Käufer von Gebrauchtwagen ist die Tatsache, dass immer mehr geleaste Autos nicht übernommen und dann auf dem Gebrauchtwagenmarkt angeboten werden.

Und das bedeutet?

- Ein aktueller Vergleich zwischen den Kosten für einen älteren Gebrauchtwagen mit höherem Kraftstoffverbrauch und mehr Reparaturen und denen für eine Neuanschaffung hat gezeigt, dass man mit dem gebrauchten durchaus bis zu 4.000 Euro sparen kann – vorausgesetzt, man würde den Neuwagen in bar bezahlen, was die wenigsten Käufer tun. Mit einer Finanzierung kommen noch mal einige Tausende hinzu!
- Der Vergleich zwischen der Anschaffung eines 2 Jahre alten Wagens, den man dann 8 Jahre lang fährt, gegenüber dem Leasing eines Neuwagens alle 3 Jahre über einen Zeitraum von 48 Jahren ergab die verblüffende und beinahe unglaubliche Differenz von über 320.000 Euro!

Natürlich variieren die angegebenen Zahlen, aber es wird auf jeden Fall deutlich, dass man in diesem Bereich eine Menge Geld sparen kann. Als Jesus sagte, dass wir keine Schätze auf der Erde ansammeln sollen, wo sie doch nur von Rost und Motten zerstört und von Dieben gestohlen werden, könnte man fast meinen, dass er von Autos gesprochen hat! Heute würde er wohl raten: „Behaltet die alte Karre und sammelt euch Schätze im Himmel, wo ihnen Rost und Diebe nichts anhaben können. Denn wo euer Schatz ist, da wird auch euer Herz sein!“ (angelehnt an Matthäus 6,19–21).

Ausstieg aus der Konsumgesellschaft

Hier zehn Tipps, wie man sein Leben vereinfachen und ein guter Treuhänder werden kann:

1. Wissen, wo Ihr Geld hingeht – erstellen Sie einen Budgetplan.
Selbst wenn wir unser Leben lang nur ein Durchschnittsgehalt bekommen – sagen wir 24.000 Euro im Jahr –, sind wir nach Ablauf von 45 Arbeitsjahren Verwalter von sage und schreibe 1.125.000 Euro gewesen! Wie können wir es wagen, eine solche Summe ohne System und ohne Rückverfolgungsmöglichkeiten verwalten zu wollen? Dabei sollten Sie unbedingt den Geben-Teil Ihres Budgets anders behandeln als den Ausgaben-Teil. Das Ziel des Ausgaben-Budgets ist es, Kosten zu reduzieren, während das Ziel des Geben-Budgets darin besteht, immer mehr geben zu können!

2. Widerstehen Sie den Versuchen der Werbeindustrie!
Tun Sie die falschen Versprechungen der Werbespots mit einem Lachen ab! Haben Sie schon einmal probiert, als Reaktion auf ein unlauteres Angebot mit der ganzen Familie zusammen laut zu rufen: „Wer fällt denn auf so was rein?" Ziel der Werbung ist es, den „Habenwollen"-Wunsch in uns zu wecken. Das geschieht oft, indem man Unzufriedenheit mit dem schürt, was man hat, obwohl man vielleicht in Wirklichkeit vollkommen zufrieden ist. Gebrauchen Sie also Ihre Fernbedienung und machen Sie einen Bogen um Fernsehwerbung. Setzen Sie sich den Botschaften der Werbung möglichst selten aus. Schlendern Sie nicht durch Einkaufszentren, sondern gehen Sie nur dann gezielt auf die Suche, wenn Sie wirklich etwas brauchen – und dann schauen Sie nach der besten Qualität zum niedrigsten Preis.

3. Wenn Sie festgestellt haben, dass Sie eine bestimmte Sache wirklich brauchen, warten Sie erst einmal ab, ob Gott Ihnen diese nicht gibt, ohne dass Sie sie kaufen müssen.
Beten Sie eine Woche lang darum. Fragen Sie sich dann noch einmal, ob Sie diese Sache wirklich brauchen. Wenn Gott nichts tut und Sie sicher sind, dass die Anschaffung notwendig ist, gehen Sie los und kaufen Sie sie. Diese Praxis verbindet unsere Bedürfnisse mit dem Konzept, dass Gott für uns sorgen möchte – und ganz nebenbei sorgt sie noch dafür, dass Impulskäufe vermieden werden.

4. Stellen Sie Qualität über Quantität.
Weigern Sie sich, Ihre Lebensqualität über das „Haben" zu definieren. Wichtiger ist immer noch das Sein! Lernen Sie die befreiende Lektion, dass gesteigerte Lebensqualität darin besteht und sich darin äußert, dass man weniger materielle Wünsche verspürt – nicht umgekehrt!

5. Gestalten Sie Ihre Freizeit gesund, fröhlich und kostengünstig!
Denken Sie über Spiele nach, in denen es nicht um Wettkampf geht – es muss nicht immer Sieger und Verlierer geben! Vermeiden Sie Fernsehsendungen, in denen Menschen bloßgestellt werden oder sich in sinnlosen Gefechten gegeneinander durchsetzen müssen. Das ist eine Verschwendung von menschlichen und materiellen Ressourcen! Natürlich machen viele Fernsehsendungen auch Spaß – Abhängigkeit davon in irgendeiner Form ist aber kein Spaß. Führen Sie als Familie doch Spieleabende, eigene Traditionen und Feiertage ein. Lesen Sie gemeinsam, erzählen Sie Geschichten, laden Sie häufig Gäste ein (aber übertreiben Sie es dabei nicht mit der perfekten Vorbereitung).

6. Lernen Sie, vernünftig und mit Genuss zu essen!
Streichen Sie Fertigmenüs von Ihrem Speiseplan. Planen Sie Ihr Essen im Voraus, und kaufen Sie dann nur das ein, was Sie dafür brauchen. Streichen Sie ernährungsphysiologisch sinnlose Snacks. Entdecken Sie die Freuden des Gemüsegärtnerns. Es gibt heutzutage Obstbaumzüchtungen, die kleinwüchsig sind, wenig Platz brauchen und schon im ersten Jahr Früchte bringen. Gehen Sie seltener zum Essen aus, und wenn doch, genießen Sie es richtig! Fasten Sie einmal im Monat einen Tag und spenden Sie das gesparte Geld einer gemeinnützigen Organisation. Essen Sie lieber vernünftiger und weniger, als Diätpillen oder Abnehmmittel zu kaufen!

7. Unterscheiden Sie zwischen bedeutungsvollen Reisen und selbstbezogenen Trips.
Verleihen Sie Ihren Urlaubsreisen einen Sinn! Reisen Sie kostengünstig. Machen Sie sich mit Land und Leuten vertraut.

8. Kaufen Sie Dinge, weil sie nützlich sind, und nicht, weil sie etwas darstellen!
Kleidung kann durchaus gut aussehen, auch wenn sie wenig kostet. Möbel kann man gebraucht kaufen und aufarbeiten (lassen). Große Summen Geld können gespart werden, wenn man Gebrauchtwagen und weniger teure Modelle kauft. Sind Ihre Kinder bereits flügge und Sie wieder „allein zu Haus“? Dann denken Sie doch einmal darüber nach, ein allein stehendes Familienmitglied, einen Studenten oder eine andere Person bei sich einzuquartieren.

9. Lernen Sie, sich an Dingen zu erfreuen, auch wenn sie Ihnen nicht gehören.
Die Menschen in der westlichen Welt sind regelrecht besessen vom Besitz. Wenn wir etwas besitzen, haben wir das Gefühl, es unter Kontrolle zu haben, und wir glauben, dass es uns dann mehr Freude bereitet. Doch das ist reine Illusion. Genießen Sie die Schönheit eines Strandes, ohne gleich ein Stück davon kaufen zu wollen. Viele Dinge kann man wunderbar mit Freunden und Nachbarn teilen. Verschenken Sie doch mal etwas, nur um die Freiheit zu erleben, die das mit sich bringt!

10. Lehren Sie Ihre Kinder durch Wort, Tat und Vorbild, wie man mit Geld umgehen kann. Geben Sie klare Richtlinien hinsichtlich der Dinge vor, die Sie für sinnvoll und nicht sinnvoll halten.
Unsere Gesellschaft „trainiert“ Kinder regelrecht darauf, immer mehr haben zu wollen. Sie tun ihnen keinen Gefallen, wenn Sie ihren ständigen Bitten um dies und jenes nachgeben. Geben Sie Ihren Kindern das, was sie brauchen, und nicht das, was sie wollen. Mit der Zeit werden sie lernen, das zu wollen, was sie brauchen. Geben Sie ihnen auch die Gelegenheit, zunehmend Selbstbeherrschung und Eigenverantwortung zu lernen. Sie können schon kleineren Kindern ein kleines Taschengeld geben, damit diese die Grundsätze von Ausgeben und Sparen kennen lernen. Wenn sie mit der Zeit weiser werden, können Sie die Taschengeldsumme je nach Alter deutlich erhöhen und das Kind davon beispielsweise einen Teil seiner Garderobe mitfinanzieren lassen. So lernen Kinder schnell zu entscheiden, ob es wirklich die teure Markenjeans sein muss oder ob es auch eine günstigere No-Name-Hose mit demselben Schnitt tut. Ziel sollte sein, dass Ihre Kinder mit 16 ihre gesamten Geldangelegenheiten (mit Ausnahme des Wohnens und Essens) selbst in der Hand haben. Mit 18 sollten sie finanzielle Unabhängigkeit erreicht haben, außer hinsichtlich der Aufwendungen für ihre Ausbildung. Generell sollte Ihr Kind verstehen lernen, dass seine Ausgaben in seiner Verantwortung liegen, und Sie stehen als eine Art Sicherheitsnetz bereit!

(aus: Richard Foster: *Celebration of Discipline*, San Francisco 1998, S. 78–83)

Die Ausgabentabelle

Monats- und Jahressummen des Ausgabenplans

Es kann sehr hilfreich sein, wenn man sich in verschiedenen Finanzbereichen eine generelle Übersicht nicht nur über die einzelnen Monate, sondern über das ganze Jahr verschafft.

Die Zeilen „(4) Saldo vom Vormonat“ und „(5) Jahressumme“ ermöglichen Ihnen dies.

In Zeile „(4) Saldo vom Vormonat“ wird der Betrag addiert, der in jeder Kategorie über oder unter dem des Vormonats lag. Wenn man das jeden Monat macht, hat man am Ende den Status dieser Kategorie über das ganze Jahr gesehen. Manche Rubriken muss man dabei nicht berücksichtigen, weil sie ohnehin keinen starken Schwankungen ausgesetzt sind und/oder man in diesem Bereich diszipliniert ist. Doch es gibt drei Kategorien mit variablen Ausgaben – Lebensmittel, Kleidung und Ausgehen –, bei denen das sehr wichtig ist. Ein Beispiel dazu finden Sie auf der übernächsten Seite.

Die Lebensmittel für den laufenden Monat haben 34 Euro weniger gekostet als im Budget eingeplant (286 statt 320). In den vorhergehenden Monaten wurden insgesamt 118 Euro weniger für Lebensmittel ausgegeben als vorgesehen. Dieser Betrag, addiert zu dem des aktuellen Monats, ergibt einen Überschuss von 152 Euro. Die Kategorie „Lebensmittel“ bewegt sich also im Rahmen des Budgets!

Die Rubrik „Kleidung“ wurde im laufenden Monat um 35 Euro überzogen und in den Vormonaten um insgesamt 142 Euro. Diese Kategorie liegt damit insgesamt um 177 Euro über dem Budget.

Fürs Ausgehen wurden im aktuellen Monat 13 Euro weniger ausgegeben als eingeplant, in den vorherigen Monaten allerdings insgesamt 96 Euro mehr, als das Budget erlaubt. Damit ist diese Kategorie mit 83 Euro im Minus.

Solche gesammelten Daten können recht erhellend sein. In unserem Beispiel wäre in der Weihnachtszeit im Lebensmittelbereich Geld übrig, um Gäste zu einem besonderen Festmahl einzuladen. Da in der Rubrik „Kleidung“ ein Minus besteht, könnte man diese Erkenntnis beispielsweise nutzen, um der schenkfreudigen Oma einen kleinen Hinweis auf eventuell benötigte Kleidungsstücke zu geben. Außerdem ist etwas mehr Zurückhaltung beim Ausgehen gefragt, um die Ausgaben in diesem Bereich wieder ins Lot zu bringen.

Ausgabentabelle

Monat: Oktober

Täglich anfallende variable Ausgaben

	Fahrtkosten		Haushalt								Entgeltl. Dienste	Freizeit		
	Benzin/ Reparat.	ÖPNV	Lebens-mittel	Kleidung	Geschenke	Haushalt (diverses)	Persön-liches	Kinder	Elektr. Geräte	Sonstiges		Restau-rant/Kino	Reise/ Urlaub	Sonstiges
(1) geplante Summe (Budget)	80	40	320	60	80	75	50	60	–	–	–	100	70	40
	14	21	9	89	17	14	16	100		25		22	70	22
	17		87	46	55	22	18					46		
	9		43			9						19		
	19		106			31								
	11		21											
			7											
			13											
(2) gesamt	70	21	286	95	72	76	34	100	–	25	–	87	70	22
(3) (mehr)/weniger	10	19	34	(35)	8	(1)	16	(40)	–	(25)	–	13	–	18
(4) Saldo vom Vormonat			118	(142)								(96)		
(5) Jahressumme			152	(177)								(83)		

~~1~~ ~~2~~ ~~3~~ 4 ~~5~~ ~~6~~ ~~7~~ ~~8~~ ~~9~~ ~~10~~ ~~11~~ ~~12~~ ~~13~~ ~~14~~ ~~15~~ ~~16~~ ~~17~~ ~~18~~ ~~19~~ ~~20~~ ~~21~~ ~~22~~ ~~23~~ ~~24~~ ~~25~~ ~~26~~ ~~27~~ ~~28~~ ~~29~~ ~~30~~ ~~31~~

- Verwenden Sie diese Tabelle, um Ausgaben zu notieren, die täglich anfallen und variabel sind – sie sind häufig am schwierigsten in den Griff zu bekommen.
- Sammeln Sie Quittungen und Belege und schreiben Sie dann jeden Abend Ihre Ausgaben auf.
- Addieren Sie jede Kategorie am Ende des Monats (Zeile „[2]“) und vergleichen Sie das Ergebnis mit dem Budgetwert für diesen Monat.
- Um sicher zu sein, dass Sie auch jeden Tag berücksichtigt haben, können Sie unten die Zahl abstreichen, die dem Kalendertag entspricht.
- Eine Möglichkeit: Falls Sie die Entwicklung über das Jahr verfolgen möchten, können Sie die „aufgelaufenen“ Summen ebenfalls mitführen.

Fragen zur Umsetzung

Mehr als ein Gehalt im Monat

Aufwendung	Budget	1. Gehalt	2. Gehalt
✓ Spenden	250	125	125
✓ Sparen	155		155
✓ Miete/Abzahlung	970	970	
✓ Heizung/Strom	180		180
✓ Telefon	55		55
✓ Autokosten	270		270
✓ Schuldentilgung	110		110
Kleidung	60		60
Geschenke	80		80
Benzin	80	40	40
Lebensmittel	320	160	160
Haushalt	75	30	45
Unterhaltung/Ausgehen	100	50	50
Kleinkram	45		45
Gesamtsumme	**2.750**	**1.375**	**1.370**

✓ gezahlt durch Überweisung

Dieses Beispiel veranschaulicht, wie man die Gehälter aufteilen kann, weil beide Partner Normalverdiener sind. Wenn man sich einmal die Mühe gemacht hat, einen Plan aufzustellen, aus dem hervorgeht, welches Gehalt für welchen Ausgabenposten verwendet wird, und sich auch daran hält, kann das viel Erleichterung bringen. Darüber hinaus beendet es die ständigen Streitigkeiten darüber, wer was bezahlt, und es verringert die Sorgen ums Geld.

In dem obigen Beispiel sehen Sie, wie ein solcher Plan aussehen könnte. Im Normalfall decken Sie mit einem Einkommen im Prinzip alle notwendigen regelmäßigen Ausgaben ab. Zum Beispiel: Geben/Spenden, Sparen, Lebensmittel, Kleidung, Fahrtkosten, notwendige Haushaltsausgaben, notwendige Freizeitkosten. Diese Ausgaben sollten alle bar bezahlt werden.

Mit dem zweiten Einkommen könnten dann die zusätzlichen Ausgaben, die „Extras", abgedeckt werden. Zum Beispiel: zusätzliche Spenden, zusätzliches Sparen, beschleunigte Schuldentilgung, mehr Kleidung, mehr Reisen und Freizeit.

Meist wird es so sein, dass das zweite Gehalt (zum Beispiel aus einer Teilzeittätigkeit der Ehefrau) niedriger ist als das erste; dann muss die Aufteilung natürlich etwas anders aussehen. Und in leider immer mehr Fällen ist es heute so, dass das erste Gehalt so niedrig ist, dass das zweite (ebenso niedrige) Gehalt benötigt wird, um die Ausgaben zu decken, sodass die Rubrik „Sparen“ leider oftmals nicht ausgefüllt werden kann.

Geld auf Sparkonten

Wenn Sie erst einmal damit begonnen haben, Geld für bestimmte Ausgaben auf Kurzzeit-Sparkonten einzuzahlen, stellt sich die Frage: „Jetzt habe ich also die und die Summe angesammelt, aber woher weiß ich jetzt, wie viel davon für welche Kategorie gedacht ist?"

Die Vorlage auf Seite 319 zeigt anhand eines Beispiels, wie das aussehen kann. Es geht darin um einen Fonds-Sparplan, auf dem sich Ersparnisse für verschiedene Budget-Kategorien angesammelt haben.

In der obersten Zeile finden Sie die Information, in welche vier Fonds bei jedem Zahltag Geld eingezahlt wird. In diesem Fall ist das Geld für Notfälle, Urlaubsreisen, Geschenke und Autoreparaturen vorgesehen.

Die erste Spalte benennt den im vergangenen Jahr angesammelten Betrag (3.500 Euro). Auf der Grundlage der Ausgaben vom Vorjahr sind im Einzelnen 2.100 Euro für unerwartete Ausgaben gedacht. Weitere 500 Euro sind für das Ferienkonto, 300 Euro für Geschenke und 600 Euro für Autoreparaturen gedacht.

Die Zeilen 2 bis 6 geben Aufschluss über die Kontobewegungen des vergangenen Monats. Am 8. Januar hat Richard Waltraud ein Geburtstagsgeschenk gekauft, für das er 40 Euro vom Konto abgehoben hat (mit Klammern gekennzeichnet). Am 15. Januar hat Richard sein Gehalt bekommen. Er zahlte daraufhin 235 Euro in den Fonds ein, von denen 100 Euro für Notfälle, 70 Euro für Urlaub, 30 Euro für Geschenke und 35 Euro für Autoreparaturen gedacht sind. Folglich stehen diese vier Zahlen unter den entsprechenden Kategorien.

Am 17. Januar traf es sie hart, als ihr Auto eine Panne hatte und in die Werkstatt musste – und die Rechnung sich auf 500 Euro belief. Diese Summe wurde aus dem Autoreparaturfonds bezahlt (wieder mit Klammern gekennzeichnet). Am 25. Januar kauften sie ein Hochzeitsgeschenk für Samuel und Jennifer, das 50 Euro kostete. Am 30. Januar ging wieder eine Gehaltszahlung ein, die wie die erste auf die unterschiedlichen Posten verteilt wurde.

Die unterste Zeile zeigt die Gesamtsummen am Monatsende an. Das Konto weist nun eine Gesamtsumme von 3.380 Euro auf.

Auf der Seite 322 finden Sie ein Blanko-Kontenblatt, in das Sie Ihre einzelnen Sparbereiche eintragen und mit dem Sie die einzelnen Bewegungen nachvollziehen können.

Das Sparkonto von Waltraud und Richard

Monat: Januar 2006

	Datum	Beschreibung	Gesamt	Rubrik 1 Notfälle	Rubrik 2 Urlaub	Rubrik 3 Geschenke	Rubrik 4 Reparaturen	Rubrik 5
1	31.12.05	Übertrag Vorjahr	3.500	2.100	500	300	600	
2	8.1.06	Geburtstagsgeschenk für Waltraud	(40)			(40)		
3	15.1.06	Gehalt	235	100	70	30	35	
4	17.1.06	Autoreparatur	(500)				(500)	
5	25.1.06	Hochzeitsgeschenk für Samuel und Jennifer	(50)			(50)		
6	30.1.06	Gehalt	235	100	700	30	35	
		Monatsende	3.380	2.300	640	270	170	

FORMULARE

Auf den folgenden Seiten finden Sie verschiedene Vorlagen und Formulare, die Sie für Ihre eigenen Aufzeichnungen verwenden können. Dazu gehört der Schuldentilgungsplan, das Formular zur Verfolgung der Kurzzeit-Sparkonten, das Umschlagsystem, eine erweiterte Version der biblischen Finanzprinzipien, der Ausgabenplan und drei Kopien der Ausgabentabelle.

Am besten kopieren Sie sich einfach genügend Blanko-Formulare für die nächsten Monate.

Beispiel für einen Schuldenrückzahlungsplan

Posten	Schulden in Euro	Zinssatz in %	Monatl. Mindest-rate in Euro	Zusätzliche Zahlung 150 Euro	bezahlt nach ____ Monaten	bezahlt nach ____ Monaten	bezahlt nach ____ Monaten	bezahlt nach ____ Monaten	bezahlt nach ____ Monaten
Gesamt									

- Die erste und zweite Spalte zeigt, wem welche Summe geschuldet wird. Dabei wird mit der kleinsten Summe begonnen.
- Die dritte Spalte gibt Aufschluss über den Zinssatz, die vierte über die monatliche Mindestrate, die gezahlt werden muss.
- Die fünfte Spalte weist den Betrag aus, den Sie durch bessere Haushaltsführung und Einsparmaßnahmen zusätzlich aufbringen können. Dieser Betrag ist der „Turbo“ bei der Schuldenrückzahlung. Er wird zunächst dafür verwendet, um die kleinste Summe schneller zurückzuzahlen. Dann wird der frei werdende Betrag (Rate vom ersten Darlehen und zusätzliche Zahlung) verwendet, um das zweite Darlehen schneller zurückzuzahlen usw. In den folgenden Spalten sehen Sie, nach welcher Gesamtlaufzeit das jeweilige Darlehen zurückgezahlt ist.
- Da in jeder Phase die frei werdenden Mittel nicht anderweitig verbraucht, sondern genutzt werden, um die Schulden schneller zurückzuzahlen, beschleunigt sich der Vorgang erheblich.
- Dieser Plan motiviert, da absehbar ist, wann die Schuldenfreiheit erreicht wird. Es fällt dann leichter, auf bestimmte Dinge zu verzichten, wenn man die positiven Folgen so deutlich ablesen kann.

Das Sparkonto

Monat: ____________________

	Datum	Beschreibung	Gesamt	Rubrik 1 Notfälle	Rubrik 2 Urlaub	Rubrik 3 Geschenke	Rubrik 4 Reparaturen	Rubrik 5

Umschlag-Etiketten

Umschläge

Die unten stehenden Etiketten-Vorlagen sind für die Umschläge gedacht, in denen Sie das Bargeld für unterschiedliche Bereiche aufbewahren. Schreiben Sie den Namen jeder Kategorie darauf (Kleidung, Lebensmittel usw.) sowie den dafür monatlich vorgesehenen Geldbetrag.

Kategorie: ____________________ Betrag: ____________________	Kategorie: ____________________ Betrag: ____________________
Kategorie: ____________________ Betrag: ____________________	Kategorie: ____________________ Betrag: ____________________
Kategorie: ____________________ Betrag: ____________________	Kategorie: ____________________ Betrag: ____________________
Kategorie: ____________________ Betrag: ____________________	Kategorie: ____________________ Betrag: ____________________
Kategorie: ____________________ Betrag: ____________________	Kategorie: ____________________ Betrag: ____________________

Biblische Finanzprinzipien

Die Grundlage von „Mit Gott rechnen“: Menschen dazu einladen, gute Treuhänder dessen zu werden, was Gott ihnen anvertraut hat.

Gott hat alles erschaffen
„Am Anfang schuf Gott Himmel und Erde. Die Erde war noch leer und öde.“ Genesis 1,1

Gott gehört alles
„Denn mir, dem HERRN, gehört alles Silber und alles Gold.“ Haggai 2,89
„Alle Tiere des Waldes gehören mir, das Wild auf Tausenden von Bergen ist mein Eigentum. Auch die Vögel dort gehören mir und alle kleinen Tiere auf dem freien Feld.“ Psalm 50,10
„Menschen, die Gott segnet, besitzen das Land; doch wer unter seinem Fluch steht, kommt um.“ Psalm 37,21

Aus der Tatsache, dass Gott alles erschaffen hat und alles besitzt, erwächst die Erkenntnis, dass alles, was wir haben, letztlich nicht uns gehört, sondern ebenfalls Gott. Uns sind unsere Besitztümer nur vorübergehend anvertraut worden. Daher sind wir Verwalter, nicht Besitzer. Obwohl 1. Korinther 4 (siehe unten) sich nicht direkt auf materiellen Besitz bezieht, ist der Rat doch auch auf den finanziellen Bereich unseres Lebens anwendbar.

Wir sind Verwalter
„Ihr seht also, wie ihr von uns denken müsst: Wir sind Menschen, die im Dienst von Christus stehen und Gottes Geheimnisse zu verwalten haben. Von Verwaltern wird verlangt, dass sie zuverlässig sind.“ 1. Korinther 4,1–2

Wir können nicht zwei Herren dienen
„Niemand kann zwei Herren zugleich dienen. Er wird den einen vernachlässigen und den andern bevorzugen. Er wird dem einen treu sein und den andern hintergehen. Ihr könnt nicht beiden zugleich dienen: Gott und dem Geld.“ Matthäus 6,24

Verwalten Sie das Ihnen Anvertraute weise
„‚Sehr gut‘, sagte sein Herr, ‚du bist ein tüchtiger und treuer Diener. Du hast dich in kleinen Dingen als zuverlässig erwiesen, darum werde ich dir auch Größeres anvertrauen. Komm zum Freudenfest deines Herrn!‘ Dann kam der mit den zwei Zentnern und sagte: ‚Du hast mir zwei Zentner gegeben, Herr, und ich habe noch einmal zwei Zentner dazuverdient.‘ ‚Sehr gut‘, sagte der Herr, ‚du bist ein tüchtiger und treuer Diener. Du hast dich in kleinen Dingen als zuverlässig erwiesen, darum werde ich dir auch Größeres anvertrauen. Komm zum Freudenfest deines Herrn!‘ Zuletzt kam der mit dem einen Zentner und sagte: ‚Herr, ich wusste, dass du ein harter Mann bist. Du erntest, wo du nicht gesät hast, und sammelst ein, wo du nichts ausgeteilt hast. Deshalb hatte ich Angst und habe dein Geld vergraben. Hier hast du zurück, was dir gehört.‘ Da sagte der Herr zu ihm: ‚Du unzuverlässiger und fauler Diener! Du wusstest also, dass ich ernte, wo ich nicht gesät habe, und sammle, wo ich nichts ausgeteilt habe? Dann hättest du mein Geld wenigstens auf die Bank bringen sollen, und ich hätte es mit Zinsen zurückbekommen! Nehmt ihm sein Teil weg und gebt es dem, der die zehn Zentner hat!‘“ Matthäus 25,21–28

Eignen Sie sich biblisches Finanzwissen an
„Wahrheit und Weisheit, Einsicht und Herzensbildung sind es wert, dass du sie dich etwas kosten lässt. Gib sie nie wieder her!“ Sprichwörter 23,23
„Pläne ohne Beratung schlagen fehl; durch gute Ratgeber führen sie zum Ziel.“ Sprichwörter 15,22

Messbare Ziele und realistische Pläne
„Lass den HERRN über dein Tun entscheiden, dann werden sich deine Pläne erfüllen!“ Sprichwörter 16,3

Die Frage der Vertrauenswürdigkeit
„Jesus fuhr fort: ‚Wer in kleinen Dingen zuverlässig ist, wird es auch in großen sein, und wer in kleinen unzuverlässig ist, ist es auch in großen. Wenn ihr also im Umgang mit dem leidigen Geld nicht zuverlässig seid, wird euch niemand das wirklich Wertvolle anvertrauen. Wenn ihr mit dem nicht umgehen könnt, was euch gar nicht gehört, wie soll Gott euch dann schenken, was er euch als Eigentum zugedacht hat?‘“ Lukas 16,10–12

Verdienen
Ein sorgfältiger Verdiener ist jemand, der seiner Arbeit sorgfältig und mit einer dankbaren Einstellung nachgeht.

Gott hat das Prinzip der Arbeit eingeführt, als Adam und Eva noch im Garten Eden waren. Er lud sie dazu ein, mit ihm gemeinsam für die Schöpfung zu sorgen. Doch vor dem Sündenfall war die Arbeit ein Segen, kein Fluch. Jede Arbeit hat ihre Würde. Unser Arbeiten sollte daher von den folgenden Prinzipien geprägt sein.

Seien Sie fleißig und ehren Sie Gott
„Alles, was ihr tut, tut von Herzen, als etwas, das ihr für den Herrn tut und nicht für Menschen.“ Kolosser 3,23

Sorgen Sie für sich und für Ihre Angehörigen
„Kümmert sich aber jemand nicht um die Not leidenden Witwen der eigenen Familie, besonders wenn sie im selben Haus wohnen, dann hat ein solcher Mensch den Glauben verleugnet und steht weit unter den Ungläubigen.“ 1. Timotheus 5,8

Seien Sie dankbar und denken Sie daran, von wem alles Geld letztlich kommt
„Seid euch vielmehr bewusst, dass der HERR, euer Gott, euch die Kraft gab, mit der ihr dies alles erreicht habt. Und er hat es getan, weil er zu den Zusagen steht, die er euren Vorfahren gegeben hat, wie ihr das heute sehen könnt.“
Deuteronomium 8,18

Seien Sie zufrieden mit Ihrer Arbeit und freuen Sie sich daran
„Ich bin zu der Erkenntnis gekommen, dass wir Menschen in dem kurzen Leben, das Gott uns zugemessen hat, nichts Besseres tun können als essen und trinken und es uns wohl sein lassen bei aller Mühe, die wir haben. So hat Gott es für uns bestimmt. Wenn Gott einen Menschen reich und wohlhabend werden lässt und ihm erlaubt, seinen Teil davon zu genießen und sich am Ertrag seiner Mühe zu freuen, dann ist das ein Gottesgeschenk!“ Prediger 5,18–19

Lassen Sie sich auch bei der Arbeit von Gott verändern
„Ihr Sklaven und Sklavinnen, gehorcht euren irdischen Herren und Herrinnen! Ehrt und fürchtet sie. Dient ihnen so aufrichtig, als dientet ihr Christus. Tut es nicht nur äußerlich, um euch bei ihnen einzuschmeicheln. Betrachtet euch vielmehr als Sklaven von Christus, die den Willen Gottes gerne tun. Tut eure Arbeit mit Lust und Liebe, als Leute, die nicht Menschen dienen, sondern dem Herrn.“ Epheser 6,5–6

Ehrlich verdienen und teilen
„Wer vom Diebstahl gelebt hat, muss jetzt damit aufhören. Er soll seinen Lebensunterhalt durch eigene Arbeit verdienen und zusehen, dass er auch noch etwas für die Armen übrig hat.“ Epheser 4,28

Geben
Der großzügige Geber ist jemand, der mit einem gehorsamen Willen, einem fröhlichen Herzen und einem barmherzigen Herzen gibt.

Wir sind zum Geben geschaffen
Wir sind nach dem Bild Gottes geschaffen (Genesis 1,26–27) und Gott ist großzügig und gütig. Wir werden daher zufriedener und erfüllter leben, wenn wir auch anderen viel geben.

Geben als Reaktion auf Gottes Güte
„Lauter gute Gaben, nur vollkommene Gaben kommen von oben.“ Jakobus 1,17

Geben, um sich ganz auf Gott zu verlassen
„Sorgt euch zuerst darum, dass ihr euch seiner Herrschaft unterstellt und tut, was er verlangt, dann wird er euch schon mit all dem anderen versorgen.“
Matthäus 6,33

Geben, um aktiv zur ökonomischen Gerechtigkeit beizutragen
„Ihr sollt nicht selbst Mangel leiden, damit andern geholfen wird. Vielmehr soll es zu einem Ausgleich kommen. Im Augenblick habt ihr mehr als die andern. Darum ist es nur recht, dass ihr denen helft, die in Not sind. Wenn dann einmal ihr in Not seid und sie mehr haben als ihr, sollen sie euch helfen. So kommt es zu einem Ausgleich zwischen euch.“
2. Korinther 8,13

In der Bibel spricht Gott immer wieder von seiner Fürsorge für die Armen und ruft dazu auf, mit weniger Begünstigten zu teilen.

Geben, um anderen ein Segen zu sein
„Ich will dich segnen und dich zum Stammvater eines mächtigen Volkes machen. Dein Name soll in aller Welt berühmt sein. An dir soll sichtbar werden, was es bedeutet, wenn ich jemand segne. Alle, die dir und deinen Nachkommen Gutes wünschen, haben auch von mir Gutes zu erwarten“ (Genesis 12,2–3). Wenn wir mit Mitteln gesegnet werden, die wir nicht brauchen, dann sollte das nicht dazu dienen, uns das Leben noch mehr zu erleichtern, sondern anderen ein Segen zu sein. Wir werden gesegnet, um ein Segen für andere zu sein!

Seien Sie bereit zu teilen
„Sie sollen Gutes tun, freigebig sein und ihren Reichtum gerne mit anderen teilen. Wenn sie an guten Taten reich werden, schaffen sie sich einen sicheren Grundstock für die Zukunft, damit sie das wirkliche Leben gewinnen.“ 1. Timotheus 6,18

Geben, um die Macht des Geldes zu brechen
Ein weiterer Grund für großzügiges Geben ist die Tatsache, dass dies den eisernen Griff bricht, den Geld sonst leicht um uns aufbaut. In der Bibel wird dieses Prinzip zwar nicht explizit angesprochen, aber es ist offensichtlich bei Menschen, die freigebig sind und sich nicht von Geld kontrollieren lassen.

Gern, großzügig und angemessen geben
„Sie hatten viel zu leiden und haben es nicht nur standhaft ertragen; vielmehr wurde ihre Freude im Glauben nur umso stärker und führte trotz ihrer großen Armut zu einer erstaunlichen Hilfsbereitschaft. Ihr könnt es mir glauben: Sie spendeten, so viel sie konnten, ja noch mehr, und sie taten es ohne Aufforderung. Sie haben sich mir geradezu aufgedrängt und darum gebeten, sich an diesem Werk der Gnade Gottes beteiligen zu dürfen – an dieser Hilfeleistung, in der die Verbundenheit mit der Gemeinde in Jerusalem zum Ausdruck kommt. Sie taten dabei noch mehr, als ich gehofft hatte: Sie schenkten sich selbst, zuerst dem Herrn und dann, dem Willen Gottes gemäß, auch mir.“ 2. Korinther 8,1–5

Weise geben
„So soll vermieden werden, dass man mich verdächtigt, wenn ich eine so große Summe allein verwalte." 2. Korinther 8,20

Erwartungsvoll und freudig geben
„Denkt daran: Wer spärlich sät, wird nur wenig ernten. Aber wer mit vollen Händen sät, auf den wartet eine reiche Ernte. Jeder soll so viel geben, wie er sich in seinem Herzen vorgenommen hat. Es soll ihm nicht Leid tun und er soll es auch nicht nur geben, weil er sich dazu gezwungen fühlt. Gott liebt fröhliche Geber!" 2. Korinther 9,6–7 (siehe auch Verse 10–14)

Die Beweggründe für das Geben
Wenn wir aus den falschen Beweggründen geben, nutzt alles Geben nichts (siehe 1. Korinther 13). Wir können viel geben – und es doch nicht aus den richtigen Motiven heraus tun. Genau dafür rügte auch Jesus die religiösen Führer seiner Zeit: *„Ihr Scheinheiligen! Ihr gebt Gott den zehnten Teil von allem, sogar noch von Gewürzen wie Minze, Dill und Kümmel; aber um das Wichtigste an seinem Gesetz, um Gerechtigkeit, Barmherzigkeit und Treue, darum kümmert ihr euch nicht."* Matthäus 23,23

Sparen
Der weise Sparer ist ein Mensch, der seine Ersparnisse aufbaut, erhält und mit Vernunft investiert.

Es ist weise zu sparen
„Wertvolle Schätze und duftendes Öl sammeln sich im Haus des Weisen; aber ein Dummkopf vergeudet alles." Sprichwörter 21,20
„Sieh dir die Ameise an, du Faulpelz! Nimm dir ein Beispiel an ihr, damit du weise wirst! Sie hat keinen Aufseher und keinen Antreiber. Und doch sorgt sie im Sommer für ihre Nahrung und sammelt zur Erntezeit ihre Vorräte." Sprichwörter 6,6–8

Es ist Sünde zu horten
Jesus verdeutlichte dies anhand eines Beispiels: *„Ein reicher Grundbesitzer hatte eine besonders gute Ernte gehabt. ‚Was soll ich jetzt tun?', überlegte er. ‚Ich weiß gar nicht, wo ich das alles unterbringen soll! Ich hab's', sagte er, ‚ich reiße meine Scheunen ab und baue größere! Dann kann ich das ganze Getreide und alle meine Vorräte dort unterbringen und kann zu mir selbst sagen: Gut gemacht! Jetzt bist du auf viele Jahre versorgt. Gönne dir Ruhe, iss und trink nach Herzenslust und genieße das Leben!' Aber Gott sagte zu ihm: ‚Du Narr, noch in dieser Nacht werde ich dein Leben von dir zurückfordern! Wem gehört dann dein Besitz?'" Und Jesus schloss: „So steht es mit allen, die für sich selber Besitz aufhäufen, aber bei Gott nichts besitzen."* Lukas 12,16–21

Die Kosten überschlagen – Prioritäten setzen
„Wenn jemand von euch ein Haus bauen will, setzt er sich doch auch zuerst hin und überschlägt die Kosten. Er muss ja sehen, ob sein Geld dafür reicht. Sonst hat er vielleicht das Fundament gelegt und kann nicht mehr weiterbauen. Alle, die das sehen, werden ihn dann auslachen und werden sagen: Dieser Mensch wollte ein Haus bauen, aber er kann es nicht vollenden." Lukas 14,28–30

Gehen Sie falschen Versprechungen nicht auf den Leim
„Zuverlässige Menschen haben Glück und Erfolg; aber wer um jeden Preis reich werden will, wird der Strafe nicht entgehen." Sprichwörter 28,20

Suchen Sie Rat bei anderen
„Sie werden dann verstehen, was weise Lehrer sagen: ihre Sprüche, Bilder, Gleichnisse und Rätsel. Auch Erfahrene lernen aus diesem Buch noch dazu und machen Fortschritte in der Kunst, die Aufgaben des Lebens zu bewältigen." Sprichwörter 1,5–6

Sicherheiten, bevor man ein Haus baut
„Erledige zuerst, was du draußen zu tun hast, bestelle deine Felder für die Ernte; dann kannst du ein Haus bauen und eine Familie gründen."
Sprichwörter 24,27

Bauen Sie Ihre Ersparnisse auf mehreren Säulen auf
„Bring dein Geld an allen möglichen Plätzen in Sicherheit; trotzdem kann es sein, dass ein Unglück über das Land kommt und alles verloren geht."
Prediger 11,2

Schulden
Der vorsichtige Schuldner geht Schulden aus dem Weg, ist sehr umsichtig, wenn er Kredite aufnimmt, und zahlt immer alle Schulden zurück.

Zahlen Sie Schulden möglichst rasch zurück
„Wer Gott missachtet, muss ständig borgen, und zurückzahlen kann er nicht. Doch wer Gott gehorcht, kann freigebig helfen." Psalm 37,21
„Wenn ein Mitmensch Hilfe braucht und du ihm helfen kannst, dann weigere dich nicht, es zu tun. Und wenn du ihm sofort helfen kannst, dann sage nicht, er soll morgen wiederkommen."
Sprichwörter 3,27–28

Vermeiden Sie die Abhängigkeit von Schulden
„Der Reiche hat die Armen in seiner Gewalt; wer Geld leihen muss, wird zum Sklaven seines Gläubigers." Sprichwörter 22,7

Schulden machen Voraussagen über die Zukunft
„Nun zu euch, die ihr sagt: ‚Heute oder morgen werden wir in die und die Stadt reisen! Dort werden wir ein Jahr lang Geschäfte machen und viel Geld verdienen.' Woher wisst ihr denn, was morgen sein wird? Was ist euer Leben? Es gleicht einem Dampfwölkchen, das aufsteigt und sich sogleich wieder auflöst." Jakobus 4,13–14

Schulden können Gott die Möglichkeit nehmen, in unserem Leben zu wirken und uns wichtige Lektionen zu lehren

Unter Umständen möchte Gott uns seine Liebe zeigen, indem er uns etwas schenkt, was wir uns wünschen, uns aber nicht leisten können. Wenn wir uns verschulden, um uns diesen Wunsch zu erfüllen, berauben wir ihn dieser Möglichkeit (siehe Lukas 12,22–32). Außerdem berauben wir Gott der Möglichkeit, uns dadurch, dass er uns eine Sache nicht gibt, etwas lernen zu lassen; auch Eltern geben ihren Kindern nicht alles, was sie haben wollen, weil sie wissen, dass es nicht gut für sie wäre. In Offenbarung 7,14 lesen wir: *„Freu dich, wenn du einen Glückstag hast. Und wenn du einen Unglückstag hast, dann denke daran: Gott schickt dir beide."*

Schulden können Neid und Geiz fördern

„Gebt Acht! Hütet euch vor jeder Art von Habgier! Denn der Mensch gewinnt sein Leben nicht aus seinem Besitz." Lukas 12,15

Zurückgeben, was wir schulden

„Gebt also jedem, was ihr ihm schuldig seid! Wem Steuern zustehen, dem zahlt Steuern, wem Zoll zusteht, dem zahlt Zoll. Wem Respekt zusteht, dem erweist Respekt, und wem Ehre zusteht, dem erweist Ehre." Römer 13,7

Übernehmen Sie keine Bürgschaften

„Übernimm keine Bürgschaft für fremde Schulden. Wenn du sie nicht bezahlen kannst, pfändet man sogar dein Bett." Sprüche 22,26–27

Schulden können geistliches Wachstum beeinträchtigen

„Der Geist Gottes dagegen lässt als Frucht eine Fülle von Gutem wachsen, nämlich: Liebe, Freude und Frieden, Geduld, Freundlichkeit und Güte, Treue, Bescheidenheit und Selbstbeherrschung. Gegen all dies hat das Gesetz nichts einzuwenden."
Galater 5,22–23

Ausgeben

Ein weiser Verbraucher ist jemand, der die Früchte seiner Arbeit genießen kann, ohne dem Materialismus zum Opfer zu fallen.

Passen Sie auf, dass Dinge nicht zu Göttern werden

„Du sollst dir kein Gottesbild anfertigen. Mach dir kein Abbild von irgendetwas im Himmel, auf der Erde oder im Meer." 5. Mose 5,8

Materialismus – von dem unsere Gesellschaft vollkommen durchdrungen ist – ist nichts anderes als eine konkurrierende Theologie, in der Dinge von ultimativer Bedeutung sind; das heißt, Gegenstände werden zu Göttern oder Idolen.

„Sie tauschten den wahren Gott gegen ein Lügengespinst ein, sie haben die Geschöpfe geehrt und angebetet anstatt den Schöpfer." Römer 1,25

Schützen Sie sich vor Geiz – Gegenstände machen nicht glücklich

„Gebt Acht! Hütet euch vor jeder Art von Habgier! Denn der Mensch gewinnt sein Leben nicht aus seinem Besitz." Lukas 12,15

Finden Sie ein gesundes Maß

„Bewahre mich davor zu lügen und lass mich weder arm noch reich sein! Gib mir nur, was ich zum Leben brauche! Habe ich zu viel, so sage ich vielleicht: Wozu brauche ich den Herrn? Habe ich zu wenig, so fange ich vielleicht an zu stehlen und bringe deinen Namen in Verruf." Sprichwörter 30,8–9

Seien Sie zufrieden

„Ich kann Not leiden, ich kann im Wohlstand leben; mit jeder Lage bin ich vertraut. Ich kenne Sattsein und Hungern, ich kenne Mangel und Überfluss. Allem bin ich gewachsen durch den, der mich stark macht." Philipper 4,12–13

„Gewiss bringt es großen Gewinn, Gott zu dienen - wenn jemand nur sein Herz nicht an irdischen Besitz hängt. Was haben wir denn in die Welt mitgebracht? Nichts! Was können wir aus der Welt mitnehmen? Nichts! Wenn wir also Nahrung und Kleidung haben, soll uns das genügen."
1. Timotheus 6,6–8

Verschwenden Sie nicht Gottes Gaben

„Als sie satt waren, sagte er zu seinen Jüngern: ‚Sammelt die Brotreste auf, damit nichts verdirbt.'"
Johannes 6,12

Lernen Sie, dass Gott Sie versorgen wird

„Ermahne die, die im Sinne dieser Welt reich sind, nicht überheblich zu werden. Sie sollen ihr Vertrauen nicht auf etwas so Unsicheres wie den Reichtum setzen; vielmehr sollen sie auf Gott vertrauen, der uns alles reichlich gibt, was wir zum Leben brauchen. Sie sollen Gutes tun, freigebig sein und ihren Reichtum gerne mit anderen teilen. Wenn sie an guten Taten reich werden, schaffen sie sich einen sicheren Grundstock für die Zukunft, damit sie das wirkliche Leben gewinnen." 1. Timotheus 6,17–19

Behalten Sie Ihre Finanzen im Auge

„Achte auf den Zustand deiner Herden, kümmere dich um deine Schafe und Ziegen. Geldbesitz ist nicht von Dauer; nicht einmal eine Krone geht endlos von einer Generation auf die andere über."
Sprichwörter 27,23–24

Ausgabenplan

(Einnahmen-/Ausgabenplanung pro Monat)

Verdienst/Einnahmen pro Monat	jeweilige Summe
1. Gehalt (Netto-Auszahlung Arbeitgeber)	______
2. Gehalt (Netto-Auszahlung Arbeitgeber)	______
Kindergeld, Rente, Sozialhilfen	______
Nicht regelmäßige Einnahmen (Zinsen ...)	______
A. Netto verfügbare Einnahmen	______

1. Spende/Opfer (10 %+)

Gemeinde	______
Andere Organisationen	______
Gesamte Spenden	______

2. Sparen (5–10 %)

für Notfälle/Unvorhergesehenes	______
für Ersatzanschaffungen	______
für langfristige Ziele	______
Monatlicher Sparbetrag	______

3. Schuldentilgung (jeweils Zins + Tilgung; 0–10 %)

Kreditkartenkonto	______
Dispokredite	______
Ratenkredite	______
Ausbildungskredite	______
Versandhäuser	______
weitere Kredite	______
Familie/Freunde	______
Summe Schuldentilgung	______

4. Ausgaben fürs Wohnen (25–38 %)

Miete/Kapitaldienst (Zins + Tilgung)	______
Hausversicherungen (Brand, Hausrat)	______
Pflege/Wartung/Unterhalt/Reparaturen	______
Strom/Gas/Wasser	______
Telefon/Handy/Internet	______
Summe Wohnen	______

5. Fahrtkosten (12–15 %)	jeweilige Summe
Benzin/Öl/Reinigung	______
Parkgebühren	______
Wartung/Reparatur (auch Zweirad)	______
Bus/Zug/Taxi	______
Kfz-Steuer (Durchschnitt/Monat)	______
Summe Fahrtkosten	______

6. Versicherungen (5 %)

Kfz-Versicherung (Durchschnitt/Monat)	______
Risikoleben	______
Berufsunfähigkeit	______
Haftpflicht	______
Lebensversicherung	______
Sonstige (Reisegepäck, Unfall, Gebäude ...)	______
Summe Versicherungen	______

7. Haushalt (15–25 %)

Lebensmittel	______
Elektronische Geräte (PC, PDA, Hifi)	______
Haushaltsgegenstände	______
Dekoration (Garten, Blumen)	______
Kleidung/Schuhe	______
Wäsche/Reinigung	______
Körperpflege/Kosmetik/Friseur	______
Lernen/Informieren (Kurse/Bücher)	______
Kinder (Taschengeld, Schule)	______
Geschenke	______
Haustiere	______
Sonstige Ausgaben	______
Summe Haushalt	______

8. Entgeltliche Dienstleistungen (5–15 %)	jeweilige Summe
Arzt/Zahnarzt	______
Rezeptkosten/Medikamente	______
Rechtsberater/andere Beratung	______
Pflege- und Aufsichtsdienste, Babysitting	______
Sonstige Dienstleistungen	______
Summe Dienstleistung	______

9. Freizeit (5–10 %)	
Restaurantbesuche	______
Kino/Theater/Konzert/Eintritte	______
Ferien/Urlaub (Durchschnitt/Monat)	______
TV/Radio (GEZ, Kabel, Premiere)	______
Sport (Mitgliedsbeiträge, Ausrüstung)	______
Hobbys/Lotto/Video/CD	______
Sonstige Freizeitaktivitäten	______
Summe Freizeit	______

	jeweilige Summe
10. Verschiedene Barausgaben	______
B. Summe Ausgaben (1. + 2. + ... + 10.)	______
Monatsabschluss	
A. Netto verfügbare Einnahmen	______
B. Summe Ausgaben	______
C. A. minus B. = ÜBERSCHUSS/(DEFIZIT)	______

Die Prozentangaben sind nur Vorschläge, wie viel vom Nettoeinkommen für jede Kategorie ausgegeben werden sollte. Je nach persönlicher Familiensituation können sich die Prozentzahlen etwas verschieben. Dafür sollten jedoch gute Gründe vorliegen.

Ausgabentabelle

Täglich anfallende variable Ausgaben														
	Fahrtkosten		Haushalt								Entgeltl. Dienste	Freizeit		
	Benzin/ Reparat.	ÖPNV	Lebens-mittel	Kleidung	Geschenke	Haushalt (diverses)	Persön-liches	Kinder	Elektr. Geräte	Sonstiges		Restau-rant/Kino	Reise/ Urlaub	Sonstiges
(1) geplante Summe (Budget)														
(2) gesamt														
(3) (mehr)/weniger														
(4) Saldo vom Vormonat														
(5) Jahressumme														

1	2	3	4	5	6	7	8	9	10	11	12	13	14	15	16	17	18	19	20	21	22	23	24	25	26	27	28	29	30	31

- Verwenden Sie diese Tabelle, um Ausgaben zu notieren, die täglich anfallen und variabel sind – sie sind häufig am schwierigsten in den Griff zu bekommen.
- Sammeln Sie Quittungen und Belege und schreiben Sie dann jeden Abend Ihre Ausgaben auf.
- Addieren Sie jede Kategorie am Ende des Monats (Zeile „[2]“) und vergleichen Sie das Ergebnis mit dem Budgetwert für diesen Monat.
- Um sicher zu sein, dass Sie auch jeden Tag berücksichtigt haben, können Sie unten die Zahl abstreichen, die dem Kalendertag entspricht.
- Eine Möglichkeit: Falls Sie die Entwicklung über das Jahr verfolgen möchten, können Sie die „aufgelaufenen“ Summen ebenfalls mitführen.

Ausgabentabelle

Regelmäßig anfallende monatliche Ausgaben (Daueraufträge, Abbuchungen, regelmäßige Überweisungen)													
	Spenden		Sparen	Schulden			Wohnen				Fahrtkosten	Versicherungen		Verschiedene Barausgaben
	Kirche	Andere		Darlehen	Anschaff.	Anderes	Miete	Pflege	Strom, Gas, Wasser	Anderes	Monatskarte	Risiko	Anderes	
(1) geplante Summe (Budget)														
(2) gesamt														
(3) (mehr)/weniger														
(4) Saldo vom Vormonat														
(5) Jahressumme														

- Auf dieser Seite können Sie die monatlichen Ausgaben notieren, für die Sie typischerweise gerade mal eine oder zwei Abbuchungen oder Daueraufträge oder Überweisungen pro Monat haben (oder nur quartalsweise oder jährlich).
- Die Eintragungen sollten dann gemacht werden, wenn sie vom Bankkonto ausgeführt werden. Natürlich kann man auch den letzten Kontoauszug zu Hilfe nehmen.
- Nutzen Sie auch den Abschnitt „Monatsbewertung“, um sich selbst daran zu erinnern, was Sie tun müssen, um „auf Kurs“ zu bleiben.

Monatsbewertung

Ausgabenart	(mehr)/weniger Budget	Grund	Maßnahmen

Erfolge: ______________________________

____

Aufpassen: ______________________________

____

Ausgabentabelle

Täglich anfallende variable Ausgaben

	Fahrtkosten		Haushalt								Entgeltl. Dienste	Freizeit		
	Benzin/ Reparat.	ÖPNV	Lebens-mittel	Kleidung	Geschenke	Haushalt (diverses)	Persön-liches	Kinder	Elektr. Geräte	Sonstiges		Restau-rant/Kino	Reise/ Urlaub	Sonstiges
(1) geplante Summe (Budget)														
(2) gesamt														
(3) (mehr)/weniger														
(4) Saldo vom Vormonat														
(5) Jahressumme														

1	2	3	4	5	6	7	8	9	10	11	12	13	14	15	16	17	18	19	20	21	22	23	24	25	26	27	28	29	30	31

- Verwenden Sie diese Tabelle, um Ausgaben zu notieren, die täglich anfallen und variabel sind – sie sind häufig am schwierigsten in den Griff zu bekommen.
- Sammeln Sie Quittungen und Belege und schreiben Sie dann jeden Abend Ihre Ausgaben auf.
- Addieren Sie jede Kategorie am Ende des Monats (Zeile „[2]“) und vergleichen Sie das Ergebnis mit dem Budgetwert für diesen Monat.
- Um sicher zu sein, dass Sie auch jeden Tag berücksichtigt haben, können Sie unten die Zahl abstreichen, die dem Kalendertag entspricht.
- Eine Möglichkeit: Falls Sie die Entwicklung über das Jahr verfolgen möchten, können Sie die „aufgelaufenen“ Summen ebenfalls mitführen.

Ausgabentabelle

Regelmäßig anfallende monatliche Ausgaben (Daueraufträge, Abbuchungen, regelmäßige Überweisungen)														
	Spenden		Sparen	Schulden			Wohnen				Fahrt-kosten	Versicherungen		Verschiedene Barausgaben
	Kirche	Andere		Darlehen	Anschaff.	Anderes	Miete	Pflege	Strom, Gas, Wasser	Anderes	Monats-karte	Risiko	Anderes	
(1) geplante Summe (Budget)														
(2) gesamt														
(3) (mehr)/weniger														
(4) Saldo vom Vormonat														
(5) Jahressumme														

- Auf dieser Seite können Sie die monatlichen Ausgaben notieren, für die Sie typischerweise gerade mal eine oder zwei Abbuchungen oder Daueraufträge oder Überweisungen pro Monat haben (oder nur quartalsweise oder jährlich).
- Die Eintragungen sollten dann gemacht werden, wenn sie vom Bankkonto ausgeführt werden. Natürlich kann man auch den letzten Kontoauszug zu Hilfe nehmen.
- Nutzen Sie auch den Abschnitt „Monatsbewertung“, um sich selbst daran zu erinnern, was Sie tun müssen, um „auf Kurs“ zu bleiben.

Monatsbewertung

Ausgabenart	(mehr)/weniger Budget	Grund	Maßnahmen

Erfolge: ______________________________

____

Aufpassen: ______________________________

____